<기후 교회, 왜&어떻게>에 대한 찬사들

"이 책은 기후위기에 관해 우리가 기다려온 책이다. 이 책은 분명하다: 모호한 표현을 할 때는 지나간 지 오래라는 말이다. 이 책은 대담하다: 화석연료 로비의 강력한 이데올로기에 반대로 맞서려면 깊이 뿌리박은 대담성이 요구된다. 이 책은 조직 기관에 대해 현실적이다: 일반적인 도덕적 호소가 아니라, 교회에 대해 그 원초적 사명을 수행하라는 명령이다. 이 책은 실제적이다: 담임목사들과 교회들이 성취할 수 있는 능동적 방법을 기대한다. 이 책을 환영한다. 반드시 읽어야 할 책이다."

— Walter Brueggemann, Columbia Theological Seminary

"짐 안탈(Jim Antal)의 지도력과 종교적 증언은 전설적이며, 그의 목소리의 힘과 아름다움도 그렇다. 이 책은 이 운동의 일부가 되기 위해서 당신이 필요로 하는 용기, 확신, 그리고 실제적인 도구들을 줄 것이다."

— May Boeve, Executive Director and Cofounder, 350.org

"짐 안탈은 기후불의가 다른 모든 사회적 불의를 증폭시키는 힘이며, 회복되어 온전하게 된 지구가 없이는 우리가 회복되고 온전한 사회를 이룩할 수가 없다고 주장한다. 이 책은 교회에게 사회를 향한 행동을 촉구하는 의무를 보다 깊이 고려하라고 요구하면서, 기독교인들로 하여금 회중 전체적으로나 개인적으로, 기후변화에 대응해서 행동하고 그렇게 하면서 그리스도 중심의 희망을 유지하도록 도와줄 것이다."

— Jim Wallis, President and founder, Sojourners

“짐 안탈은 피조물들을 보호하는 일에 가장 식견이 있고 열정적인 주창자이다. 그는 이 책에서 완벽한 이야기를 전개한다.”

— James Hansen, Columbia University Earth Institute

“짐 안탈의 이 책은 가장 필요한 완벽한 순간에 도착했다. 이걸 읽으면서 눈물이 났다. 이런 위기의 시간에 교회가 그 목소리를 발견했다는 안도와 기쁨의 눈물이다. 그의 용감하고도 반향을 일으키는 호출장은 우리 모두에게 행진명령으로 다가온다.”

— Joanna Macy, Author, *Coming Back to Life*

“신앙인들은 21세기에 환경에 대한 책무를 하라는 부름에 응답하도록 임무 부여를 받았다. 너무도 자주 신학적으로 사소한 요소들 때문에 이 나라 전역에 걸쳐서 신앙공동체들 안에서 그처럼 함께 아파하며 신실한 봉사를 침묵시켜왔다. 짐 안탈의 이 책은 창조세계를 돌보는 데 헌신하는 신앙의 목소리를 침묵시키려는 주변적이며 윤리적으로 의심스러운 신학적 운동들에 대한 심오한 대답이다. 이 책은 부분적으로는 지침서이며 부분적으로는 신학적이고, 그리고 모두가 예언적인 증언이다.”

— Otis Moss, Trinity United Church of Christ 담임목사

“짐 안탈의 생태정의를 위한 열정과 신앙공동체들은 새로운 소명, 즉 지구를 보살필 소명을 지닌다는 그의 담대한 주장은 그의 새로운 신학적 주장 속에 결합되어 있다. 이 책은 지구 행성을 보전하는 일에 온전히 헌신하지 않는 신앙은 존재 이유가 없다는 파격적 주장을 펼친다.”

— The Rev. Dr. John C. Dorhauer, 그리스도연합교회 총회장

“우리는 종교들이 원래는 기후변화를 망설이면서 심지어 마지못해 인정

한 것을 받아들이도록 충분히 정직해야 한다. 오늘날에는 피조물들을 돌보는 일에 대한 각성을 높이는 데 종교들이 책임을 받아들이고 있다. 이런 긴급한 사명에서, 짐 안탈은 독특한 지도력을 보여주었다. 즉, 하느님의 피조물들의 성스러움에 대한 복음을 선포하기, 가장 취약한 것들에 대한 전 세계적 온난화의 비참한 영향들을 널리 알리기, 또한 그가 교회와 사회에 설교한 것을 실천하기 등이다. 이 책은 성숙한 분별력과 광범위한 책무의 결과물이다."

— John Chryssavgis, Bartholomew 총대주교의 신학적 고문

"짐 안탈은 성가대에게 설교하고 있는 것이 아니다. 그는 우리 모두를 위해 우리 모두에게 설교하고 있으며, 우리들과 교회에게 긴급한 새로운 사명, 즉 전 지구적 온난화와 기후붕괴의 참해에 의해 파괴된 피조세계를 치유하라고 호출하고 있다. 그의 영감이 넘치는 이 책과 그가 말하는 이야기들은 우리로 하여금 우리 시대의 위대한 도덕적 도전을 위해 준비하도록 격려한다."

— James Gustav Speth, 미국자원보호협의회, 전직 예일대 교수

"안탈은 과학, 증언, 행동계획들을 엮어서 이를 튼튼한 밧줄로 삼아 기후재앙에로 빠져 들어가는 지구와 회복된 피조세계의 희망 사이를 연결한다. 이 책은 어떻게 우리가 함께 벼랑 끝에서 다시 끌어올릴 수 있는지를 보여준다. 신앙의 사람들은 이 책을 읽을 필요가 있다—지금!"

— Sharon F. Watkins, 예수제자회 전직 총회장

"짐 안탈은 그의 삶과 일을 통해 기후변화라는 도덕적 도전에 대한 기독교의 지치지 않는 증인 노릇을 해왔다. 이 포괄적인 책에서 그는 이런 위대한 일을 해나가는 다른 지도자들을 돕기 위해 그의 강력한 개인적

경험과 폭넓은 지식을 함께 모았다. 그는 강력한 예언자적인 목소리를 통해 기후정의와 기후에 대한 각성을 촉구하는 일에 큰 기여를 했다.”

— Mary Evelyn Tucker, Yale Forum on Religion and Ecology

“점차로 증가하는 많은 요청들이 교회로 하여금 기후위기라는 ‘장기비상사태’를 다루라고 호소한다. 그러나 도덕적 지도력의 사명을 용감하게 짊어지는 신앙의 사람들로서 그걸 어떻게 해야 한다고 말하는 사람은 별로 없다. 짐 안탈은 그의 확고한 입장과 기운을 북돋우는 방식으로 이 모두를 해낸다. 이 책은 참 좋은 선물이다.”

— Larry Rasmussen, Union Theological Seminary 명예교수

“짐 안탈은 지구를 구원하기 위한 투쟁에서 신실하고도 용감한 주창자다. 나는 그의 지도력에 감사드린다. 이 책은 아이디어와 영감을 원하는 모든 사람들이 반드시 읽어야 할 책이다.”

— Jim Winkler, 미국 기독교교회협의회 총무

“짐 안탈은 대결을 준비하라는 영감을 받고 또한 영감을 주고 있는 책을 썼다. 하느님에 대한 그의 열성적인 믿음에 의해서 영감을 받았고, 그의 초청에 응답하는 모든 신앙의 사람들에게 영감을 주고 있다. 이 책은 지구라는 가정에 인류가 저지른 파괴를 열거하고, 그 파괴가 되돌이킬 수 없게 되기 전에, 인류가 그 생활방식을 바꿀 수 있는—정말로 꼭 바꾸어야 한다—많은 방식들을 지적한다. 가장 시의적절하고도 중요한 책이다!”

— Bevis Longstreth, 전직 미국 증권거래위원회 위원

“너무도 많은 주류 교회들에게, 기후변화는 주일 아침 예배에서 다루기

엔 아직도 너무 뜨거운 주제라고 여겨진다. 그러나 짐 안탈 목사는 모든 곳의 신앙인들과 교회들에게 이렇게 박학하고 감동적이며 예언적인 편지를 써서, 우리 기독교인들이 사랑하고 섬기라고 부름을 받은 세계에서 일어나는 기후위기와 그것이 가져올 고통이야말로 최우선적인 물리적이며 도덕적 사실들이라고 말한다. 만일 우리들의 교회 안에서가 아니라면, 어디에서 우리는 이 가장 거대한 인류의 위기를 다룰 것인가? 솔직하고도 감동적인 정직성, 그리고 도덕적 명석함을 지니고, 안탈은 21세기에 교회의 교회됨과 예수를 따른다는 것이 무슨 뜻인지에 대한 심오하고 새로운 비전을 제공한다."

— Wen Stephenson, *What We Are Fighting for Now Is Each Other: Dispatches from the Front Lines of Climate Justice* 저자

"안탈은 신앙인들로 하여금 기후변화를 부인하지 말고 상호의존하면서 살라고 통렬하게 초청한다. 우리의 행동으로 초청하는 신학적 근거 위에서, 그는 당면한 기후재앙을 다루려는 우리를 위해 실용적인 방법들을 제공한다. 그는 우리가 두려움의 한계에서 벗어나서 자유롭게 살도록 우리를 풀어준다. 이 책은 반드시 필요한 책이다."

— Alice Hunt, Chicago Theological Seminary 총장

"짐 안탈은 기후위기라는 도전에 맞서기 위해 우리가 매우 필요로 하는 도덕적 상상을 구체화한다. 그의 책은 21세기에 교회가 그 원칙을 행동으로 옮기는 것을 상상하도록 초청하며, 그 초청에 응답할 준비가 된 신앙인들에게 풍부한 자료를 제공한다."

— Tim DeChristopher, Founder, Climate Disobedience Center

"여러 해 동안 우리는 신앙공동체들의 고귀한 사명을 일깨워 줄 힘을

지닌 책을 기다려 왔다. 즉, 생명의 그물망을 보전하고, 기후붕괴를 피할 길을 인도해줄 것을 말이다. 기후위기에 대해 솔직히 말해주고, 꽁무니를 빼지 않고 두려운 사실들을 직면하게 하며, 독자들로 하여금 신실하고도 효과적인 행동에 나서도록 도덕적 근거, 동기, 그리고 도구들을 제공하는 책을 우리는 기다려왔다. 우리들로 하여금 기후에 대한 행동에 나서도록 도전하면서, 우리들의 도덕적 윤리적 책임에 대해 능숙하게 설명하고, 희망의 성격에 대해 겸손하고, 날카롭고, 도발적인 생각을 제공할 책을 기다려왔다. 이 책이 바로 그런 책이다. 이 책을 출간한 것을 환영하는 것은 기쁨이다."

— The Rev. Dr. Margaret Bullitt-Jonas, 그리스도연합교회 환경목회위원

"담임목사요, 시민권/인권 운동가요, 심리학자로서, 나는 이 책이 보통 사람들에게 기후변화를 간단히 설명하기에는, 내가 일찍이 읽어본 책들 가운데서 최고라고 본다. 이 책은 만일 교회가 하느님이 우리들에게 잘 돌보라고 맡기신 것을 구원하고 유지하는 올바른 장소라고 생각하면 마땅히 해야 될 '필요한 행동 단계들'을 자세히 말하고 있다."

— Rev. Dr. Gerald I. Durley, Interfaith Power and Light 부회장

"짐 안탈은 기후위기가 압도적으로 두렵기는 하지만, 교회로 하여금 그 가장 깊은 소명을 생각나게 한다는 것을 우리들에게 일깨워준다. 즉, 하느님이신 사랑을 구체화한다. 이 책은 영감과 성경적인 토대와 과학으로 채워져 있는 앞을 향해 나아가는 길을 보여준다. 이 책은 또한 평화, 기쁨, 그리고 더욱 희망적인 미래 세계로 인도하는 길이기도 하다."

— Richard Rohr, Center for Action and Contemplation 창설자

생태문명 시리즈 004

기후 교회

기후붕괴라는 장기비상사태와 교회의 사명

짐 안탈 지음 한성수 옮김

왜?
어떻게?

CLIMATE CHURCH, CLIMATE WORLD

생태문명연구소

기후 교회, 왜&어떻게

지은이/ 짐 안탈
옮긴이/ 한성수
펴낸이/ 홍인식
초판 1쇄 펴낸날/ 2019년 12월 16일
펴낸곳/ 생태문명연구소
등록번호/ 제2016-000061호 (2016년 4월 8일)
경기도 고양시 일산동구 고봉로 32-9, 양우 331호 (우 10364)
전화 031-929-5731, 5732(Fax)
E-mail: honestjesus@hanmail.net
Homepage: http://www.historicaljesus.co.kr.
표지 디자인 / 디자인명작 (전화 031-774-7537)
인쇄처/ 조명문화사 (전화 02-498-3017)

ISBN 979-11-958240-6-9 04230
ISBN 979-11-958240-2-1 04230 (세트)

값 14,000원

미래의 세대들을 위해서

특히 나의 두 손자들—가운데 이름이

각각 Muir와 Roosevelt인—을 위해서

희망을 갖고 이 책을 씁니다.

Climate Church
Climate World

How People of Faith Must Work For Change

by

Jim Antal

Lanham, Maryland: Rowman & Littlefield, 2018.

Korean Translation by Sungsoo Hahn

이 책은 예일교회(담임 박상철 목사)의 출판비 후원으로 간행되었습니다.

Ecozoic Institute of Korea

목차

머리말

빌 매키븐

미국에서 기후문제에 대처해 진지한 운동을 벌인 곳에는 항상 짐 안탈(Jim Antal) 박사가 그 선두에 있었기에, 이 책은 특별한 권위로 써진 것이다. 나는 수백 번 그와 함께 시위에 나섰고, 그와 함께 감옥에서 녹초가 되었고, 경찰차 안에서 그의 곁에서 땀을 흘렸다. 나는 그가 설교단에서 에너지와 기후위기들에 대해 강력한 기쁜 소식을—또한 나쁜 소식을—설교하는 것을 들었다. 그리고 나는 그의 유쾌하며 끈질기며 가차 없이 사랑하는 접근방식이 너무도 많은 미국인들로 하여금 그의 이런 투쟁에 동참하도록 만드는 것을 지켜보았다. 그는 모든 것을 바친 영웅들의 짧은 명단에 올라있다.

그리고 그 모든 것을 통해서 그는 무엇이 제대로 작동하는지를 배웠고, 아직 동참하지 않는 사람들에게 어떻게 손을 내미는지를 배웠다. 그게 바로 이 짧은 책에 그런 힘을 준 것이다. 이 책은 단지 우리가 직면한 문제들에 대한 또 하나의 안내서이거나, 우리가 선택할 수 있는 해결책들이 아니다. 이 책은 사람들로 하여금 인류가 일찍이 직면했던 가장 긴급한 문제, 그러나 우리를 압도하기에 이른 위기를 다루도록 도와주는 안내서다. 수십 년 동안의 현장 훈련을 거친 뒤에, 그는 우리들 모두가 이 일에 전심전력으로 매달리도록 돌파구를 열어

줄 방법들을 찾아냈다.

처음에 다른 성직자들은 안탈이 기후문제를 거론하려는 노력이 너무도 치열해서 매우 이상하다고 여겼다. 종교인들에게는, 최근까지 환경은 두 번째 문제였다. 즉 자유주의 기독교인들에게는 환경 문제가 굶주림과 전쟁 같은 "진짜" 문제에 비하면 두 번째였다. 보수적인 신앙인들에게는 그것이 이방종교(우상숭배)로 가는 길 위의 정류장에 불과했다. 짐(Jim)은 그런 것을 변혁하려는 자신의 노력에 지칠 줄 몰랐고, 자신의 매사추세츠 주 교구들을 순회 설교하면서 자신의 동료 목사들 모두에게 한 달에 한 번씩은 기후문제를 거론하자고 강조했다. 우리가 묻기를 그가 교회 종을 350번 울리도록 사람들을 조직하겠느냐고 했더니, 그는 매사추세츠 주 전역에서 그게 일어나게 하겠다고 약속했다. 나는 작은 버크셔 교회에서 종탑에 달린 줄을 잡아 당기면서, 위에서 울려 내리는 소리를 듣던 것을 기억한다. 그는 무엇보다도 매우 훌륭한 교육자였다.

그러나 기후위기에 대한 운동을 조직하는 데서 깊은 문제는 항상 사회학자들이 "행위 주체"라고 부르는 것을 단순히 인식하는 것을 넘어서는 문제다. 즉 문제가 너무도 크고, 우리는 너무도 작아서 우리가 하는 일이 별로 중요하지 않을 것이라는 느낌말이다. 그러면 심지어 매우 마음이 좋은 사람들조차도 해결 가능한 다른 작은 문제들이나 해결해보도록 만든다. 그러나 이 책 안에 있는 훈련들은 한 그룹이 또 다른 그룹을 도와서 그들이 영향을 미치게 한 것을 인정할 것이고, 그들은 그렇게 해야만 한다. 신앙인들은 미국의 처음 시작부터 사회 변혁의 중요한 부분이 되어왔다. 우리는 여기서 일어서야 한다. 혹은 때때로, 송유관들과 유전들 앞에서 버티고 앉아야 한다. 교회는 철창 뒤에 갇혀 있을 수 있다.

우리가 결코 할 수 없는 것은 속도를 늦추는 것이다, 심지어 트럼프 대통령의 암울한 시기에도 말이다.[1)] 짐(Jim)의 끝없는 증언은 내가

1) 편집자주: 기후위기는 시간 싸움이다. 산업혁명 후 섭씨 1.1도 상승해서 살인적 폭염, 폭풍, 가뭄, 홍수, 산불, 해수면 상승 등 재앙들이 증가하고 있다. 2020년까지 배출하게 될 온실가스는 섭씨 1.5도 상승하게 만들며, 2030년까지 배출량은 2도 상승하게 만든다. 60년 뒤에는 지금보다 1.9∼5.2도 상승할 것이다(경향신문 2019/11/16). 다음 세대에게 안겨줄 "온실가스 시한폭탄"엔 이미 불이 붙었다(경향신문 2019/11/18). 2030년까지 온실가스 배출을 절반으로 줄여야만 섭씨 1.5도 상승 이하로 줄일 수 있기 때문에 "허비할 시간이 없다"고 1만 명이 넘는 과학자들이 "기후 비상사태"를 선언한 이유다(경향신문 2019/11/7).

이미 전 세계 곡창지대의 폭염과 가뭄, 그리고 고성능 펌프 사용을 통한 지하수 고갈로 인해 **식수난과 식량난**이 매우 심각한 지역들이 늘어나고 있다. 스페인은 국토의 1/3이 사막화되고 있으며, 중국 정부는 식량 생산이 "앞으로 50년에 걸쳐 1/3이 감소할 것"으로 예상했다(Bill McKibben, 2010:79-80). 2008년에는 37개 국가에서 **식량폭동**이 일어났다. 미국과 영국의 안보 전문가들이 예상하는 것처럼, 2020년대부터 미국의 곡창지대인 중부와 멕시코 남부에서 농업이 실질적으로 붕괴하기 시작하면, 나오미 오레스케스 교수가 예측하는 것처럼 2040년대부터는 북반구 대도시들에서 식량폭동이 동시다발적으로 발생하는 일을 피하기 어려울 것이다(2014:25).

그러나 기후붕괴로 인해 점차 **전 세계적인 산소 부족 사태**가 발생하여 2100년에 이르면, 인류와 동식물들의 대량 멸절 사태가 발생할 것이라는 점에 대해서는 환경 운동가들이 별로 주의를 기울이지 않고 있다. 파리 기후협약에서 각국이 자발적으로 서약한 온실가스 감축 목표를 지킨다 해도 2100년에는 섭씨 3도 상승할 것으로 예상된다(조천호, 2019:128). 대다수 기후학자들은 2100년까지 최소한 섭씨 4도 상승할 것으로 예상한다. 일부 학자들은 섭씨 8도 상승할 것으로 예상한다. 가장 큰 이유는 **기후붕괴의 시한폭탄인 메탄가스의 방출** 때문이다. 북반구의 24%를 차지하고 있는 영구동토층이 녹아내려 2005년부터 방출되기 시작하여 2010년부터는 기하급수적으로 방출되는 메탄가스 양을 객관적으로 계량화할 수 없다는 이유로 IPCC는 그동안 기후예측에서 제외시켜왔다. 최근 NASA 발표에 따르면, 2003-2017년까지 매년 17억t이 배출되었다(경향 2019/11/18).

점차 산소 부족 사태가 초래되는 원인들은 (1) 온난화로 인해 전 세계적으로 산불이 더욱 많이 발생하고 있을 뿐 아니라, 각종 병충해가 창궐함으로써 산소를 만들어내는 숲이 전 세계적으로 더욱 파괴되고 있기 때문이다. (2) 대기 중 이산화탄소가 바다에 흡수됨으로써 바다의 산성화가 더욱 심해지고 있기 때문에 지구 산소의 2/3를 만들어내는 식물성 플랑크톤이 대량으로 죽어가고 있기 때문이다.

상상할 수 있는 낙관론을 가장 고무시키는 것이다. 처음에 그는 광야에서 외치는 소리였지만, 지금은 프란체스코 교황(Pope Francis)에 이르기까지 누구나 똑같은 찬송가를 부르기 시작했다. 세계는 그에게 매우 큰 감사를 빚지고 있다.

이미 바다 표면이 30% 산성화되어 식물 플랑크톤이 1950년 이후 40%가 줄었다(Bill McKibben, 2011:251). 2100년경에는 식물성 플랑크톤이 대부분 사라지게 됨으로써 "산소 부족 사태로 인해 동물들과 인간들의 대량 몰살을 초래할 가능성이 크다"(Bill McKibben, 2019:34). (3) 열대우림이 더욱 많이 파괴되고 있기 때문이다. 2100년경까지 지구 평균기온이 최소 섭씨 3도 상승하면, 육지는 섭씨 5도 이상 상승하게 되어 지구 산소의 1/4을 만들어내는 아마존과 같은 열대우림은 점차 사반나를 거쳐 사막으로 바뀌게 되기 때문이다.

대기 중 이산화탄소 농도는 이미 마지노선 400ppm을 넘어 현재 408ppm에 이르렀다. 매년 평균 2ppm씩 올라가고 있다. 기후위기를 경고하기 시작한 지난 30년 동안 배출한 이산화탄소의 양이 절반을 차지한다는 사실은 인류가 기후위기를 알면서도 이런 어리석은 짓을 계속하고 있다는 뜻이다(David Wallace-Wells, 2019:4). 심지어 미국의 오바마 대통령과 캐나다의 트뤼도 수상조차 기후변화 문제를 강조해서 당선되었지만, 실질적 변화를 이끌지 못한 것은 기후비상사태를 선포하고 기후비상내각을 설치하여 총력을 기울이지 않은 채, 에너지기업들의 성장 압력에 굴복했기 때문이다(Bill McKibben, 2019:69).

이미 임계점들을 넘어섰을 수 있지만(중앙일보 2019/11/28), 마지막 임계점(섭씨 4도 상승)에 도달하면, 우리가 타고 있는 배(지구호)는 이제까지와는 비교할 수 없을 정도의 빠른 속도로 침몰하게 된다. 이미 일본, 이스라엘, 미국, 러시아, 터키, 브라질 등에서 극우파 민족주의자들이 정권을 장악했다. 미국과 러시아의 핵무기 경쟁도 다시 시작되었다. 각종 자연재해와 그로 인한 사회적 혼란들에 대해 더 이상 과학기술이나 정치를 통해 아무런 해결책을 찾지 못하고 절망하게 되면, "탈레반"과 비슷한 호전적 종교분파들이 등장하여 모든 재앙을 "분노하신 하느님의 징벌"로 설명하며, "타자들"을 배척하는 배타주의 경향이 강해질 것이며, 이런 종교적 강경파들이 의회를 장악하게 될 가능성이 높다(Gwynne Dyer, 2010:186). 또한 사회질서가 붕괴하면, 기득권층만이 아니라 많은 사람들이 공권력을 동원해서라도 질서를 확보해주기를 바라기 때문에 파시즘 체제가 등장할 가능성이 높다. 크레인 브린튼이 『혁명의 해부』에서 밝힌 것처럼, "공산주의, 나찌즘, 파시스트들이 온건파들을 이기고 성공한 것은 많은 사람들이 참여해서가 아니다. 그 모두는 소수의 훈련받은 광신자들에 의해 이루어졌다"(Chris Hedges, 2006:19에서 재인용). 서북청년단이나 나치 친위대원들은 거의 모두 세례를 받은 기독교인들이었다.

서문

이 책은 신앙인들을 위한 안내문이다. 우리는 기후위기로 알려진 “장기비상사태”에 대응하면서, 하느님의 희망을 우리의 희망으로 만들 필요가 있다. 이 책은 성경에 근거하고 있다. 너무도 많은 성경의 구절들이 분명히 말하기는 하느님께서 피조물들을 아름답다고 보신다는 것이다. 과학이 알려준 바에 의하면, 인간은 단지 몇 세대 만에 생명의 균형을 심각하게 파괴해버렸다. 그리고 그것은 신앙인들로 하여금—개인적으로 또한 우리의 공동체 삶에서도—새로운 도덕적인 시대를 열도록 교회의 목표를 다시 정하고 인류에게 촉구하도록 앞으로 나갈 길을 제공한다.

이 책은 그런 소명에 대한 것이다. 이 책은 하느님이 우리 세대가 떠맡도록 부르시는 “위대한 과업”을 풀어내고자 한다. 개인들은 이 책에서 어떻게 그들이 새로운 형태의 증언과 제자도(discipleship)를 통해 하느님의 부르심에 응답할 수 있을까에 대한 제안들을 발견할 것이다. 나는 이 책이 신앙공동체들로 하여금 어떻게 하느님께서 그들의 회중들이 새로운 소명을 받아들이라고 부르시는지를 주의 깊게 듣도록 촉구하기를 희망한다.

우리가 하느님의 부르심을 따르는 것은 우리가 성령(聖靈)에 가득 차서 영감을 받기 때문이다. 이 책이 전하는 기후과학은 우리 세대를 향한 하느님의 부르심이 결코 쉽지 않음을 분명히 알려준다. 그러나 우리들 가운데 어느 누구도 이런 위험을 홀로 직면하는 것은 아니다. 제자들이 한 장소에서 함께 있었을 때 교회가 생겨났듯이, 우리는 기도와 대화 속에서 나아가야 할 새로운 방향들을 분별하게 될 것이다. 이 책을 다른 사람들과 함께 읽으면서, 성령이 우리의 마음을 열어서 하느님의 부르심을 받아들이도록 준비하게 된다.

많은 담임목사들은 기후변화에 대해 설교하는 것이 매우 도전적인 것임을 발견한다. 기후변화에 대해 설교하려는 우리의 사명에 한 장 전체를 사용한 것에 덧붙여서, 부록에서는 각 장에서 발췌한 50개가 넘는 설교 제안의 모음을 제공하고 있다.

우리의 과제는 우리 세대의 도전이 카이로스(Kairos)의 순간임을 받아들이는 것이다. 하느님의 도와주시는 현현이 곳곳마다, 그리고 전환점마다에 있다. 성령의 선물이 우리들로 하여금 우리가 요청하고 상상하는 것보다 더 많이 성취하도록 힘을 부여한다. 우리의 위기가 긴박한 만큼, 하느님이 우리들에게 필요한 용기를 주셔서 인류가 일찍이 직면해본 적이 없는 가장 큰 도덕적 도전을 다루도록 하신다. 하느님의 도우심으로, 우리는 이것을 함께 해낼 수 있다.

감사의 말씀

나의 아버지와 형은 공학기술자와 자연과학자인데, 경이감, 경외감, 그리고 동경의 마음을 지니고, 그들의 삶을 과학에 헌신하는 길을 발견했다. 그들의 통찰력과 질문들이 이 책을 쓰는 동안 나와 함께 했다. 50년이 넘는 기간 동안, 나의 새 어머니 샤를롯(Charlotte)은 가장 힘든 삶의 도전들 가운데서 강인함, 적극성, 그리고 감사함을 지닌 삶을 사셨다. 어머니의 96년의 생애는 우리의 미래를 위해 너무도 많은 근본적인 것들을 예증하셨다. 그런 미래를 향해 살아갈 것은 우리의 아들들인 루크(Luke)와 마크(Mark)이다. 언제나 나의 일을 뒷받침해주면서, 그들의 대담하고 용기 있고 진실한 의견이 나에게 멈춤과 격려를 주었다.

프린스턴대학교와 예일대 신학부에서, 진 아우트카(Gene Outka)와 마가레트 파알리(Margaret Farley)는 환경윤리가 하나의 연구 분야가 되기 전에 그것에 대한 나의 정열을 환영해주었다. 빌 코핀(Bill Coffin)이 나의 새로운 소명의 모델이었던 때, 헨리 나우웬(Henri Nouwen)은 영성과 행동주의를 어떻게 통합해야 할지를 보여주었다. 더욱 최근에는 메리 에블린 터커(Mary Evelyn Tucker)와 존 그림(John Grim)이 우리 세대를 위한 가장 중요한 질문들을 조사하면서, 나에게 (그리고 수많은 다른 사람들에게) 영감을 주었다.

미국 그리스도연합교회(UCC)는 나의 삶에서 하느님의 부르심을 위한 끝없는 지원을 제공했다. 10여 년 넘는 시간 동안, 나의 동료들과 마찬가지로 UCC의 매사추세츠 연회 이사회는 나의 소명과 이 책을 격려해주었다. UCC 회장이자 목사인 존 도르호어(John Dorhauer)는 이 책에 기록한 몇 가지 발의들에 그의 창조적이고 비전어린 선물을 추가했다. 우리의 친분이 복음서를 인용하는 모험을 하도록 용기를 주었다. 2013년에 크레이그빌 자유대담(Craigville Colloquy)에서는 연차 신학모임을 위해 네 차례 강연을 준비하도록 나에게 요청하는 영예를 부여했다. 그 기회에서 얻은 평가가 나로 하여금 이 책을 쓸 확신을 주었다. 카메론 트림블(Cameron Trimble), 브라이언 맥라렌(Brian McLaren), 앨리스 헌트(Alice Hunt) 등은 모두 그 기간 동안 내내 귀중한 격려를 보내왔다.

종착점이 아직 눈에 보이지 않았을 때, 나의 담당 의사인 존 굿썬(John Goodson)이 2013년에 써 보낸 처방전이 나로 하여금 계속 전진하게 만들었다. "산 위에 올라가서, 교회와 인류를 위한 훈령을 가지고 돌아오시오!" 또한 내가 나오미 오레스케스(Naomi Oreskes) 교수를 만나는 축복을 받았을 때, 내가 매우 소중히 여기는 그녀의 우정과 불타는 결의와 단호한 성실함이 내게 용기와 희망을 주었다. 카렌 리처드슨 던(Karen Richardson Dunn)과 마가레트 불리트-조나스(Margaret Bullitt-Jonas)가 나의 초고들을 숙독하고 나서 제안한 것들과 이 소명에 대한 우리의 동역자 의식에 나는 깊이 신세를 졌다.

두려움을 불러일으키는 과학적 발견들이 쏟아져 나오고 정치권의 부적절한 태도들, 기후변화를 부인하는 기관들 가운데서, 빌 매키븐

(Bill McKibben)의 비전, 목소리, 그리고 그의 사명에 대한 옹호가 나로 하여금 하느님의 희망이 우리들이 지금 보고 있는 것 너머에 있음을 상기시켜 주었다. 나는 또한 빌이 나를 거스 스페스(Gus Speth)에게 소개해 준 것에 대해서도 감사한다. 감옥은 이 훌륭한 영혼과의 깊은 우정을 시작하기에 완벽한 장소를 제공해 주었는데, 그의 자유로운 비전이 심지어 가장 어두운 날들에도 나로 하여금 새로운 가능성들을 보도록 도와주었다.

35년이 넘는 우리의 결혼 기간 동안, 신디 셰넌(Cindy Shannon)은 나의 생명에 대한 사랑보다 더 큰 존재였다. 이 책을 함께 계획하기보다 훨씬 오래 전부터, 그녀는 나의 설교들을 더 좋게 만드는 데 많은 시간을 보냈고, 내게 더 훌륭한 신앙적인 접근방법들을 보여주었다. 신학자로, 그리고 교사로서 그녀의 통찰들을 나누어주면서, 그녀는 이 책을 만드는 데 완전한 동역자가 되었다. 이 책의 가장 좋은 부분들은 우리의 협동과 그녀의 편집과정에서 제안한 것들에서 나온 것이다. 내가 이어온 공적인 삶과 증언은 그녀의 긍정과 확인, 희생과 지원이 없이는 불가능했을 것이다.

서론

우리가 새로운 종교를 발견하거나 우리의 옛 종교를 다시 생각해보지 않는다면, 더 많은 과학과 더 많은 공학기술조차도 우리들로 하여금 현재의 생태위기를 벗어나게 하지 못한다. — 린 화이트[1]

세계 전체는 물론 그 각 부분은 하느님의 사랑을 들여다보는 창문이다. 우리에게 주어진 매 순간은 하느님이 그토록 사랑하시는 세계라는 선물을 감사할 기회를 제공한다. 하느님의 아들딸들로서 우리는 하느님의 피조물들을 보호할 책임이 있다.

이 책은 신앙인들을 위한 것이다. 나는 기독교인들을 위해서 이 책을 썼지만, 어떤 신앙적 관점을 가진 사람들이라도—구도자들과 탐색자들 모두—이 책의 가치를 발견할 것이다. 마찬가지로, 나는 미국의 기독교인으로서 이 책을 쓰지만, 이 책에서 고려한 것들은 미국의 독자들에게만 국한된 것들은 아니다.

이 책은 왜 그리고 어떻게 교회가 현재의 기후위기에 대처할 것인가에 초점을 맞추고 있다. 이 책은 신앙인들을—그들의 신앙공동체들

1) Lynn Townsend White Jr., "The Historical Roots of Our Ecological Crisis," *Science* 155 (March 10, 1967).

과 함께—초청하여 오늘날처럼 하느님께서 창조하신 세상의 지속성이 위험에 처한 이런 때에, 우리들로 하여금 증언을 하라고 부르신 하느님의 초청을 받아들이고자 한다. 이런 엄청난 도덕적 위기는 신학적 비상사태를 이룬다고 나는 주장한다. 이런 비상사태를 해결하고자, 하느님께서 교회를 불러내어 도덕적 개입을 시작하라고 하신다. 교회는 이 부름을 받아들이면서, 브라이언 맥라렌(Brian McLaren)이 "거대한 영적인 이동"(great spiritual migration)[2]이라고 부른 것을 겪게 될 것이다. 우리의 현재 사회경제적 체제들을 다시 정립함으로써, 교회는 인류로 하여금 하느님의 선물인 피조물들을 공경하고 지속하는 새로운 도덕적 시대로 이동하도록 재촉할 것이다. 우리의 현재 상황이 우리들에게 요구하는 것은 새로운 형태의 신실함, 제자도, 예배, 설교, 증언, 그리고 심지어 희망일 것이다. 이 책은 하느님께서 창조하신 선물을 보전하고 보호하기 위해 변화해야만 한다고 과학이 말하는 그런 변화를 인류에게 고무시킬 새로운 기회를 과연 신앙인들과 신앙공동체들이 어떻게 끌어안을 수 있는지를 보여준다.

수많은 인류 종족들이 소중히 여겨야만 할 밑바탕 인식들의 하나는 우리가 모두 여기에 함께 하고 있으며, 또 기후변화는 모든 불의, 차별, 그리고 불이익을 강화한다는 점이다. 그의 아들에게 보낸 매우 감동적인 편지의 거의 결론 부분에서, 타네히시 코우츠(Ta-Nehisi Coates)는 이렇게 탄식하고 있다.

---

2) See Brian McLaren, *The Great Spiritual Migration: How the World's Largest Religion Is Seeking a Better Way to Be Christian* (New York: Convergent Books, 2016).

> 이것은 예언에 대한 믿음이 아니라, 값싼 석유의 유혹에 대한 믿음이다. 한때는 꿈을 꾸는 것의 한계가 공학기술에 의해, 말의 힘과 바람의 한계에 의해 제한되어 있었다. 그러나 꿈을 꾸는 사람들은 자신들을 발전시켰고, 그래서 전기의 전압을 얻기 위해서 바다에 둑을 쌓기, 석탄 채굴, 석유를 식량으로 변환시키기 등, 전례가 없는 약탈의 확대를 가능하게 만들었다. 그리고 이런 혁명이 꿈을 꾸는 사람들로 하여금 인간의 몸들뿐만 아니라 지구 자체의 몸을 약탈하는 데 자유롭게 만들었다. 지구는 우리의 창조물이 아니다. 지구는 우리를 존경하지 않는다. 지구는 우리를 싫어한다. 그 복수는 도시들의 불이 아니라 하늘의 불이다.[3)]

자연의 그런 복수를 줄이기 위해, 인류는 새로운 도덕적 시대를 살아야 한다.

새로운 도덕적 시대가 무엇을 요구할 것인가를 설명하는 세 가지 논평들이 이 책의 틀을 제공하고 있다. 첫 번째 논평은 2017년 미국 그리스도연합교회 전국대회에서 채택한 결의안인데, 이것이 새로운 도덕적 시대를 위한 몇 가지 규범들을 세웠다. 아래에 나온다.

두 번째 논평은 제2장과 제3장 사이의 막간에 넣었는데, 그것은 한 담임목사가 2070년에 교회를 닫으면서 성회수요일에 그녀의 회중에게 쓴 편지 형식이다. 그 교회는 17세기에 창립된 이래, 미국 동해안 지역에 존재하는 한 도시를 섬겨왔다. 이 편지는 인류가 새로운 도덕적 시대를 세우는 데 실패했을 때, 한 특정 교회가 그 문을 닫게

---

3) Ta-Nehisi Coates, *Between the World and Me* (New York: Random House, 2015), p. 150.

되는 상황을 예상하고 있다.

세 번째 논평은 맺는 말에 있다. 그것은 2100년에 세계교회협의회(WCC)의 모임에서 한 십대 소녀가 한 연설의 형식을 하고 있다. 그녀는 신앙의 선배들이 용기, 상상력, 불굴의 정신을 가지고 새로운 도덕적 시대를 시작하여 기후변화의 최악의 결과를 중지시켰고, 희망과 약속을 그녀의 세대에 준 것에 대해 심심한 감사를 표현하고 있다.

나는 전 세계의 신앙인들이 우리들 공통의 미래의 갈 길을 결정할 능력을 갖고 있음을 믿는다. 여기 미국에서는, 만일 기독교가 공동의 구원을 무시하면서 개인적 구원만 강조하기를 계속한다면, 만일 우리가 하느님의 창조질서로부터 아무리 멀리 소외되었어도 인류를 보호하고 특권을 주는 인간중심적 투사(projection)에로 창조주 하느님을 축소시키기를 계속한다면, 종교의 실천은 점차로 감소하고 피조물들의 구원에는 별로 할 일이 없게 될 것이다.

이와는 대조적으로, 2017년 UCC 전국대회에 참석자들이 모였을 때, 그들은 두 가지 큰 요청에 직면했다. 첫째: "모든 화석연료 산업기반의 확장을 저지하고 모든 공동체들이 접근할 수 있는 재생 가능한 에너지의 새로운 자원을 요구하기." 둘째: 미국을 위한 새로운 이야기, 즉 "화석연료나 혹은 소수를 위한 부와 다수를 위한 비참함에 의존하지 않는 이야기" 쓰기.

2017년 7월 3일, UCC 전국대회는 새로운 도덕적 시대를 선언하는 일뿐만 아니라, "교회가 현재의 기후위기를 위해 탄생한 기회"로 삼는 것에 대해 투표했다. 파리기후협약(Paris Climate Accord)에서 미국이 탈퇴하겠다는 트럼프 대통령의 선언에 대한 대응으로 700명의 대표들은 비상사태 결의안(Emergency Resolution)을 투표로 통과시켰다. 한 달이 채 못가서 그 결의안은 UCC 지역회의의 거의 절반에서 승인되었고, 그래서 전국대회에서 97%로 통과된 것도 놀라운 일이 아니었다.

그러나 많은 사람들은 그 결의안 속에 포함되어 있는 세 가지 도덕적 명령들에 놀라워 할 것이다.

성직자들로 하여금 기후변화에 대해 설교하도록 촉구한 것이 제일 첫 번째 도덕적 명령이었다. 생태아메리카(ecoAmerica)에서 여론조사를 거듭해서 보여준 바는, 성직자들은 그들의 회중에 의해 신뢰받는 말씀 전달자로 여겨져서, 그들이 말을 하면 그게 중요한 문제가 된다는 점이다.[4] 하느님의 피조물들이 위험에 빠졌다. "예수를 따르는 사람들은 '우리 공동의 집'을 보호하라는 하느님의 부르심을 거절하지 않을 것이다"라고 그 결의안은 선언하고 있다. 도덕적 지도력을

---

4) ecoAmerica, "American Climate Perspectives August 2017," accessed September 1, 2017, http://ecoamerica.org/wp-content/uploads/2017/08/ecoamerica-american-climate-perspectives-august-2017-impacts.pdf. 그 보고서에 포함된 나의 글은 다음과 같다: "60년대에 신앙인들이 민권운동을 이끌었을 때, 미국에 있는 모든 교회에 다니는 사람 각자가 그 대의를 뒷받침한 것은 아니었다. 사실은 설교단에서 자기의 양심을 말했던 많은 성직자들은 그들의 교인들이 모두 동의하지는 않는다는 사실을 재빨리 알아챘다. 그러나 그들은 또한 말을 함으로써 그들이 많은 사람들의 양심을 일깨워줄 수 있다는 것도 발견했다. 설문조사 결과가 보여준 바로는, 교회 회중석에는 하느님의 피조물들이, 즉 우리의 공동의 집이 위험에 처했다는 것을 확신시켜 줄 필요가 있는 교인들로 채워져 있었다. 교회가 신실하면, 교회는 진실을 말하고 양심을 일깨운다. 과학은 그 몫을 하고 있다. 인간이 발생시킨 기후변화에 대해서는 과학적인 논쟁을 할 필요가 없다. 많은 교회 지도자들이 이런 진실을 증언하면서, 이 설문조사가 밝혀준 것은 하느님의 피조물이 추가적으로 효과적인 증언을 해달라고 소리치고 있다는 것이었다. 프란체스코 교황과 그리스정교회 바르톨로메오 총대주교와 많은 개신교 지도자들이 밖을 향해 외치는 지도력을 보여주었다. 이제 이런 메시지를 모든 회중에게 전해줄 때가 되었다."

제공하여 교회가 사람들로 하여금 그들의 가장 깊은 두려움과 희망을 나누고 그래서 행동에 나서기에 충분히 안전한 장소가 될 수 있게 하는 것은 성직자들에게 달려 있다.

두 번째 도덕적 명령은 "우리가 바라는 변화들을 구체화하기"다. 널리 알려진 간디(Gandhi)의 원칙을 실천하는 것이다: 우리는 "우리가 보고 싶어 하는 변화가 될" 필요가 있다. 그러나 그것은 개인적인 증언들보다 더 많은 것을 요구한다. (최소한) 6천만 명 이상의 미국인들을 대표하는 292명의 시장들도, 앞서 나아가는 선도적 살림공동체의 단위들은 마을들과 도시들임을 인정한다.[5] 수만 개의 교회 회중들이 그들의 공동체 지도자들과 함께, 그들의 어린이들을 위해 보다 안전하고 지속가능한 미래로 옮겨가기로 헌신하자는 입장에 서면, 교회는 두려움과 절망에 사로잡힌 세계에 희망을 소개할 것이다.

환경적인 인종차별[6]에 대한 UCC의 수십 년 동안 계속된 반대에 발맞추어, 그 결의안은 회중들과 신앙인들에게 요청하기를, 전 세계

---

5) National Caucus of Environmental Legislators, accessed September 1, 2017, http://ncel.net/climate-action/.

6) Charles Lee, "Toxic Waste and Race in the United States — A National Report on the Racial and Socio-Economic Characteristics of Communities with Hazardous Waste Sites," Commission for Racial Justice UCC (1987), accessed September 10, 2017, http://d3n8a8pro7vhmx.cloudfront.net/unitedchurchofchrist/legacy-url/13567/toxwrace87.pdf?1418439935; see also Robert Bullard, Robin Saha, and Beverly Wright, "Toxic Waste and Race at Twenty: 1987-2007," Justice & Witness Ministries UCC (March2007), accessed September 10, 2017, http://d3n8a8pro7vhmx.cloudfront.net/unitedchurchofchrist/legacy-url/491/toxic-waste-and-race-at-twenty-1987-2007.pdf?1418423933; see also Dr. Robert Bullard's website http://drrobertbullard.com/; Peter Sawtell, "Race, Toxic Waste and Church," *Eco-Justice Notes* (April 27, 2007), accessed September 10, 2017, http://www.eco-Jurstice.org/E-070427,asp.

에 걸쳐 유색인 공동체들, 토착민 공동체들, 그리고 가난한 백인 공동체들에 끼친 차별적 영향을 없앨 것과 전 세계 지도자들에게 똑같은 책임을 질 것을 촉구했다.

세 번째 도덕적 명령의 초점은 진리(眞理)다—우리가 지금 요한복음 18:37의 순간에 살고 있음을 주목하면서 말이다. (빌라도가 예수께 물었다. "그러면 당신은 왕이오?" 예수께서 대답하셨다. "당신이 말한 대로 나는 왕이오. 나는 진리를 증언하기 위하여 태어났으며, 진리를 증언하기 위하여 세상에 왔소. 진리에 속한 사람은, 누구나 내가 하는 말을 듣소.") "우리는 신구약 성경과 자연이라는 거룩한 성경으로부터 이해하기를, 진리가 타협하면 권력이 횡행한다는 것을 인정한다"는 그런 진리를 두려움 없이 지켜나갈 대담하며 용감한 증언을 제공하는 것이 공공의 영역에서 교회의 역할임을 UCC는 믿는다.

"화석연료라는 모든 산업기반 구조의 확대에 저항하고 또한 모든 공동체들이 접근 가능하고 재생 가능한 새로운 에너지 자원을 요구하도록" UCC 모든 회중들과 회원들에게 촉구한다. "어떻게?" "우리의 시간과 재정적 자원들과 기도로 헌신하면서, 거리들 위에서, 주 정부 청사들에서, 권력의 회의실에서, 전화기를 가지고, 전자우편으로, 공학기술과 사회적 미디어를 가지고 한다."

본질적으로, 이런 결의안은 교회들로 하여금 새로운 사명을 옹호하도록 요청한다. 트럼프 대통령이 미국은 파리기후협약에서 탈퇴할 것이라는 발표를 한 지 몇 시간도 채 안 되어서, UCC 총무와 회장은 나에게 그 결의안을 쓰도록 부탁했다. 이 결의안은 다음에 나오는 페이지들의 축약본에 드러나기에, 나는 이 서론의 마지막 닫는 말로 이를 제공하고자 한다.

땅은 주님의 것이지, 우리들이 파괴해버릴 것이 아니다: 새로운 도덕적 시대의 명령들

2017년 7월 3일, UCC 전국대의원회의에서 채택된 증언 결의안

요약

하느님의 위대하신 창조의 선물들—그 안에서 모든 생명이 성취를 추구하는 상황—이 위험에 빠져 있다. 물질적 열망에 추동되어서, 산업혁명 이래로 인간의 화석연료 사용이 피조세계의 균형을 파괴해버렸다. 피조물들의 멸종 규모는 우리의 이해를 초월하여 극적으로 확장되고 있다. 지구와 기후는 이토록 신속히 변경된 적이 일찍이 없었다. 전 세계 각국 지도자들이 이런 현실을 인정하고 있는데, 미국 정부는 과학을 무시하고, 환경보호국의 재정을 축소하고, 파리기후협약에서 탈퇴했다. 신앙인들로서, 지구는 주님의 것임을 인정하며, 이 결의안에 발표된 명령을 받아들이는 것이 우리 세대에 맡겨졌다—새로운 도덕적 시대를 구성할 명령들 말이다. 우리는 현재의 기후위기를 교회가 이를 위해 태어난 기회로 본다.

성서적, 신학적, 그리고 윤리적인 설명 근거

시편 24:1 (땅과 그 안에 가득 찬 것이 모두 다 주님의 것, 온 누리와 그 안에 살고 있는 모든 것도 주님의 것이다.)

요한복음 18:37-38 (빌라도가 예수께 물었다. "그러면 당신은 왕이오?" 예수께서 대답하셨다. "당신이 말한 대로 나는 왕이오. 나는 진리를 증언하기 위하여 태어났으며, 진리를 증언하기

위하여 세상에 왔소. 진리에 속한 사람은, 누구나 내가 하는 말을 듣소." 빌라도가 예수께 "진리가 무엇이오?" 하고 물었다. 빌라도는 이 말을 하고, 다시 유대 사람들에게로 나아와서 말하였다. "나는 그에게서 아무 죄도 찾지 못하였소.")

발의문(發議文)

전 세계 190 개국의 지도자들이 파리기후협약에 서명하면서, 만일 지구의 생명을 유지시키는 기후가 우리가 항상 알아온 대로 생명을 계속 유지하려면, 각 나라가 행동해야 할 심각한 역할을 인정했기에;

미국의 30개 도시의 시장들, 여러 주지사들, 수백 개 미국회사의 지도자들이 파리기후협약에 승복하여, 그들이 인도하는 기관들로 하여금 온실가스 발생을 감축시키기로 공개적 약속을 했기에;

지난 50년간 다른 신앙과 종파들의 종교 지도자들과 더불어 UCC는 피조세계의 아름다움에 대해 수많은 성명서들을 발표하고, 우리가 책임 있는 청지기로서 행동하도록 호소해왔으나 그 모든 것들이 불충분한 증언이었기에;

UCC의 핵심적 목표가 말하기를 (일부분만): "우리는 예수 그리스도의 복음 속에 나타난 대로 정의롭고 지속가능한 세계의 공동 창조 속에서 하느님을 섬긴다";

이런 역사적 순간이 하느님의 피조물들의 거룩함과 그것을 보존하라는 긴급한 부르심에 대한 증언을 지닌 강력한 기회를 기독교 공동체들에게 제공하여, 이런 부르심에 응답하는 것이 세 가지 위대한 사랑들,[7] 그 가운데 하나가 피조물들에 대한 사랑으로

UCC에게 알려진 선교의 솔선을 표시하기에;

그러므로 이제 결의하기를, UCC의 제31차 연례대회는 모든 생명들, 인간과 기타 생명 모두의 미래를 위한 하나님의 선물인 지구 곧 우리의 터전의 기후를 치유할 절박한 문제에 대하여 예언자적인 목소리를 높이고자 하며;

한 걸음 더 나아가 결의하기를, UCC의 제31차 연례대회는 우리가 새로운 도덕적 시대를 시작하고자 하면서 모든 교회들이 다음 명령들을 기도하면서 수행하기를 요청하는 바이다:

우리 성직자들은 도덕적 지도력의 사명을 받아들일 것

지금이야말로 성직자들이 자신들의 설교단에서 하나님의 피조물들을 보호해야 할 우리 세대의 도덕적 의무를 설교할 때다. 현재의 미국 행정부가 무엇을 말하거나 행할지라도, 예수를 따르는 우리는 '우리의 공동의 집'을 보호하라는 하나님의 부르심에서 물러서지 않을 것임을 온 세상에 알게 하라. 행정 당국자들이 그런 진실을 부인하거나 모호하게 할지라도, 예수를 따르는 우리는 우리의 공동의 집을 보호하라는 진실을 선포할 것이다.

우리가 소망하는 변화를 우리 안에 구체화하자

지금이야말로 회중들과 모든 신앙인 각자가 우리의 말과 행동을 통하여 도덕적 모범을 세울 때다. 개인으로서 또 공동체로서,

7) John Dorhauer, "Commentary: The Three Great Loves," United Church of Christ News (April 27, 2017), accessed September 10, 2017, http://www.ucc.org/commentary-three-great-loves-04272017.

우리는 우리의 에너지 선택들에서 고결한 결심을 하고, 심지어 모든 우리의 종교적, 정치적, 회사의 그리고 전 세계 지도자들에게도 동일한 책임을 지우면서, 전 세계에서 유색인종들의 공동체, 토착민들의 공동체 그리고 가난한 백인 공동체들에게 끼치는 기후변화의 불균형적인 영향을 제거하는 일에 우리는 헌신한다.

우리는 대중 앞에서 진리를 선포하자

진리가 타협하면 권력이 횡행한다는 것을 인정하면서, 우리는 지금 신구약 성경과 자연이라는 거룩한 책으로부터 이해한 진리를 굳게 지켜야 하는 요한복음 18:37의 순간을 살아가고 있다.

* 우리는 세계가 일찍이 직면해보지 못했던 가장 거대한 도덕적 도전들의 하나를 다루면서 우리의 신앙공동체들로 하여금 대담하고도 용감하도록 하자.
* 우리는 화석연료를 쓰는 산업기반의 모든 확대를 거부하고, 모든 공동체들이 사용가능한 신재생에너지 자원을 요구하자.
* 우리 세대가 지금 쓰고 있는 이야기에 대한 미국의 이해를 변경할 수 있는 모든 수단을 다하자. 우리는 새로운 이야기를 시작하자—화석연료에 의존하지 않는, 그리고 대다수 사람들의 비참과 소수 사람들의 풍요에 의존하지 않는 그런 이야기 말이다.

그것은 거리 위에서든, 주청사 안에서든, 권력의 전당 안에서든, 우리 민중들에게 달렸음을 받아들이면서; 우리의 전화로, 전자우편으로, 공학기술로, 그리고 사회적 언론을 가지고; 우리의 시간,

재정적 자원들과 기도로 헌신하면서, 우리 가슴 속의 환희, 우리가 보는 것의 아름다움, 그리고 어린이들을 위한 희망을 지니고, 도덕적 곡선을 정의롭게 만드는 데 우리의 모든 노력을 경주하자.

그룹 토론과 성찰을 위한 질문들

1. "신학적 비상사태들"이라고 부를 만한 어떤 다른 위기의 사례들을 당신은 생각할 수 있는가?
2. 타-네히시 코우츠(Ta-Nehesi Coats)의 인용문을 다시 읽고, 인간의 몸을 파괴하는 것과 지구 자체의 몸을 파괴하는 것 사이의 유사점들을 논의해보라.
3. "기후변화가 전 세계에 걸쳐서 유색인종 공동체들, 토착민 공동체들, 그리고 가난한 백인 공동체들에 끼친 차별적인 영향들"을 열거해보라.
4. 인터넷에서 http://www.greenfaith.org을 검색하여 "Religious Teachings/Christian Statements on the Environment" 부분을 읽어보고, 이 사이트에 연결된 많은 성명서들에 대해 논의해보라. 그것들은 이 책 서론의 "비상사태 결의안"(Emergency Resolution)과 어떻게 비교되는가?

1장

우리가 처한 상황

만일 우리가 충분히 좋은 과학을 환경 문제에 적용하면, 그런 것들을 해결할 수 있을 것이라고 나는 생각하곤 했다. 내가 틀렸다. 환경에 대한 주된 위협들은, 내가 늘 생각했듯이, 생물다양성의 손실, 공해, 그리고 기후변화가 아니다. 그 위협들은 이기심과 탐욕과 자만이다. 그리고 그것을 위해서 우리는 영적인 변혁과 문화적인 변혁을 필요로 한다. ㅡ 제임스 "거스" 스페스[1)]

그것은 역발상의 참신한 아이디어였다. 대기 중 이산화탄소(CO_2) 농도가 안전선 한계인 350ppm을 훨씬 넘어섰다고[2)] "경종"을 울리

---

1) 거스 스페스(Gus Speth)는 창조세계를 보호하도록 연합하는 과학자들과 복음주의자들의 2017년 모임에서, 이와 비슷하게 말했다고 나에게 전해주었다: http://www.tc.pbs.org/now/shows/343/lette.pdf. 미시간 주 앤아버에 있는 포도원교회(Vinyard Church)의 담임목사인 켄 윌슨(Ken Wilson)은 2010년 2월 18일자 *Miami Herald* 에 기고한 "Religion Rejuvenates Environmentalism" (종교가 환경주의에 다시 활력을 주고 있다)라는 글에서 거스(Gus)의 말을 인용했다. 그 논문은 이곳에 다시 실려 있다: http://fore.yale.edu/files/2010-UNEP-emails.pdf, page 44. 동일한 인용이 ecoAmerica's *Blessed Tomorrow* (2016), "Let's Talk Faith and Climate: Communication Guidance for Faith Leaders"에 나와 있는데, accessed September 1, 2017, http://ecoamerica.org/wp-content/uploads/2017/ 03/ed-lets-talk-faith-and-climate-web-2.pdf.

2) 대기 중 이산화탄소(CO_2) 농도의 가속화의 역사에 대한 훌륭한 논문은 Barry

는 방법으로 350개 교회들이 각각 350번씩 교회 종을 울린다고 상상해보자.

2008년 6월에 나는 매사추세츠 주에 있는 400개 UCC 교회들 각각에 그들 공동체를 위한 파수꾼이 되는 것을 고려해보자고 초대했다.[3] 마치 하느님께서 에제키엘(에스겔)을 이스라엘의 파수꾼으로 만드셨듯이(33:7), 나는 주장하기를 하느님께서 교회를 부르셔서 그들의 공동체들에게 기후변화에 대해 경고하고, 그들의 공동체들이 응답하도록 인도하라고 하신다고 말했다.

우리는 새로운 기후 활동가 그룹 350.org를 지원하여 이런 선도적 운동을 시작했는데, 그들의 처음 목표는 350(이산화탄소 농도의 안전선 한계–역자주)을 지구상에서 가장 인정받는 숫자로 만들려는 것이었다. 그 후 몇 달이 지나, 우리는 "350개 종소리가 무엇과 같은지 우리에게 물어 보세요"라고 쓴 단추들을 달고 다녔다. 350개 교회들이 그 종탑에서 종을 울려대자는 우리의 목표에는 비록 미달했지만, 참가한 40여 개 교회들에 대해 몇 군데 지방신문들이 취재해서 보도했다.

신문기자들에게, 또한 우리를 호기심으로 혹은 불편한 심정으로 바라본 이웃들에게 우리가 말한 것은, 교회들이 종탑들을 갖고 있는 이유의 하나가 공동체에게 비상사태를 경고하는 것이라고 했다. 우리가 공동체들에게 바란 것은, 기후변화는 인류가 일찍이 직면해본 가

Saxifrage, "Atmospheric CO2 Levels Accelerate Upwards, Smashing Records," *National Observer* (April 10, 2017), accessed September 8, and September 10, 2017, http://www.nationalobserver.com/2017/04/10/opinion/atmospheric-co2-levels-accelerate-upwards-smashing-records.

3) "Invitation to 'Blow the Trumpet' on Climate Change," Massachusetts Conference UCC, accessed September 8, 2017, http://www.macucc.org/blogdetail/92909.

장 큰 도덕적 위기, 즉 **전대미문의 도덕적 비상사태**를 뜻한다는 것을 인식하도록 하는 것이었다.

왜 그들의 공동체에 증언하라는 이런 초대를 받아들인 교회가 상대적으로 매우 적었을까? 물론 거기엔 많은 이유들이 있었다. 아마도 그 이유들 가운데 하나는 이런 것이었으리라: 대부분의 교회들은 변화를 좋아하지 않는다. 매주일 아침의 일상적인 과정들은 사람들을 그들 신앙의 영원한 진리에 연결시켜주는 것이다. 예배, 찬송, 어느 자리에 앉을까, 의식들, 그리고 기도의 친숙함이 사람들에게 편안함을 제공한다. 늘 변화하고 있는 세상 가운데서, 교회는 사람들이 믿을 수 있는 일관성을 제공한다.

이런 이유 때문에, 우리가 태어난 세계가 심각하게, 그리고 근본적으로 변화하고 있다는 것, 그리고 이런 변화들에 대해서 우리들에게 책임이 있다는 것을 모든 교회가 그들 공동체에 선포할 준비가 되어있지 않았던 것이다.

2008년 이래로 기후변화에 대한 논의는 반박, 부인, 절망 속에 빠져버렸다. 또한 2008년 이후로 많은 교회들은 그리스도를 따르는 자들의 신앙공동체로서, 그들의 진리를 대담하고 용감하게 공개적으로 선포하라는 부르심을 받아들여 왔다. 이 장은—그리고 이 책 전체가—그런 부르심에 대한 응답이다.

우리는 도대체 무슨 짓을 했는가?

1970년대 중반에 나의 친구 마크(Mark)와 나는 위험을 각오하고 국립빙하공원(Glacier National Park)의 오지(奧地)를 답사했다. 공원 순찰대원의 권고를 따라 10일간의 모험을 나선 지 1주일 정도 지나서, 우리는 등산로를 벗어나서 분수령에 올랐다. 산꼭대기에서 우리는 폭풍이 다가오는 것을 볼 수 있었다. 우리는 서둘러서 내려와야 했지만, 우리와 밑에 있는 등산로 사이에는 500m의 얼음과 눈이 45도 각도로 경사를 이루고 있었다. 우리가 대략 60m 정도 더듬거리며 내려온 뒤에, 내 친구 마크는 그의 배낭을 벗어서 두꺼운 침낭을 꺼냈다. 되돌릴 수 없는 순간을 각오하고, 그는 자신의 배낭을 얼음과 눈을 따라 미끄러져 내려가게 했다. 우리는 그 배낭이 속도를 얻어 공중에 뛰어올라 구르고 뒤집히면서 미끄러져 내려가 우리로부터 약 1000m 정도에서 마침내 멈추는 것을 지켜보았다. 그 배낭이 굴러 내려가는 것을 지켜보는 것은 두려움을 주었다. 마크는 "행운을 빈다!"고 말하고는 자신의 두꺼운 침낭 위에 앉아서 미끄러져 내려갔다. 다행히도, 그는 구르지 않았다. 그리고 내 차례가 왔는데, 나는 두려움에 얼어붙었다. 약 1.6km 떨어진 곳의 빙하를 바라보면서, 몇 분간 나는 제정신이 아니었지만, 마침내 나도 친구를 따라 했다. 다행히 나도 안전하게 내려왔다. 그리고 우리는 닥쳐오는 폭풍을 피할 수 있었다.

그 파란 많았던 등산 이래로, 나는 가족과 함께 그 국립빙하공원에 몇 차례 다시 갔는데, 손자손녀들이 크면 그곳에 데려가기를 희망한다. 그러나 우리를 안전하게 도와주었던 눈과 빙벽은 물론 빙하도 이제는 더 이상 거기에 없다. 1910년 국립빙하공원이 처음 만들어졌을 때는 그곳에 150개가 넘는 빙하가 있었다. 2016년 현재는 39개만 남아 있고, 지난 50년 동안에 그 빙하들은 3분의 1이 넘는 얼음을 잃어버렸다.[4] 어떤 전문가들은 주장하기를, 내가 손자손녀들을 국립빙

4) Nadja Popovitch, "Mapping 50 Years of Melting Ice in Glacier National

하공원에 데려가기를 희망하는 2030년에 이르면, 거기엔 더 이상 빙하가 없을 것이라고 한다.

더 북쪽에는 더 큰 변화가 일어나고 있다. 지난 2016년 크리스마스에 북극은 결빙점 이상의 온도를 보였다. 즉 "보통"보다 위인 섭씨 10도였다. 그 전달에는 전 세계 바다 얼음이 지난 35년 평균보다 25%나 더 적었다.[5] 이처럼 지나치게 높은 온도는 저 먼 북쪽에만 국한된 것이 아니다. 미국 전체를 통해, 기록적인 고온이 기록적인 낮은 온도와 대비해 20:1이다. 이처럼 지속적인 고온은 우리의 산림에 파멸을 가져왔다. 산불 계절이 이제는 전보다 78일 더 길어졌고,[6] 가뭄이 원인이 된 산불들은 전혀 예상치도 않았던 지역인 조지아 주 북부, 노스캐롤라이나 주, 그리고 이스라엘에서도 일어났다.

바다들이 없었다면 온도는 훨씬 더 올랐을 것이다.[7] 바다들이 지구 온난화에 의해 발생된 열의 90% 이상을 흡수하기 때문이다. 이산화탄소(CO_2)를 흡수하면서, 바다들은 지난 3억 년 동안 일어난 어떤

Park," *New York Times*, May 24, 2017, accessed September 8, 2017, http://www.nytimes.com/interactive/2017/05/24/climate/mapping-50-years-of-ice-loss-in-glacier-national-park.html.

5) John Vidal, "'Extraordinarily Hot' Arctic Temperatures Alarm Scientists," *The Gurardian*, November 22, 2016, accessed September 8, 2017, http://www.theguradian.com/environment/2016/nov/22/extraordinarily-hot-arctic-temperatures-alarm-scientists.

6) David Wallace-Wells, "The Uninhabitable Earth," *New York Magazine* (July 9, 2017). See also Justin Gillis and Henry Fountain, "Global Warming Cited as Wildfires Increase in Fragile Boreal Forest," *New York Times*, May 10, 2016, accessed September 8, 2017, https://www.nytimes.com/2016/05/11/science/global-warming-cited-as-wildfires-increase-in-fragile-boreal-forest.html.

7) Samuel Osborn, "World's Oceans Are Warming 13% Faster than Previously Thought, Scientists Warn," *Independent*, March 12, 2017.

변화보다도 이를 더욱 초과하는 비율로 바닷물을 더욱 산성화시키고 있다.[8] 산호초들(Coral reefs)이 집단으로 죽는 것은 석탄광 속의 카나리아 새 역할을 한다(데이비드 아텐보로에 따르면, 전 세계 산호초의 2/3가 2015 이후 3년 동안 해수온도 상승으로 죽었다—역자주). 바다가 산성화되면서, 굴과 조개들이 그 껍질을 만들기가 어렵게 되어버린다. 물고기들은 숨쉬기가 어려워지고, 바다의 전체 먹이사슬이 끊어져버린다.[9]

바닷물 온도가 올라가면서, 물이 팽창하고, 얼음은 녹고, 해수면이 올라간다. 뉴욕타임스(*The New York Times*, 4/19/2017) 보도에 따르면, 워싱턴 D.C.의 일부가 일 년에 30일간 홍수를 겪는데, 이 숫자는 1960년 이후로 약 4배가 늘어난 것이다. 노스캐롤라이나 윌밍톤에서는 그 숫자가 90일이다. 상상하기 어렵지만, 그러나 어떤 과학자들과 도시 계획관들은 이를 "귀찮은 홍수범람"이라고 부른다. 루이지애나 주에서는 그렇지 않은데, 거기에서는 주 해안보호와 회복국이 2017년을 위한 새로운 해안 마스터플랜을 수립했다.[10] 2012년에 만든, 인간이 일으킨 해수면 상승 최악 시나리오는 이제 최선의 시나리오가 되었기 때문이다. 좀 더 큰 규모로는, 지구 온도가 이미 12만 년 전에 간빙하기(間氷河期: Eemian period)에 존재했던 온도 범위에 들어섰는

---

8) B. Hoenisch, et al., "The Geological Record of Ocean Acidification," *Science* 335 (March 2, 2012):1058-63.

9) Andrea Thomson, "West Coast Waters on Acid Trip: Fishing Industry in Peril," *Climate Central* (June 6, 2017), accessed September 10, 2017, http://www.climatecentral.org/news/ocean-acidification-hotspots-west-coast-21517.

10) Lorraine Chow, "Louisiana Faces Faster Levels of Sea-Level Rise Than Any Other Land on Earth," *Eco Watch* (January 4, 2017), accessed September 10, 2017, http://www.ecowatch.com/louisiana-sea-level-rise-2178631264.html.

데, 당시 해수면은 오늘날보다 7m 내지 10m 더 높았다.[11] 데이비드 월레스-웰스(David Wallace-Wells)는 보고하기를, 대부분의 과학자들은 금세기 안에 해수면이 마이애미와 방글라데시를 덮어버릴 만큼 상승할 것이라고 예상한다.[12] 심각한 홍수범람이 다른 곳들에서도 일어날 것이다. 2017년 7월에 염려하는 과학자들 연합(Union of Concerned Scientists)이 발표한 보고서에 따르면, 미국 동해안과 걸프만을 따라서 해변의 공동체들 40% 정도를 포함해서 거의 500개의 미국 도시들과 마을들이, 2100년에 이르면 해수면 상승에 의해 "상시적으로 침수될 것"이라고 한다.[13]

기아(hunger)와 싸우는 것은 1세기 이래로 교회의 초점이 되어왔고, 전국의 수천 교회들이 그들의 공동체들에 제공하는 식량은행(food banks)에 대해서 하느님께 감사드린다! 굶주린 어린이 사진 한 장이 사람들로 하여금 행동에 나설 동기를 제공한다. 물론 만일 우리가 전 세계의 140만 명의 굶주리는 어린이들과 굶어 죽어가는 2천만 명의 사진들이 드러내는 고통을 받아들였다면, 우리는 기가 막혀했을 것이다. 아프리카에 초점을 맞춘 특별한 논문에서, 마이클 클레어(Michael

11) Jeff Goodell, "Will We Miss Our Last Chance to Save the World From Climate Change?" *Rolling Stone* (December 22, 2016), accessed September 14, 2017, http://www.rollingstone.com/politics/features/will-we-miss-our-last-chance-to-survive-climate-change-w456917.

12) David Wallace-Wells, "The UnInhabitable Earth," *New York Magazine* (July 9, 2017), accessed September 14, 2017, http://nymag.com/daily/intelligencer/2017/07/climate-change-earth-too-hot-for-humans. html.

13) Union of Concerned Scientists, "When Rising Seas Hit Home: Hard Choices Ahead for Hundreds of US Coastal Communities (2017)," accessed September 14, 2017, http://www.ucsusa.org/global-warming/global-warming-impacts/when-rising-seas-hit-home-chronic-inundation-from-sea-level-rise#. WWf78IqQzox.

Klare) 교수는 "제2차 세계대전 이후, 지금 이 순간보다 더 많은 사람들이 질병과 굶주림으로 고통을 받은 적은 없었다"라고 쓰고 있다.[14] 클레어는 기후변화가 가뭄뿐 아니라 군사적 충돌의 증가에 대해 가장 큰 책임이 있고, 가장 큰 영향을 받은 사람들은 가난한 자들, 소외된 자들, 그리고 이미 막판에 몰리거나 그에 가깝게 된 나라 사람들이라는 점을 보여준다. 세계 어느 곳보다도 아프리카의 사람들은 땅에 의존하여 살아간다. 그러나 기후변화가 아프리카 지역들을 살 수 없는 곳으로 만들고 있다.[15]

동물들도 역시 곤경에 처해 있다. 불과 몇 십 년이 지나면, 오늘날 우리가 노아의 방주 안에 들어갔다고 말하는 많은 동물들을 어린이들이 확인할 수 없을 것이다. 왜냐하면 이미 멸종될 것이기 때문이다. 국립과학아카데미(National Academy of Science)의 2017년 연구보고서의 저자는 그것을 "생물학적 절멸"이라고 부르며, "그 문제의 심각성에 주의를 끌기 위해 지금 이렇게 강력한 언어로 말하지 않는 것은 비윤리적일 것이다"라고 말한다.[16] 우리들 역시 제6차 대량멸종(mass extinction)을 겪고 있는 중이다. 현재는 생물종들이 과거보다 적어도

---

14) Michael T. Klare, "Climate Change as Genocide: Inaction Equals Annihilation," *TomDispatch*, April 20, 2017, http://www.tomdispatch.com/post/176269/tomgram%3A-michael-klare%2C-do-african-famines-presage-global-climate-change-catastrophe/.

15) Nicholas Casey, "Loss of Fertile Land Fuels 'Looming Crisis's Across Africa," *New York Times*, July 30, 2017, accessed September 14, 2017.
https://www.nytimes.com/2017/29/world/africa-climate-change-kenya-land-disputes.html?-r=0.

16) Tatiana Schlossberg, "Era of 'Biological Annihilations' Is Underway, Scientists Warn," *New York Times*, July 11, 2017, accessed September 14, 2017, https://www.nytimes.com/2017/07/11/climate/mass-extinction-animal-species.html?mcubz=1.

100배의 속도로 멸종되고 있다. 서식지의 파괴(예를 들어, 농업을 위해서 숲의 나무들을 잘라내는 것)와 공해가 가장 주요한 원인들이다. 그 둘 모두 기후변화에 의해 더욱 악화되고 있다.

이 모든 것은 프란체스코 교황이 부르듯이 "우리 공동의 집"(Our Common Home)인 지구가 지난 십여 년 동안에 변화된 것들의 아주 적은 일부 사례일 뿐이다. 빌 매키븐(Bill McKibben)은 그의 2010년 저서의 타이틀을 *Eaarth*라고 고의로 철자를 비틀어서 우리가 지구를 너무 심각하게 변화시켜서 지구가 다른 행성이 되어버렸다는 것을 알리고자 했다.[17] (몇 년 동안 나는 설교 제목에 "Eaarth"라는 단어를 포함시켜서, 사람들의 주의를 끌고자 했다. 몇 번에 걸쳐서 철자 검사원이 이 단어 스펠링을 "정상화"시키고자 했는데, 이는 설교의 소개를 더욱 효과적으로 만들어 주었다!) 매키븐의 책의 첫 번째 장은 읽기가 너무도 고통스러워서 끝까지 읽어내기가 어려웠다. 신학자 데이비드 그리핀(David Ray Griffin)은 그의 2015년 책 『전대미문』(*Unprecedented*)에서, 우리가 지구에 가져온 변화와 우리가 직면한 위험들에 대해 더욱 자세하고도 새롭게 설명한다.[18]

변화의 속도가 가속화되고, 과학이 발전하고 있기 때문에, 매 수년마다 누군가는 우리의 공동의 집이 변화하고 있는 심각한 방식들에 대해 새롭게 설명해야 할 것이다. 우리들 각자는 이런 자료들이 매우 불편하게 만들도록 업데이트시킬 길을 발견할 필요가 있다. "뉴욕 매거진"(*New York Magazine*)이 데이비드 월레스-웰스(David Wallace-

17) Bill Mckibben, *Eaarth—Making a Life on a Tough New Planet* (New York: Times Books, 2010).

18) David Ray Griffin, *Unprecedented—Can Civilization Survive the CO2 Crisis?* (Atlanta: Clarity Press, 2015).

Wells)의 논문 "거주 불가능한 지구"(The Uninhabitable Earth)를 출판한 지 5일 만에 250만 명의 사람들이 그 글을 내려 받아서, "뉴욕 매거진" 역사상 가장 많이 읽었다는 것을 보고 나는 격려를 받았다. 많은 사람들이 독자란에서 그 논문에 대해 떠들썩한 논의를 벌인 것과, 특히 과학자들과 씨에라 클럽(Sierra Club)이 반응한 것에도 마찬가지로 용기를 얻었다. 분명히 수백만 명의 사람들이 그 사실들을 직시하고자 했고, 이는 많은 사람들에게는 책임을 지는 것을 포함한다.

책임지기 — 인류세(Anthropocene)

교회의 가장 중요한 역할의 하나는 교회가 한 일에 대해 책임을 지고, 사람들로 하여금 그들이 개인적으로나 집단적으로 한 일에 대해 책임을 지도록 도와주는 것이다. 하버드대학교 지구와 천체과학 협동교수이자 과학사 교수인 나의 친구, 나오미 오레스케스(Naomi Oreskes)는 책임을 진다는 의미가 무엇인지를 이해하여, 2004년에 기후변화에 대한 과학적 합의를 요약하는 논문을 출판했다. 그것을 간단히 요약하면 이렇다: 기후변화는 일어나고 있다. 그것은 인간이 일으킨 것이고, 점차 악화되고 있다.[19] 그 이후로 그녀와 그 밖의 다른 사람들이—세계은행(World Bank)을 포함하여—과학적 합의가 "명백한" 것이었다고 기술한다.[20] 예를 들어, 2012년 11월과 2013년 12

---

19) Naomi Oreskes, "The Scientific Consensus on Climate Change," *Science* 306 (5702) (December 3, 2004):1686.

20) 기후변화가 빈곤에 주는 영향에 대한 세계은행(World Bank)의 견해, accessed September 14, 2017, http://www.worldbank.org/en/topic/climatechange; see also, Naomi Oreskes, "The Hoax of Climate Denial," *TomDispatch*, June 16,

월 사이에 기후변화에 대해 동료들이 검증한 9,137편의 논문들 가운데서 단지 하나만이 인간이 그 원인임을 거부했을 뿐이다.[21]

내가 지금까지 설명한 변화는—그리고 더 많이 내가 언급할 수도 있는데—우리가 거의 이해할 수 없을 만한 규모다. 산업시대가 시작되고 나서 고작 2백 년이 지나, 수백만 년 동안 유지되었던 자연의 균형이 뒤집어졌다. 지구와 기후가 이토록 신속하게 변한 적은 일찍이 없었다. 사실상, 지구의 시간을 연구하는 과학자들은 우리가 인류세(Anthropocene)[22]라고 부르는 새로운 지질학적 시대에 들어왔다고 선언하기에 이르렀다. 무제한적으로 화석연료를 사용하여 동력을 얻는 산업시대는, 6600만 년 전에 소행성이 지구에 충돌하여 공룡 무리들을 멸종시켜 백악기(白堊紀: Cretaceous period)를 끝장내고 동시에 중

2015, accessed September14, 2017, http://www.tomdispatch.com/post/176011/tomgram%3A-naomi-orskes%2C-why-climate-deniers-are-their-own-worst-nightmares/#more.

21) Holly Richmond, "This Chart Makes It Painfully Obvious that Climate Deniers Are Ridiculous," *Grist* (January 14, 2014), accessed September 14, 2017, http://gris.org/climate-energy/this-chart-makes-it-painfully-obvious-that-climate-deniers-are-ridiculous/.

22) Damian Carrington, "The Anthropocene Epoch: Scientists Declare Dawn of Human-Influenced Age," *The Guardian*, August 29, 2016, accessed September 14, 2017, http://www.theguardian.com/environment/2016/aug/9/declare-anthropocene-epoch-experts-urge-geological-congress-human-mpact-earth. Original Paper: Colin N. Waters; Jan Zalasiewicz; Colin Summerhayes; Anthony D. Barnosky; Clement Poirier; Agnieszka Galuszka; Alejandro Cearreta; Matt Edgeworth; Erle C. Ellis, "The Anthropocene Is Functionally and Stratigraphically Distinct from the Holocene," *Science* 351 (6269) (January 8, 2016), accessed September 14, 2017. See also, the Indiana University Consortium for the Study of Religion, Ethics, and Society (CSRES), Forum Spring 2016: Special Issue on the Anthropocene, https://csresl.iu.edu/pages/forum-folder/index.php.

생대(中生代: Mesozoic era) 전체를 끝장낸 것과 마찬가지 규모의 지구 행성의 "사건"이라 할 것이다.

데이비드 월레스-웰스는 "인류가 전체 역사를 통해서 대기권에 방출한 탄소량의 50% 이상이 지난 30년 동안 방출한 것이다. 제2차 세계대전 이후 방출량은 85%에 이른다"[23]고 보고하고 있다.

우리는 얼마 동안 알고 있었나?

기후과학은 존 틴달(John Tyndall)이 이산화탄소(CO_2) 방출이 온실효과—태양 에너지를 가두어서 지구의 기후를 가열시키는 효과—를 만들어낼 수 있을 것이라고 처음으로 주장한[24] 1850년대에 시작되었다. 1938년에 가이 스튜어트 칼렌다(Guy Stewart Callendar)는 이전 50년 동안에 전 세계 온도가 상승해왔다고 주장했다.[25]

50여 년 전(1965년 11월 5일)에 과학자들은 린든 존슨 당시 미국 대통령에게 대기권 이산화탄소 증가와 관련된 위험성을 경고했다.[26] 1975년에는 그 과학자들 중 월레스 브뢰커(Wallace S. Broecker)는 "기후변화: 우리는 지구온난화의 문턱에 있는가?"란 제목의 논문을 출

23) Wallace-Wells, "The Uninhabitable Earth."

24) "John Tyndall," http://en.wikipedia.org/wiki/John-Tyndall.

25) "Guy Stewart Callender," http://en.witipedia.org/wiki/Guy-Stewart-Callender.

26) Dana Nuccitell, "Scientists Warned the US President about Global Warming 50 Years Ago Today," *The Guardian,* November 5, 2015, accessed September 14, 2017, https://theguardian.com/theguardian.com/environment/climate-consensus-97-per-cent/2015/nov/05/scientists-warned-the-president-about-global-warming-50-years-ago-today.

판했는데,[27] 그가 이 논문에서 말한 50년 예상들은 놀랍도록 정확한 것임이 드러났다.

1988년 6월, 기후과학자 제임스 핸슨(James Hansen)은 미국 상원의 에너지와 천연자원위원회 앞에서 증언했다. 그의 증언은 젊은 작가 빌 매키븐(Bill McKibben)의 주의를 끌었고 그의 삶은 점점 더 사회정의에 초점을 맞추어갔다. 1989년에 빌 매키븐은 『자연의 종말』(*The End of Nature*, 진우기 역, 2005)이란 책을 출판했는데, 이 책은 일반대중을 위해 기후변화에 대해 쓴 최초의 책이다.

우리는 주의를 기울이고 있나?

사태를 직시하자: 우리는 주의를 기울인 것만 변경할 수 있다. 기후변화가 우리의 주의를 끌었던가? 알려진 바로는, 신경과학자들은 우리의 두뇌가 기후변화와 같은 장기간에 걸친 위협들에 적절히 대응하도록 되어 있지 않다고 말한다. 우리가 가령 길을 가다가 독 없는 줄무늬 뱀이라는 즉각적 위협을 만나면, 우리의 두뇌는 소리를 친다: 이크! 그러나 UN이 지금부터 몇 십 년이 지난 뒤 다가올 지구 온난화의 결과에 대해 새롭고도 두려운 보고서를 낸 것을 보면, 우리는 하품을 하고, 스포츠 페이지에 눈을 돌린다.[28]

---

27) Wallace S. Broecker, "Climate Change: Are We on the Brink of a Processed Global Warming?" *Science* 189 (4201) (August 8, 1975): 460-63, accessed September 14, 2017, http://science.sciencemag.org/content/189/4201/460.

28) Nicholas D. Kristof, "When Our Brains Short-Circuit," *New York Times*, July 2, 2009. "만일 당신이 줄무늬뱀(독성은 없음—역자주)을 맞닥뜨리면, 당신이 그 "위협"을 처리하면서 당신 두뇌의 거의 전부가 행동을 위해 불을 켜고 일어난다. 그러나 만일 누가 말하기를 이산화탄소 방출이 결국엔 지구 전체를 파괴

뉴욕타임스의 전직 환경기자였던 앤드루 레브킨(Andrew Revkin)은 "기후변화는 우리가 흔히 곧 다가올 것이나 지금 당장 실제로 주의를 기울여야 할 것들의 모든 규범들을 어기는 것이다"[29]라고 말한다.

페르 에스펜 스토크네스(Per Espen Stoknes)는 그의 역작인 『지구 온난화를 생각하지 않고자 할 때 우리가 생각하는 것』(*What We Think About When We Try Not to Think About Global Warming*)이란 책에서, 왜 기후변화에 대한 사실들이 적절한 행동을 강요하지 못하는지에 대해 깊이 생각한다.[30] 그는 기후에 대한 행동에 다섯 가지 심리학적 장벽들을 열거하는데, 그는 이것들을 5개의 D로 표시한다: Distance(거리 두기), Doom(파멸 심판), Dissonance(듣기 싫은 소리), Denial(부인), iDentity(정체성 동일화). 어떻게 이런 장벽들을 통과해 나아갈까에 대한 스토크네스의 주장들은 잘 읽어볼 가치가 있다. 아래에서 나는 부인(Denial)이라는 장벽에 대해 좀 더 자세히 조사해볼 것이다.

죠지 마샬(George Marshall)이 이를 가장 잘 표현하고 있다: "사실의 핵심은 우리가 기후변화가 일으키는 불안과 그것이 요구하는 깊은

할 것이라고 말한다면, 단지 미래에 초점을 두는 두뇌의 작은 부분, 즉 대뇌피질 전두엽만 희미하게 반짝거릴 것이다. 우리 공포의 대상들, 실제로 우리에게 위험한 것들은 현대세계에서는 거의 상관되어 있지 않고, 우리들의 옛날 환경에 관계되어있다... 우리는 지구 온도가 서서히 상승하는 것에는 두려워 할 '준비'가 되어있지 않다"고 Haidt는 말했다.

29) "Teillard de Chardin's Planetary Mind and Our Spiritual Evolution," *On Being* (January 23, 2014), accessed September 14, 2017, http://onbeing.org/programs/ursula-King-andrew-revkin-and-david-sloan-wilson-teilhard-de-chardins-planetary-mind-and-our-spiritual-evolution/.

30) Per Espen Stokness, *What We Think About When We Try Not to Think About Global Warming* (White River Junction, VT: Chelsea Green, 2015).

변화를 회피하고 싶어 하기 때문에 기후변화를 받아들이지 않는다는 점이다."[31] 그래서 부인하는 것은 일종의 자기방어다. 우리 자신들을 두려움과 혼란에 내맡기기보다는, 차라리 아무것도 잘못된 건 없다는 우리의 입장을 공유할 다른 사람들과 연대한다. 우리는 그런 입장을 고수하는 데 집중하고 우리 종족의 이해관계를 방어해야 할 강력한 본능을 무시한다. 만일 정치 지도자가 우리의 입장을 확인하면, 우리는 그를 따르는데, 이는 그/그녀의 입장이 미래에 대한 우리의 잠재적 불안을 덮어버리는 노예 역할을 하기 때문이다.

이런 접근방식은 많은 사람들에게 해당된다. 매주일 교회에 오는 많은 사람들을 포함해서 말이다. 기후변화에 대해 절대로 논의하지 않음으로써, 많은 교회들이, 검토해보지도 않은 채로 계속 부인하는 것을 허용한다.[32] 물론 우리는 다른 경로를 탐색해볼 수도 있고, 그러면 우리는 그 경로에 곧 도달할 것이다.

심지어는 사회적으로 활발한 회중들조차도 기후변화를 부인한다. 몇 년 전에 내가 기후변화에 대해 설교를 한 뒤, 교인들 일부가 나와 대화를 하고자 했다. 대략 70여 명이 2층 방에 꽉 차서 활발한 대화를 나누었다. 그들은 지식이 있고 견문도 넓고 열성적인 개인들이었기에, 나는 모험을 감행하기로 결심했다. 그들이 곧 매우 많은 재정을 모으는 캠페인을 시작하여, 그들이 미루어왔던 건물의 여러 유지관리

---

31) George Marshall, *Don't Even Think About It: Why Our Brains Are Wired To Ignore Climate Change* (Bloomsbury: New York, 2014), pp. 228-29.

32) The Yale Program on Climate Change Communication은 보고하기를, 지구 온난화에 관심을 갖거나 그게 중요하다고 생각하는 사람들 가운데 절반 이상이 가족들이나 친구들과 그것에 대해서 "결코 말해보지 않거나" 혹은 "매우 드물게 말한다"고 한다(전자는 54% 후자는 57%). http://climatecommunication.yale.edu/publications/climate-spiral-silence-america/.

문제를 다룰 것임을 알고 있었기에, 나는 고통스런 질문을 던졌다. "내 생각에는 여러분이 미루어왔던 건물 관리에 필요한 것들을 다루기 위해 수백 만 달러를 모금하는 것은 참 좋습니다. 또한 나는 여러분들의 모금 운동이 성공할 것임을 완전히 확신합니다. 그러나 이 지역의 기후변화가 주는 결과에 대해 우리가 아는 바로는, 약 30년 정도 지나면 여러분의 교회가 몇 피트 물 밑에 잠길 것이라고 예상되는데, 그렇다면 건물 보수를 위한 모금 운동이 무슨 의미가 있겠습니까?" 한동안 어색한 침묵이 흐르고 나서, 몇 사람이 용기를 내서 말하기를, 물론 그들은 이걸 알고 있지만, 어쨌든 삶은 계속되어야 한다는 것이었다. 그리고 한 사람이 격앙된 한숨을 쉬면서 우리 모두가 알고 있는 것을 고백했다. 즉, "우리들 대부분은 거의 언제나 기후변화와 같은 그런 장기적인 위험들을 서로 연관시키지 않고 따로 따로 구분한다. 그렇게 하는 것이 우리로 하여금 삶을 살아나가게 한다." 나는 그 회중에게 큰 칭찬을 하면서 대화를 끝냈고, 그 이후로 기후변화에 대한 그들의 지도력은 실제적인 것이 되도록 지속되었다.

부인은 다른 형태들을 띠기도 한다. 기후변화가 초래할 대부분의 변화는 점진적이어서, 나의 손주들은 몇 년마다 "비의 폭탄들"이 "100년에 한 번 올까말까 한 폭풍우"를 초래해도 그게 보통이라고 생각하면서 성장할 것이다. 500년에 한 번 올까말까 한 허리케인 하비(Harvey)는 텍사스 휴스턴 지역의 3분의 1을 3년 동안 침수시켜버렸다. 북경(北京)의 젊은이들은 먼지 마스크를 쓰는 것이 보통이고 당연하다고 생각한다. 워싱턴대학교의 심리학 교수 피터 카안(Peter Kahn)은 이것을 일러 "환경문제에 대한 세대들의 건망증"이라고 부른다.[33]

33) John Mooalllem's *New York Times* article: "Our Climate Future is Actually

휴스턴의 석유 정유공장 지역 근처의 가난한 지역에서 자라나는 어린이들 3분의 2가 공기와 물의 공해는 환경문제임을 이해한다. 그러나 그 어린이들 가운데 고작 3분의 1만이 자신들의 동네가 오염되었다고 믿는다. (그건 허리케인 하비 이후 변했을 것이다.) 만일 우리가 박탈과 결핍을 당연한 것으로 받아들이기를 거부해야 한다면, 우리는 많은 공부를 해서 우리 자신들을 같은 생각을 가진 사람들, 희망에 찬 동료들로 둘러싸여야 한다. 달리 말해서, 기후변화만큼 "상호연관된 것은 아무것도 없다!"고 소리쳐야 한다.

과학을 부인하는 것은 상대적으로 최근의 현상이다. 미국인들은 예전에 과학에 놀란 적이 있었다. 아마도 과학에 대한 우리의 숭배는 맨하탄 프로젝트(Manhattan Project—원자폭탄 제조-역자주)라고 알려진 극비 과학의 "승리"로 여겨진 것과 함께 시작되었다. 몇 년 뒤에 우리는 계속 머큐리(Mercury), 제미니(Gemini), 아폴로(Apollo) 우주 프로그램을 꾸준히 실행했다. 자끄 꾸스또(Jacques Cousteau)는 바다의 놀라운 것들을 안방에 가져왔다. 1970년 첫 지구의 날에는 2천 만 미국인들(인구의 10%)이 그 행사에 참여했다. 칼 세이건의 "코스모스"(*Cosmos*, 1980)는 일찍이 텔레비전이 만들어낸 가장 유명한 프로그램 중 하나였는데, 그 시대의 정점을 찍은 것이었다. 그리고 주류 기독교인들은 과학과 과학적 성취를 오랫동안 축하했다. 2008년에 UCC는 "과학과 공학기술에 대응하는 신앙에 대한 목회서신"(A Pastoral Letter on Faith Engaging Science and Technology)을 발표했는데, "하느님의 가장 도발적인 목소리는 과학이다. 우리의 신학이 새로운 아이디어들에 의해 풍부해지는 것을 듣고, 응답하고 감사한다"[34]고 말했다.

Our Climate Present," April 19, 2017 참조.

그러나 칼 세이건이 "코스모스"를 만드느라고 분주한 동안, 러브운하(Love Canal) 재해(미국 뉴욕 주 나이아가라 폭포 근처, 유독 쓰레기 매립지역의 재해—역자주)가 발생해서(1978년), 연방 수퍼펀드(Superfund—매립지 청소작업을 위한 재정, 1980년)를 창설하게 만들었다. 신문기자인 마이클 브라운(Michael Brown)과 데이비드 쉬럽만(David Shribman)은 용감한 엄마들인 카렌 쉬뢰더(Karen Schroeder)와 로이스 깁스(Lois Gibbs) 등과 함께 과학을 이용해서 공장들의 유죄(有罪)를 폭로했다: 21톤의 독성 쓰레기더미 위에 초등학교가 건설되었던 것이다.

한편, **같은 기간**에, 돈의 역사상 가장 성공적인 대부분의 회사들은 두려움에 떨기 시작했다. 각 주들이 연이어 흡연 반대 입법을 통과시켰기 때문이다. 그 결과 1979년에는 담배산업이 "과학과의 전쟁"을 선포하기로 결정했다. 아니, 그건 너무 심하게 말한 것이다. 나오미 오레스케스(Naomi Oreskes) 교수가 정교하게 그려내기를, 담배 산업은 대중들의 마음속에, 그리고 우리의 법정에 "의심의 씨앗들"을 심기로 결정했다. 그들의 두 앞잡이 고문 변호사들은 거듭해서 증언하기를, EPA(Environmental Protection Agency: 미국 환경보호국)의 발견은 "헛소리 과학"(Junk Science)을 대표한다고 했다. 좀 더 자세한 것은 오레스케스의 책 『의혹을 팝니다』(*Merchants of Doubt*, 유강은 역, 혹은 그 영화)를 보라.

이것이 바로 미국이, 미국의 꿈(American Dream)에 이르는 대문으로서의 우승자 과학으로부터 의심스런 과학, 믿을 수 없는 과학자들,

34) The Rev. John J. Thomas, "A New Voice Arising: A Pastoral Letter on Faith Engaging Science and Technology," United Church of Christ, January 2008, accessed September 14, 2017, http://d3n8a8pro7vhmx.cloudfront.net/unitedchurchofchrist/legacy-url/1489/pastoral-letter.pdf?1418424941.

그리고 선택적인 "믿음의 체계"로 어떻게 전환했는가에 대한 이유다. —많은 미국인들은 진화와 생명의 기원 같은 문제들에서 과학 대신에 그들의 종교적 신앙을 더 신뢰하게 되었던 것이다.

많은 미국인들이 과학에 등을 돌리기 시작하면서, 다른 잘못된 길이 열리기 시작했다: 경제적 외부효과(externalities) 문제 말이다. (생산과정에서 환경을 오염시키는 것에 대한 처리 비용을 원가 계산에서 제외하는 것을 말한다—역자주). 담배회사는 암을 일으키는 흡연에 중독되어 죽은 사람들에게 얼마나 돈을 지불해야 하는가? 화학회사들과 광산회사들은 그들의 부주의한 관행들 때문에 파괴된 땅과 생명들에 얼마를 지불해야 하는가? 똑같은 질문이 이제 세계 역사상 가장 이익을 많이 내는 산업, 즉 화석연료회사들에게도 제기되고 있다. 엄청난 이익을 내는 그들의 활동의 부산물이자 생명을 파괴하는 이산화탄소(CO_2)에 대하여 그들은 얼마를 보상해야 하는가?[35]

2015년 5월 오레스케스는 국회에 나가 증언을 했다. 하원 천연자원 소위원회가 그녀의 증언을 들었다. 그들도 응답했다. 위원회의 공화당 의원들은 기존 환경법의 강화와 관련된 광범위한 과학적 조사들을 이른바 "정부의 과학"이라고 비난했다. 그런 경멸적 언어를 가지고 그들이 의미했던 것은, 그 정의대로라면, 그런 과학은 부패했고, 정치적으로 편향적이며, 책임성이 부족하다는 뜻이었다. 공격을 받은

35) 2015년에 전 세계에서 화석연료로부터 나온 이산화탄소(CO_2) 양은 360억 톤에 이른다고 추정되었는데, 화석연료가 유해한 환경과 건강에 미친 영향 때문에 사회가 치룬 비용은 5조 3천억 달러에 이른다고 추정되었다. 지금 현재는 화석연료 회사들이 이런 비용에 대해 전혀 지불하지 않는다. 이산화탄소의 사회적 비용(Social Cost of Carbon: SCC)을 화석연료 회사들이 치르려면, 그 비용은 거의 이산화탄소 1톤당 150달러쯤 될 것이다! 보다 더 완전한 논의를 위해서는 제3장을 보라.

특정한 과학은 국립공원 같은 연방정부 기관들과 그들을 위해 수행한 과학을 포함했지만, 기후과학 역시 그런 모욕을 받았다.[36)]

그 이후, 어떤 나라의 행정부에서도 일찍이 볼 수 없었던 수준으로 과학에 대한 부인이 워싱턴 D.C.를 점령했다. 백악관은 미국이 파리기후협약에서 탈퇴하겠다고 선언했을 뿐만 아니라, 환경보호국을 위해 일하던 최고의 과학자들을 회계업무 같은 자리에 임명해버렸다. 환경보호국 행정관 스코트 프루이트(Scott Pruitt)는 에너지 비서관 리크 페리(Rick Perry)와 한패가 되어, 인간의 활동이 지구온난화를 일으키고 있다는 과학적 합의에 정식으로 도전했다—그 과학적 합의는 버락 오바마, 빌 클린턴, 조지 부쉬 등 여러 대통령들에 걸쳐서 이루어진 합의였다. 정상적인 동료들의 재검토 과정을 포기하고, 대신에 그들은 제안하기를 "빨강 팀"이 그 과학적 합의에 대한 비판을 쓰고, 뒤이어 "파랑 팀"이 그 비판을 반박하는 글을 쓰도록 했다. 대중은 이런 정치적 "논쟁"을 듣게 될 것이고, 또한 소위원회가 주고받은 논쟁을 평가하고 그걸 마지막으로 써낼 것이다.[37)]

미국은 이처럼 강력하게 과학을 부인하는 정치 지도자들을 가진 유일한 국가임을 주목하는 것이 중요하다. 왜 그런가? 무엇보다 먼저, 대다수 가장 저명한 지구온난화 부인자들의 견해를 종교가 뒷받침하고 있기 때문이다. 제임스 인호페(James Inhofe, 오클라호마 공화당)

36) Oreskes, "The Hoax of Climate Denial."

37) Dino Grandoni, "The Energy 202: What Would Be the Point of Pruitt's 'Red Team-Blue Team' Climate Exercise?" *Washington Post*, July 3, 2017, accessed September 14, 2017, http://www.washingtonpost.com/news/powerpost/paloma/the-energy-202/2017/07/03/the-energy-202-what-would-be-the-point-of-pruitt-s-red-team-blue-team-climate-exercise/5959a234e9b69b7071abca32/?utm-term=.6cf3e804b9e7.

상원의원은 지구온난화는 엉터리 날조라고 믿는 것으로 잘 알려졌다. 인터뷰를 하면서, 그는 창세기 8:22을 인용했다: "땅이 있는 한, 뿌리는 때와 거두는 때, 추위와 더위, 여름과 겨울, 낮과 밤이 그치지 아니할 것이다." 그리고 그는 계속해서 말하기를, "내 말의 핵심은 하느님이 아직도 저 위에 계신다는 것이다. 하느님이 기후를 가지고 하시는 것을 우리 인간들이 변경할 수 있다고 생각하는 사람들의 오만함이 내게는 터무니없게 여겨진다."[38]

인호페 상원의원 혼자만 그러는 게 아니다. 그의 견해에 동조하는 국회의원들 수십 명에 더하여, 러쉬 림보(Rush Limbaugh)는 대중의 여론을 몰아가는 데 최선을 다하고 있다.[39] 2013년 8월에 그는 선언하기를, "보세요. 나의 겸손한 의견으로는, 여러분들이 하느님을 믿는다면, 지성적으로 여러분은 인간이 만든 지구온난화를 믿을 수 없습니다... 인간이 창조할 수 없는 그 무엇을 인간이 통제할 수 있다고 믿는 당신은 불가지론자이든지 아니면 무신론자임에 틀림없습니다."

더군다나, 언론은 우리가 무엇에 주의를 기울여야 할지를 만들어낸다. 여러 해 동안, 언론은 기후변화를 마치 전형적 뉴스 이야기처럼 다루어서, 반대 견해들이 사실을 밝게 비추도록 돕는다는 듯한 인상을 준다.[40] 예를 들어, 만일 어떤 생물종이 멸종되거나, 코네티컷 주

---

38) Brad Johnson, "Inhofe, God Says Global Warming Is a Hoax," *Think Process* (March 9, 2012), accessed September 14, 2017, http://thinkprogress.org/climate/2012/03/09/441515/inhofe-god-says-global-warming-is-a-hoax/.

39) Jack Jenkins, "Limbaugh: 'If You Belive In God, Then Intellectually You Cannot Believe In Manmade Global Warming'," *Think Progress* (August 14, 2013), accessed September 14, 2017, http://thinkprogress.org/climate/2013/08/14/246934/limbaugh-christians-global-warming/.

크기만 한 얼음 덩어리가 남극에서 떨어져 나간다면, 이건 뉴스거리가 된다. 그리고 만일 기후학자로서 아무런 자격증도 없는 한 사람의 "과학자"(예컨대 미사일 제조 전문 과학자—역자주)가 이런 사건의 원인에 대해 의문을 제기하거나, 혹은 최근의 UN 보고서—거의 2천여 명의 기후과학자들의 견해를 대표하는 합의된 문서—를 비판한다면, 많은 언론매체들은 그 이른바 "과학자"의 비판에 대해서도 마찬가지 보도를 하지만, 과연 누가 그 "과학자"의 연구에 돈을 대주었는지는 묻지 않는다.(나오미 오레스케스 교수에 따르면, 주로 세계 최대의 회사들인 석유회사들과 자동차회사들이 기후변화를 부인하는 과학자들에게 뒷돈을 대준다—역자주).

2013년 1월 『미디어 분석』(*MediaMatters*) 보고서에 의하면,[41] 지난 4년 동안 영향력 있는 텔레비전의 대담(Talk show)에 단 한 명의 기후과학자도 초대 손님으로 나온 적이 없었고, 어떤 기후과학자의 말도 인용된 적이 없었다. 지구온난화에 대해 말하도록 초대된 대부분의 사람들은 언론인이거나 정치가들이었고, 정치가들 가운데는 단 한 명의 민주당원도 없었다. 그런 대담에서 기후변화를 부인하는 사람들에게 도전한 적도 전혀 없었다.

언론매체가 보도하지 않은 것에 대해 생각해보는 것도 중요하다. 지난 15년여 동안, 과학이 발전되면서 기후변화에 대한 과학적 합의

---

40) See Tom Engelhardt, "Ending the World the Human Way—Climate Change as the Anti-news," *TomDispatch*, February 2, 2014, accessed September 14, 2017, http://www.tomdispatch.com/blog/175801/.

41) Jill Fizsimmons, "STUDY: Warmest Year On Record Received Cool Climate Coverage," *MediaMatters* (January 8, 2013), accessed September 14, 2017, http://mediamatters.org/research/2013/01/08/study-warmest-year-on-record-received-cool-clim/192079.

가 분명히 이루어졌고, 그들의 예언들이 점점 더 무섭고 긴박하게 되었지만, 어떤 평론가가 말했듯이, 언론매체는 "기후변화란 뉴스거리가 안 되고, 뉴스 이야기도 아니며, 그것은 모든 뉴스들의 마지막이 될 뿐이다"라고만 인정하고 있다. 혹은 고인이 된 조나단 쉘(Jonathan Schell)의 말을 빌리자면, 기후변화란 "반-뉴스"(anti-news)다.[42]

단지 분명히 해둘 것은, 이 모든 것들이 "가짜 뉴스"와는 아무런 관계가 없다는 점이다. "가짜 뉴스"는 기후변화를 부인하고자 하는 사람이면 누구에게나 그들이 원하는 대로 근거를 조작한다. 그러나 여기 문제가 있다: 심지어 "가짜 뉴스" 또는 고의적으로 허위 조작한 사실들이라는 문제는 차치하고라도, 화석연료 회사들은 "양쪽"을 대표하는 "균형 잡힌 뉴스"라는 미명 아래 주류 언론매체들을 농락해왔다. 『마더 존스 매거진』(*Mother Jones Magazine*, 2017년 7월호)[43]은 1990년대부터 기후에 대한 거짓 정보로 가득 찬 주류 언론매체들의 수많은 이야기들을 요약한 인상적인 시대적 기록을 제공하고 있다.

무엇이 관건인가? 얼마나 긴박한 위기인가?

가령 이렇게 상상해보자: 당신은 어린 시절부터 천식(喘息)으로 고통을 당해왔다. 당신은 늘 호흡보조기를 들고 다니도록 훈련되었는

42) Again, see Engelhardt, "Ending the World the Human Way—Climate Change as the Anti-News."

43) Rebecca Leber and Jeremy Schulman, "Yes, the Mainstream Media Does Publish Fake News — A Timeline of Global Warming Denial in the Media," *Mother Jones* (July 5, 2017), accessed September 14, 2017, http://www.motherjones.com/environment/2017/07/timeline-climate-denial-news/.

데 왜냐하면 당신의 생명이 그것에 달렸기 때문이다. 당신은 열쇠나 혹은 지갑을 잘못 두기는 했어도, 호흡기를 어디에 두었는지는 항상 알고 있었다. 그런데 어느 날 그런 일상적 습관이 중단되었고—여러 해 동안 보지 못했던 한 친구가 뜻밖에 방문을 해서, 두 사람은 문을 나와 한 식당에 가서 대화를 하였다. 그러다가 당신은 천식의 공격을 받아 호흡이 곤란하게 되었다—당황한 가운데, 당신은 비로소 호흡보조기를 집에 두고 온 것을 깨달았다.

무엇이 관건인가? 그 위기는 얼마나 시급한가?

2015년에 나는 투발루(Tuvalu) 섬에 대해 들어본 적이 별로 없었는데, 태풍이 그 작은 남태평양의 나라를 공격했을 때, 미국의 교회들은 그 위기에 재빨리 대응해서 비상 구호물자를 제공했다. 아이티의 지진과 남태평양에 지진 해일(쓰나미)이 발생했을 때, 교회들은 긴급하고도 파국적인 위기를 인정하고, 비록 지구 반 바퀴나 떨어진 곳이지만, 넉넉히 응답했다.

2017년에 나는 투발루에 대한 또 다른 이야기를 직접 들을 기회가 있었다. 투발루의 회중교회 지도자인 타푸에 루사마(Tafue Lusama) 목사가 그리스도연합교회와 그리스도제자교회 두 교단총회에 참석차 미국에 왔다. 일찍이 내가 만난 사람 가운데 기후변화의 과학을 가장 잘 알고 있는 목사인 타푸에를 만난 것이 놀라울 것도 없었다. 결국 그의 나라는 불과 수 년 이내에 물속에 잠겨서 거주할 수 없는 곳이 될 것이다.[44]

---

44) Derek Duncan, “Commentary: Tuvalu Tells Us, Ignoring Climate Change Won't Make the Problem Go Away,” United Church of Christ, July 6, 2017, accessed September 14, 2017, http://www.ucc.org/commentary-tuvalu-tells-us-ignoring-climate-change-won't-make-the-problem-go-away-07

무엇이 문제가 되었나? 그 위기는 얼마나 시급한가?

점차로 비중앙집권적으로 되어가는 분산된 권력구조를 지닌 세계 속에서, 해군 제독들과 장군들처럼 엘리트 집단이 기후변화를 "위협의 증폭제," 그리고 "갈등의 기폭제"라고 말하면 이것은 긴급사항이다. 해군분석센터(Center for Naval Analysis: CNA)와 군사고문단(Military Advisory Board: MAB)이 미국의 국가안보를 위해 오늘의 긴급한 문제들을 연구하면 그것은 분명히 긴급사항으로 들린다. 국가안보와 기후변화에 대한 2014년 보고서 서문에서 그들은 "기후변화는 더 이상 미래의 위협이 아니다. 그것은 지금 일어나고 있다"라고 말한다.[45)]

무엇이 관건인가? 그 위기는 얼마나 시급한가?

200년 동안 도시특명단(City Mission)은 보스턴 시민들이 직면하는 어려움에 대응해오고 있다. 그 시작에서부터 도시특명단은 보스턴 광역시의 교회들로 하여금 하느님의 자녀들의 삶을 쇠약하게 만드는 사회정의 문제들을 극복하라는 하느님의 사명을 맡아서 하도록 도와왔다. 그 단체는 전국에서 교회와 연결된 수많은 사회봉사 기관들의 모델이 되어왔다.

지난 10여 년간, 도시특명단과 그와 비슷한 수백 개의 사회봉사 기관들은 기후변화가 온갖 사회정의 문제를 이미 증폭시키고 있음을 알게 되었다. 일찍이 1980년대부터 그리스도연합교회의 지도자들은 환경에 대한 관심을 사회정의—특별히 환경에 대한 인종차별에 초점을 맞추어—에 연계하여 왔다.[46)] 사회정의 문제, 즉 기아, 홈리스(노

062017.

45) CNA Military Advisory Board, "National Security and the Accelerating Risks of Climate Change," Center for Naval Analysis (May 2014), accessed September 14, 2017, http://www.cna.org/CNA-files/pdf/MAB-5-8-14.pdf.

숙자), 인종차별, 이민과 난민들, 충돌과 전쟁, 마실 수 있는 물, 이스라엘/팔레스타인, 건강 보호, 알맞은 주택, 경제적 불평등과 같은 불의(不義)와 더 많은 모든 문제들은 기후변화에 의해 더욱 악화된다.[47]

한 가지 더: 기후변화에 의해 이미 가장 고통을 당하는 사람들은 그 변화를 일으키는 데 가장 적은 몫을 한 사람들이고, 그걸 다루기에 가장 적은 자원들을 갖고 있는 사람들이다.

무엇이 관건인가? 그 위기는 얼마나 시급한가?

1795년에 고전적인 자유시장경제이론의 창시자인 아담 스미스(Adam Smith)가 주장했듯이, 지구 반대편에 있는 수백만 명이 지진으로 목숨들을 잃어버린 것보다 자신의 새끼손가락을 사고로 절단하게 된 것에 대해 더욱 큰 관심을 기울일 것이라는 주장을 반박할 수 있어야만 할 것이다.[48]

우리가 태어난 시대는 인간의 행동과 열망이—만일 그것들이 단지 심오한 목표 재설정을 하지 않고 계속된다면—우리의 자녀들에게 약속의 삶이 아니라, 고통의 삶을, 무지개가 아니라 극한의 하늘을, 풍요가 아니라 박탈당한 현실을 남겨주는 시대이다. 우리는 이것이 사실임을 안다. 전 세계의 사람들이 그런 일이 일어나는 것을 보기

46) "A Movement Is Born: Environmental Justice and the UCC," United Church of Christ, accessed September 14, 2017, http://www.ucc.org/a-movement-is-born-environmental-justice-and-the-ucc.

47) See also James Gustave Speth and J. Phillip Thomson III, "A Radical Alliance of Black and Green Could Save the World," *The Nation* (April 14, 2016), accessed September 14, 2017, http://www.thenation.com/article/a-radical-alliance-of-black-and-green-could-save-the-world/. showing the systemic connection between the issues of race and class.

48) Adam Smith, *The Theory of Moral Sentiments* (1759), http://en.wikiquote.org/wiki/Adam-Smith.

시작했고, 과학이 그것을 확증하고 있다. 그러나 많은 사람들이 이런 진실들을 받아들이지 않는다. 그들은 매일매일 더욱 확신이 들게 만드는 것을 부인한다. 우리들 가운데 일부는 이런 진실들을 받아들이지만, 우리는 도전의 규모에 비하여 너무나 소수임을 느낀다.

우리는 멸종을 선택하고 있는가?

수학자 브라이언 그린(Brian Greene)은 2017년에 크리스타 티페트(Krista Tippett)와 가진 인터뷰에서 실존주의 철학자 알베르 까뮈(Albert Camus)의 책 『시지프스의 신화』(*The Myth of Sisyphus*)에 대해 말했다. 그린은 젊었을 때 까뮈에게 매력을 느꼈는데, 까뮈가 오직 3차원만 있는지 등 몇 가지 질문들을 했기 때문이었다. 그러더니 까뮈는 돌연 방향전환을 해서 물어볼 가치가 있는 참된 질문은 살 것인가 죽을 것인가를 선택하는 오직 하나, 즉 자살의 문제뿐이라고 선언했다. 젊어서는 그런 질문이 그린에게 일리가 있었다. 그러나 결국엔, 그린이 늙어가면서 그의 관점은 변했다: "나는 사물을 좀 다르게 보기 시작했는데, 나에게는 삶이 살아볼 가치가 있는지에 대한 질문은 삶이란 무엇이며 또 실재(Reality)란 무엇인지에 달렸기 때문이고, 궁극적으로 당신의 삶은 실재 안에서 살아지는 것이기 때문이다."[49]

삶의 실존적인 질문들에 어떻게 대답할 것인가는 부분적으로는 우리가 실재를 어떻게 이해하는지에 달려 있다. 과학자들은 실재를

---

49) Brian Greene, "Reimagining the Cosmos," *On Being*, KTPP,June 1, 2017, accessed September 14, 2017, http://onbeing.org/programs/brian-greene-reimagining-the-cosmos-jun2017/.

사랑한다. 그들은 또한 설명을 계속 회피해가는 실재의 측면들, 즉 추측을 일으켜주는 신비들을 사랑한다. 데이비드 월레스-웰스(David Wallace-Wells)는 "뉴욕 매거진"(*New York Magazine*)에 기고한 "거주할 수 없는 지구"(The Uninhabitable Earth)란 논문에서 지적하기를, 그가 인터뷰한 몇 명의 과학자들은 "지구온난화가 유명한 페르미 역설(Fermi's Paradox)—그 질문은 만일 우주가 그토록 크다면, 왜 우리는 그 안에서 다른 어떤 지성이 있는 생명체들을 여태 만나지 못했는가 하는 질문이다—에 대한 해답이 될지도 모르겠다고 제안했다. 그들이 주장한 대답은, 문명의 자연수명은 아마 몇 천 년에 불과할 것이며, 산업문명의 수명은 아마 몇 백 년일 것이라고 한다"였다. 칼 세이건은 그의 책 『코스모스』(*Cosmos*)에서 같은 점을 지적했다. 그는 드레이크 방정식(Drake equation)의 "L-요인"(L-Factor)을 지적했는데, 그것은 지능을 지닌 문명이 우주의 별들 사이의 통신능력을 일단 얻고 나면, 대략 그와 동시에 자신들을 파괴할 능력도 얻는다는 것이다.

우리가 바로 그런 경로 위에 있는 것일까? 지난 10여 년 동안, 더욱 자주 기후변화가 실존적 위협으로 기술되어 왔다. "늘 하던 대로 사업"(business as usual)을 하는 경로 위에서 계속하는 것은 파멸로 인도할 것이란 사실에 대해 인간 공동체는 친숙해지기 시작하고 있다.

이것은 우리 모두에게 해당된다

더욱 중요하게도, 우리들 각자는 자신의 선택을 통해 증명할 주체를 갖고 있듯이, 모두 다 함께 집단으로서의 주체도 갖고 있다. 이게 바로 신명기 29장-30장에서 모세가 이스라엘 백성들에게 말한 강조점이었다. 하느님은 그들 앞에, 즉 이런 개인 혹은 저런 개인 앞이 아니라, 그들 함께 모두의 앞에 생명이나 죽음, 축복이나 저주의 선택을 내어놓으셨다. 집단적으로 그들은 결정을 내릴 필요가 있었다. 그들은 다른 신들을 따르기를 계속할 것인가(신 29:26), 그래서 하느님께서 당신의 백성들에게 주신 땅에 황폐를 가져올 것인가(신 29:22-23)? 아니면 생명을 선택할 것인가? 생명을 선택함으로써, 그들은 자신들이 살게 될 뿐만 아니라, 그들의 후손들도 살게 할 것이다(신 30:19). 이런 방식으로 모세는 이 세대 앞에 놓인 선택을 강화한다: 그는 그들이 선택한 것이 영원히 미래 세대들에게 영향을 줄 것임을 강조한다(신 29:22, 29).

우리가 현재 당면한 위기를 보자. 파리기후협약은 이와 똑같은 인식, 즉 기후위기는 우리들 모두에게 해당된다는 인식을 갖고 있다. 2015년 12월 12일, 전 세계 196개 국가에서 온 지도자들이 모두 동의하여 합의서를 채택했다. 그러나 합의문이 효과를 내려면 세계의 온실효과를 일으키는 가스의 최소한 55%를 방출하는 55개 국가들이 합의문을 비준하고, 받아들이고, 승인하고, 동의해야 한다. 그 문지방을 재빨리 2016년 11월 4일에 넘어섰고, 그 합의문은 효력을 발생했다. 중국과 미국도 합의문에 서명한 나라들 가운데 있었다. 4일 후에 온실가스 방출을 두 번째로 많이 하는 나라인 미국은 대통령 선거를 했다. 새로 선출된 미국 대통령은 파리기후협약에서 탈퇴하겠다는 의사를 2017년 6월 1일에 밝혔다. 그 탈퇴는 2020년 11월 4일까지는 효력을 발생하지 못한다.

우리는 모두 이것에 함께 하는가?

프란체스코 교황과 전 세계 2억 명이 넘는 동방정교회 지도자인 바르톨로메오 총대주교는 우리가 함께 해야 한다고 믿는다. 그들은 2017년 9월 1일, "기후변화에 대한 대응이 협력적이고 집단적이 되지 않고서는 그것에 대한 지속적 해결은 있을 수 없다"고 확인하는 선언문에 함께 서명했다. 그들은 피조물들의 보호를 위한 세계 기도의 날(World Day of Prayer)에 이런 최초의 합동 선언문을 냈다.[50]

몇십 년 전에, 미국 과학자들과 협상 담당자들이 오존(Ozone)층을 파괴하는 물질에 대한 몬트리올 의정서(Montreal Protocol)를 만들어냈다. 화학자 프랭크 셔우드 로우랜드(Frank Sherwood Rowland)와 마리오 몰리나(Mario Molina)는 1974년 6월에 획기적인 논문을 낸 뒤에, 1974년 12월에 미국 하원청문회에서 염화불화탄소(Chloro-fluoro-carbons=CFC, 냉매 가스-역자주) 방출이 성층권(成層圈)의 오존층을 대량으로 파괴하는 원인이 된다고 증언했다. 오존층이 지구 표면에 도달하는 태양광선의 자외선-B(UV-B)을 차단하기 때문에, 오존층을 파괴하는 것은 지표면의 자외선을 증가시켜 결국 피부암의 증가와 곡식 및 해양생물에 피해를 가져온다.

비록 그들의 발견은 뒤퐁(DuPont) 회사의 이사장으로부터 공격을 받았지만(그는 오존 파괴 이론은 "과학 소설이고... 쓰레기더미에 불과하며... 매우 엉터리"라고 주장했다), 그들은 1995년에 노벨 화학상을 받았다. 그들은 산업체들의 비판에도 불구하고, 국회가 국립과학아카데미(National Academy of Sciences)를 통해 기금을 대어주어 연구를 계속했다. 1984년, 남극에 있는 다른 연구자들은 오존구멍(ozone hole)

---

50) John Chryssavgis, "Pope and Patriarch: A Common Declaration for a Shared World," *Crux* (September 1, 2017), accessed November 12, 2017, http://cruxnow.com/commentary/2017/09/01/pope-patriarch-common-declaration-shared-world/.

이 생긴 것을 발견했다. 바로 18개월 뒤에 몬트리올 의정서가 서명되었다. 오늘까지 196개 국가들과 유럽연합이 그 조약들에 서명했기에, 유엔 역사상 처음으로 모든 국가에 의해 비준되었다. 이들 조약들의 성공 덕분에 과학자들은 오존층이 2050년과 2070년 사이에 1980년대의 수준으로 되돌아 갈 것이라고 말한다.[51)]

피부암과 그 밖의 질병에 놀란 전 세계의 국가들은 과학적 연구를 인정하는 데 일치했고, 회사들의 저항을 극복했으며, CFCs의 제조와 사용을 극적으로 줄이는 국제법에 합의했던 것이다. 1987년 9월에 그 조약이 체결된 이후로 여덟 차례 재확인되었다.

코피 아난(Kofi Annan) UN 사무총장은 몬트리올 의정서를 "아마 지금껏 이루어진 국제적 합의 가운데 가장 성공적인 것"이라고 불렀다. 일반적으로 받아들인 과학적 발견들에 맞추어서 세계의 모든 나라가 회사의 이익을 제한할 수 있다는 증거보다 더 멋진 것은 없다.

그렇다, 미국을 포함해서 세계의 모든 국가들이 우리가 모두 이것에 함께하는 것을 확인할 수 있음을 보여주었다. 그러나 현재 미국인들 자신이 처한 상황은 매우 다르다. 기후변화에 대한 과학이 미국의 정치 지도자들에 의해서 그토록 확고하게 부인되는 유일한 나라의 시민들로서 우리는 무엇을 해야 할 것인가?

그 대답은 분명하다. 바닥에서부터 올라오는 선도적 행동의 필요를 옹호하자! 2017년 6월 미국이 파리기후협약에서 탈퇴할 것이란 선언이 나온 4일 뒤에, 바닥에서부터 올라온 응답이 하나 나타났다.

---

51) "Montreal Protocol," Wikipedia, accessed September 14, 2017, http://www.en.wikipedia.org/wiki/Montreal-Protocol#Chlorofluorocarbons-28CFCs.29-Phase-Out-Managbement-Plan.

미국의 도시 시청들, 주 의사당들, 이사 회의실들, 그리고 대학 캠퍼스들에서 1억 2천 7백만이 넘는 미국인들과 미국 경제의 6조 2천억 달러를 대표하는 2200명의 지도자들이 "우리는 아직 탈퇴 안 했다"에 서명하는 데 고작 2개월이 걸렸다. 그들 스스로 파리기후협약의 약속과 그에 기여한 미국을 구제하는 일에 헌신하면서 말이다.[52]

또 다른 바닥에서 올라온 응답이 빌 매키븐(Bill McKibben)에게서 나왔다. "기후를 위해서 개인이 할 수 있는 최선이 무엇인가?"라는 질문에 대해, 빌은 "개인적이 되는 것을 멈추시오!"[53]라고 대답했다. 사회변혁 운동이 동력을 얻는 것은 사람들이 바닥에서부터 올라오는 투쟁 속에서 자신들의 정체성을 확인하며 그들의 집단적인 힘을 주장하는 것을 통해서다. 나중에 이 책에서 나는 성경이 개인적 구원보다 집단적 구원을 더 강조하고 있음을 인정하라고 교회들에 강권할 것이다. 화석연료 회사들에 대한 투자 철회를 요구하는 시민운동의 배경과 간디(Gandhi)의 혜안을 이해하게 될 것인데, 그것을 요약하면 이렇다: 처음엔 그들이 당신들을 무시할 것이고, 이어서 그들은 당신들을 조롱할 것이고, 이어서 그들은 당신들과 싸울 것이고, 그 후에는 당신들이 이길 것이다.

교회의 주요 기능들 가운데 하나는 사람들이 공통의 목표를 추구하는 일에 함께 가담하면서 의미를 발견하도록 도와주는 것이다. 다음 페이지들은 지역교회들이 기후변화의 도덕적 비상사태에 대응하면서, 교회가 어떻게 이런 기능들을 수행할 것인가에 대한 제안들로

---

52) "We Are Still In!" accessed September 14, 2017, http://wearestillin.com/.
53) See Peter Sawtell, "Stop Being an Individual," *Eco-Justice Notes* (May 20, 2016), accessed September 14, 2017, http://eco-justice.org/E-160520.asp.

채워질 것이다. 테레사 수녀(Mother Teresa)가 우리들을 일깨워준다: "만일 우리에게 평화가 없다면, 그것은 우리가 서로서로에 소속되어 있음을 잊어버렸기 때문이다."

우리는 이미 필요한 것을 모두 갖고 있다.

월터 브루그만(Walter Brueggemann)은 그의 탁월한 수필 "풍성함의 예전, 결핍의 신화"(The Liturgy of Abundance, the Myth of Scarcity)에서[54] 선언하기를 "교회가 직면한 큰 질문은 우리의 신앙이 우리들로 하여금 새로운 방식으로 살도록 허락하는가 여부다"라고 했다. 창세기 1장, 시편 104편, 시편 150편, 그리고 출애굽기 안에서 발견되는 풍성함에 대한 심오한 증언들을 드러내고 나서, 그는 지적하기를, "성경본문은 미래의 힘이 결핍을 믿고 세계의 자원들을 독점하는 자들의 손 안에 있는 것이 아니라, 하느님의 풍성하심을 신뢰하는 자들의 손 안에 있음을 보여준다"고 했다.

브루그만은 더 나아가 엄청나게 많은 군중들을 먹이신 복음서 이야기들을 검토하는데(마태 14:13-21; 마가 6:30-44; 누가 9:10-17; 요한 6:1-14), 이것은 "예수가 빵을 두고 강복하고, 이기심을 넘어서서 나눔으로써 경제를 변혁하는" 이야기다. 브루그만은 기적이 군중 속의 사람들이 "움켜쥐지 않고, 감추어 저장하지 않고, 후회나 혹은 이기적으로 행동하지 않는 것"이라고 주장한다.

---

54) Walter Brueggemann, "The Liturgy of Abundance, The Myth of Scarcity," In *Deep Memory, Exuberant Hope: Contested Truth in a Post-Christian World*, ed. Patrick D. Miller (Minneapolis: Fortress, 2000), pp. 69-75.

그 이야기를 읽으면서, 우리는 이 필요의 순간에— 수천 명의 군중들이 배고픔에 시달리고 있는 때에—예수가 군중들에게 함께 아파하는 마음(compassion)을 느꼈음을 알게 된다. 그는 군중들과 함께 고통을 느꼈다. 그게 바로 "함께 아파하는 마음"(Com-Passion)의 뜻이다. 예수는 손에 있는 사용가능한 것을 사용했다. 그는 군중들에게 그들 자신의 구원을 위해 자신들이 할 몫이 있음을 보여주었다. 그들은 우선 땅 위에 앉아서, 그가 하는 것을 지켜보고, 서로를 존중하는 동안 인내로 기다려야 할 필요가 있었다. 그는 손에 있는 사용가능한 것을 두고 감사를 드렸다. 그는 더 이상을 요구하지 않았다. 그리고 그는 이것을 군중들이 지켜보는 가운데서 실행해서 그들이 이런 감사의 표시에 참여하고 증언하게 했다. 그 후 예수는 음식의 일부, 즉 약간의 빵과 물고기를 떼어서 나누었다. 물론 예수 자신도 배고팠지만, 그는 먹지 않았다. 그는 음식을 떼어서 제자들에게 나누어 주었고, 제자들도 먹지 않았다. 그들은 배고픈 군중에게 봉사했고, 모든 사람들이 배를 채웠다.

이 이야기는 설명되지 않은 신비를 우리들에게 남긴다. 어떻게 그 일곱 개의 빵과 작은 물고기로 수천 명의 배를 채울 수 있단 말인가? 그러고도 7 광주리 음식이 남았단 말인가? 그 일어난 것을 우리가 어떻게 설명하든, 군중 가운데 각 사람은 그/그녀의 기대가 모두 각자들에게 일어난 것들과 함께 묶여 있음을 인정하는 것으로 이야기의 메시지가 전개된다. 성경이 그것을 기록하지는 않지만, 예수가 음식을 받아서, 감사를 드리고, 제자들에게 나누어주는 동안, 나는 언덕에 앉았던 사람들이 이렇게 말하는 것을 듣는다:

"오케이, 나는 함께 참여한다!"

"비록 내가 약간의 음식을 주머니 속에 보관하고 있을 수 있지만, 나도 참여한다!"

"비록 나는 이 사람들 99%를 모르지만, 나도 참여한다!"

"나는 지난 사흘 동안 아무것도 못 먹었지만, 나도 참여한다!"

"아내는 두 시간 전부터 나를 기다리고 있지만, 나도 참여한다!"

"나는 참여한다. 나의 삶은 당신에게 달렸다. 그리고 나는 당신의 삶도 내게 달렸다는 책임을 받아들인다."

환경이 파괴되고 도덕이 위험한 이 시대에, 예수의 목회는 우리들에게 달려 있다. 인류의 도전은 "새로운 방식으로 살라"는 우리의 외침과 마찬가지고, 일곱 덩어리 빵과 물고기로 군중을 먹이는 도전과도 같다. 이런 도전에 대응하기 위해 우리에게 필요한 모든 것이 주어졌음을 우리는 기뻐해야 한다.

앞으로 전진하는 운동

내가 350개 교회에 각각 그 교회 종을 350번씩 울려달라고 요청한 지 10년이 되었다. 그리고 단지 40 교회 정도가 응답했다. 그 이후로 많은 것이 일어났다. 그 가운데 상당히 많은 것이 고무적이었다. "종교간 힘과 빛"(Interfaith Power and Light), "녹색신앙"(GreenFaith), "피조세계 정의목회"(Creation Justice Ministries), "생태 아메리카"(eco-America)를 비롯해서 다른 많은 지역조직과 국가조직이 모두 이 위기를 다루면서 회중들을 돕고자 훌륭히 자기 몫의 일들을 하고 있다.

"현장 신앙"(Faith in Place) 같은 지역단체들은 지구를 보호하도록 신실한 사람들에게 영감을 주고 있다. 그들의 프로그램들 가운데 하나는 시카고 남부에 있는 "삼위일체 그리스도연합교회"에 조지 워싱턴 카버 정원(George Washington Carver Garden)이다.[55] 그 교회의 기업가적이며 영감에 찬 지도자인 담임목사 오티스 모쓰 III세(Dr. Otis Moss III) 박사는 모든 정의의 문제들이 서로 교차하는 공통 부분들의 중요성을 이해한다.

때로는 사람들이 기대 이상으로 반응하는 것을 우리는 알게 되었다. 최초의 "에큐메니칼 사순절 탄소 금식"(Ecumenical Lenten Carbon Fast)은 2011년에 거행되었다. "뉴잉글랜드 지역 환경목회"(NEREM=New England Regional Environmental Ministries)의 후원으로 진행되었는데, 우리가 보내는 매일의 행동 제안들과 생각들을 포함한 전자우편(e-mail)을 몇 백 명이 받아주면 그 정도로 만족할 것이었다. 그러나 이 선도적 운동에 대한 이야기가 종교뉴스(Religious News Service)에 한 기자에 의해서 보도되자, 그 결과는 14개 국가들에서 6천 명이 넘는 참가자들이 함께 탄소 금식에 참여한 것으로 나타났다.

미국이 파리기후협약에서 탈퇴할 의도를 선언한 것에 대응하여 UCC가 비상사태 결의안(Emergency Resolution)을 통과시킨 이야기는 이 책의 서문에서 말했다. 만일 누군가가 2017년 5월 31일에 내게 말하기를, 5주일 후 UCC 총회에 참가할 대의원 97%가 기후변화에 대해 설교를 하자고, 그리고 새로운 화석연료 공장시설에 반대하자고

---

55) Rev. Debra Williams, "A Green Haven at Trinity United Church of Christ," *Faith in Place* (March 9, 2017), accessed September 14, 2017, http://www.faithplace.org/news/green-haven-trinity-united-church-of-christ.

투표할 것이라고 했다면, 나는 "거 무슨 꿈같은 소리요!"라고 대꾸했을 것이었다.

인간 공동체들은 기후변화를 다루는 데 필요한 모든 해결책들을 이미 갖고 있다. 예를 들어, 2009년에 스탠포드대학교 교수 마크 제이콥슨(Mark Jacobson)은 제안하기를—나중에 증명했다—미국의 50개 주 각각이 2050년이 되면 100% 재생가능 에너지로 전환할 수 있을 것이라고 했다.[56] 2016년에 태양발전 시설을 설치하는 비용은 지미 카터 대통령이 1979년에 백악관 지붕 위에 태양발전기를 설치했을 때의 비용의 200분의 1보다 더 적다는 것을 대부분의 사람들은 이해하지 못한다. 그리고 지금은 그것보다도 더 적다. 사람들은 태양에서 실제로 얼마나 많은 에너지를 얻을 수 있을지 알고 나면 놀란다. 태양발전판(Solar Panels)을 사용해서(풍력, 수력, 조력 등이 아니고), 만일 우리가 지구의 육지면적의 0.3%(스페인 면적 크기 정도)만 덮으면, 인간이 필요로 하는 전력 전부를 감당할 수 있다. 한꺼번에 이 비용을 지출하려면, 전 세계 국내총생산(GDP)의 10% 혹은 5조 달러(이는 지난 번 공황 때 은행에 긴급재정 지원을 한 금액보다 적다) 정도일 것이다.[57]

명백히 해둘 것이 있다: 오늘날 대부분의 과학자들은 지구 온도 상승을 2도(섭씨) 이하로 제한하는 데 실패할 것이라고 동의한다. 그

---

56) The Solutions Projects, accessed September 14, 2017, http://thesolutions-project.org/.

57) Quora, "We Could Power The Entire World By Harnessing Solar Energy From 1% Of The Sahara," *Forbes Magazine* (September 22, 2016), accessed September 14, 2017, https://forbes.com/sites/quora/2016/09/22/we-could-power-the-entire-world-by-harnessing-solar-energy-from-1-of-the-sahara/#739582f9d440.

러나 만일 인류가 이미 이곳저곳에서 이용하고 있는 모든 해결책들을 충분히 적용하기만 한다면, 우리는 세대들이 계속 이어져가리라는 것을 확신할 수 있다.

무엇이 우리로 하여금 이런 해결책들을 실행하지 못하도록 할 수 있단 말인가? 습관? 맞다. 변화에 대한 두려움? 맞다. 이데올로기? 맞다. 비전의 결여? 맞다. 이미 얻은 이해관계? 맞다. 지금 세대를 위한 이익? 맞다.

이처럼 실행을 막는 방해물들 가운데 어느 것도 과학적인 압박이 아니다. 그보다는 이런 방해물들은 치유되고 변화될 수 있는 도덕적 단점들로 이해되어야 한다.

이것이 바로 종교 지도자들이 이런 도전에 맞서야 하고, 노예제도 철폐, 아동 노동법의 통과, 1964년의 시민권리 법령과 1965년의 투표권 법령의 통과, 아파르트헤이트(apartheid, 남아프리카공화국 인종차별)의 패배, 결혼 평등권 및 성소수자들(LGBTQIA+) 권리들의 시작을 가져왔던 것과 같은 예언적 상상력을 이런 도전에 적용하는 것이 중요한 이유다.

당신과 나는 이런 도덕적 위기의 시대에 복된 소식(Good News)을 선포하도록 부름을 받았다. 앞으로 나오는 페이지들에서, 당신이 하느님이 주신 선물들을 주장할 힘과 영감을 발견하기를, 그리고 그런 선물들을 하느님의 피조물들을 위해, 또한 그것들을 치유하는 증언에 봉사하기를, 나는 희망한다.

그룹 토론과 성찰을 위한 질문들

1. 각 그룹의 각 사람으로 하여금 당신이 소중하게 여기는 것, 당신이 사랑하는 것에 대한 짧은 이야기를 서로 나누고, 기후변화의 결과로 어떻게 그런 보물이 위험에 빠졌는지 혹은 곧 빠질 것인지, 혹은 사라질 것인지를, 그리고 이것 때문에 당신의 자녀들에게는 어떻게 이런 즐거움이 거부될 것인지를 서로 이야기 나누어보라.
2. 당신이 뒤에 남길 것(유산)에 대한—당신이 미래의 사람들에 의해 기억되기를 원하는 것에 대한—당신의 생각들을 상대자와 함께 나누어보라. 당신의 유산이 기후변화와 어떻게 연결되는가? 이런 질문에 관심이 있는 사람들은 에멀리 드롭킨(Emmalie Dropkin)의 다음 논문에서 큰 가치를 발견할 것이다: "우리는 묵시종말론이 없는 디스토피아(생지옥)의 이야기들을 필요로 한다."(We Need Stories of Dystopia Without Apocalypse) (참조 https://electricliterature.com/amp/p/73b3c15b5ee).
3. 당신이 최근에 기후에 대한 활동에서 다섯 가지 심리적 장벽들인 Distance(거리 두기), Doom(파멸 심판), Dissonance(듣기 싫은 소리), Denial(부인), iDentity(정체성 동일화) 등의 어느 하나를, 당신의 생각이나 행동에서, 당신이 예증한 실례를 상대자와 함께 나누어보라.
4. 도대체 왜 기후변화를 부인하는 것이 계속되는지 당신의 생각을 서로 나누어보라. 기후과학자이자 복음주의 기독교인인 캐더린 헤이호우(Katherine Hayhoe)는 최근 출판된 600페이지짜리 기후 보고서의 저자들 가운데 한 사람이다. 2017년 8월 11일의 트위터에서

@Khayhoe는 그 모든 복잡함을 하나의 트위트로 다음과 같이 요약했다: 기후변화는 사실이다. 그것은 우리 모두에게 해당된다. 그것은 심각하다. 그리고 위험한 충격을 방지할 시간의 창문은 빠르게 닫히고 있다.

5. 그룹 안의 각 사람으로 하여금 피조물들을 회복하기 위한 당신의 헌신의 가장 좋은 실례가 되는 활동이나 행동을 서로 이야기 나누어보라. 각 사람이 자기 차례를 다한 뒤에, 한 번 더 돌아가는데, 이번에는 당신이 아직 해보지 않은, 그러나 이 대화 때문에 장차 해보고 싶은 영감을 받은 행동이나 활동을 말해보라.

2장

파괴된 세계를 위한 사랑의 하느님

바리새파 사람들이 하느님의 나라가 언제 오느냐고 물으니, 예수께서 그들에게 대답을 하셨다. "하느님의 나라는 눈으로 볼 수 있는 모습으로 오지 않는다. 또 '보아라, 여기에 있다' 또는 '저기에 있다' 하고 말할 수도 없다. 보아라, 하느님의 나라는 너희 가운데에 있다."
(누가 17:20-21)

기후위기에 대해 과학자들이 말한 모든 것이 만일 맞는다면 어쩔 것인가? 또한 우리는 필요한 모든 것을 이미 갖고 있다면 어찌 할 것인가? 바리새인들에게 대꾸한, "사실 하느님의 나라는 너희 가운데에 있다"(누가 17:21)는 예수의 대답이, 모든 각각의 질문에 대한 대답 속에 메아리치고 있다면 어쩔 것인가? 삶이란 피조물들과의 올바른 관계, 서로 서로의 관계, 그리고 사랑하는 하느님과의 관계, 즉 창조하고 구원하고 유지하시는 하느님, 우주를 운행시키시고 그 안에 생명을 불어넣으시고, 그 안에 계속하여 거하시는 하느님과의 올바른 관계에 있는 기회 그 이상도 그 이하도 아니라면 어쩔 것인가?

인간이 하느님의 창조물들과 서로서로에게 얼마나 많은 해악을 저질렀는지에 초점을 맞추면서 내가 하느님께서 내려주신 시간의 많은 부분을 보냈음을 당신은 아마도 이미 짐작했을 것이다. 내게 똑같이 중요한 것은 내가 찰스 웨슬리(Charles Wesley)가 그의 찬송가, "오랫동안 기다리던 주님 강림하셔서"(Love Divine, All Loves Excelling, 1747년에 처음 출판) 속에서 말하듯이 "경외, 사랑, 찬양 속에 빠졌던" 귀중하게 여긴 순간들, 즉 내 생애의 매일매일이다.

파괴된 세계 속에서 하느님을 찾기

미국에서 가장 덜 종교적인 매사추세츠 주의 한 교단 지도자 가운데 한 사람으로서, 나는 사람들이 하느님과의 관계와 교회에 관여함에—혹은 관여하지 않음에—대하여 매일 하는 그들의 증언을 듣는다. 그 이야기들은 획일적인 단 한 가지 담론은 없지만, 몇 가지 경향을 띄고 있다. 그런 담론의 한 가지는 옛날에는 교회에 출석했지만 이제는 더 이상 교회에 나가지 않는 사람들과 관련되어 있다. 그들 가운데 많은 사람들은 말하기를, 자기들은 교회가 선포하는 하느님과 더 이상 연결돼 있다고 느끼지 못한다는 것이다. 그들에게는 사랑하는 하느님의 증거가 불충분하며, 정의로운 하느님의 승리가 드물고, 초월적인 하느님에 대한 경험들이란 고작해야 덧없다. "하느님 나라는 너희들 가운데 있다"는 예수의 확신을 주는 말씀은 그들의 경험과는 별로 맞지 않는다.

다이애나 버틀러 배쓰(Diana Butler Bass)는 그녀의 획기적인 저서 『땅의 터전: 세계 안에서 하느님을 찾는 영적 혁명』(*Grounded: Finding God in the World—A Spiritual Revolution*)에서 다른 이야기를 제

공한다. 그녀는 단지 사회학자요 종교와 문화비평가로서만이 아니라, 심각하게 변화하고 있는 종교의 전망을 두루 여행하면서, 탐구하는 제자로서 글을 쓴다. 그녀가 정체를 확인하고 능숙하게 파헤치는 것은 간단하다: 하느님이 우리와 함께 하신다.

> 하느님이 터전이요, 우리에게 근거를 주는 터전이다. 우리가 이것을 경험하는 것은 토양은 거룩하고, 물은 생명을 주며, 하늘(the sky)은 상상력을 열어주고, 우리의 뿌리들이 중요하며, 가정은 거룩한 장소요, 우리의 삶은 이웃들이나 지구상의 사람들의 삶과 연결되어 있음을 이해할 때다. 천국(Heaven)이 아니라, 이 세상이 우리 시대의 거룩한 장소다.[1)]

여러 해 전에, 지구의 날(Earth Day)을 앞두고, 나는 교회 회중들에게 그들이 지구에서 가장 좋아하는 장소의 사진을 가져오든지, 내게 전자우편(e-mail)으로 보내라고 초대했다. 나는 그 사진들을 모아서 꼴라쥬(collage)를 만들고 예배 순서지 표지로 삼았다. 표지는 각각의 사진이 누구의 것인지를 제공하지 않았다. 그 결과 회중들에게 미친 영향은 대단했다. 사람들이 교회에 들어올 때 예배 순서지를 주었더니 그 표지에 실린 지구의 아름다움에 그들은 깊이 감명을 받았다. 그러나 그 사진들은 아무렇게나 정렬한 것이 아니었다. 이 꼴라쥬는 하느님의 좋은 지구 위에 있는 특정한 장소들과 개인들이 갖는 사랑의 관계를 증언했다. 이 꼴라쥬에 대한 반응은 회중들 안의 각 개인들

---

1) Diana Butler Bass, *Grounded: Finding God in the World—A Spiritual Revolution* (New York: HarperOne, 2014), p. 26.

이 서로에 대해서, 그리고 이들 거룩한 장소들에 대해서 느낀 사랑의 관계들에 대해 많은 것을 말해주었다. 예배 의식과 설교가 초점을 맞춘 것은 지구에 대한 우리의 사랑과, 사랑이 땅 위에서 가장 강력한 힘이라는 신학적 진리였다. 이 사랑은 전 세계의 과학자들이 주장하듯이 기후변화를 다루는 데 필요한 우리들의 변화를 만들어내기에 충분할 만큼 강력한 힘이다.

하느님의 좋은 지구에 있는 수많은 예배 처소들 안에서 모든 신앙 전통들의 지도자들이 회중들에게 말하는 것을 상상해보라. 그들이 회중들을 초대하여 그들이 얼마나 지구를 사랑하며 그 미래에 대해 얼마나 두려워하는지를 인정하게 하는 것을 상상해보라. 현재 우리들의 무절제한 선택들이 가져올 두려운 현실들에 대해 열정을 지니고 명확히 설명할 수 있도록 성직자들이 과학을 충분히 알고 있다고 상상해보라. 지구를 보호하여 우리의 미래 세대들이 번영할 수 있도록 할 우리의 의무를 각각의 신앙전통에서 선포하는 경전을 통해 듣는 것을 상상해보라. 마지막으로, 전 세계의 종교인들이 모든 신앙전통 각각에 있는 요청을 옹호한다고 상상해보라. 서로 나누기 위해 탐욕에 저항하라는, 심지어 희생하라는 도덕적 요청을 옹호한다고 상상해보라.

우리는 가슴이 비통해하지 않도록 노력해야 할까?

만일 우리가 우주에 대해 명상하면서, 경이, 사랑, 그리고 찬미에 우리 자신들이 몰입하도록 허락하면, 새로운 송유관들이 건설 중이거나, 생명의 그물망을 보호하는 정책이나 규정들이 취소된 것을 알 때마다 우리의 가슴은 더욱 더 비통해 할 것이다. 우리가 파괴하고 있는 세계에 대해서 비통해 하는 것이 우리 세대의 근본적인 사명이라고 나는 믿는다.

어떻게 우리 가슴이 비통해 하지 않도록 할 수 있을까? 가슴들을 보호한다고 될 일이 아니다! 만일 경외감을 불러일으키는 피조물들과 우리가 깊이 연결되면, 우리는 비로소 하나님이 원하시는 온전한 사람들이 될 수 있다. 만일 피조물들이 상처를 입으면, 피조물들에 흉터가 생기면 (실제로 대체로 그러하지만), 그리고 만일 우리가 이 잘못을 바로잡아야만 할 세대라면, 그게 아무리 고통스러울지라도, 우리는 우리의 감정적인 삶들과 연결되어 있어야 한다.

어떻게 우리 가슴들이 비통해 하지 않도록 할 수 있을까? 간단한 대답은 이렇다: 우리는 비통해 하고 있으며 또 비통해야 한다. 우리들에게는 공감과 함께 아파하는 마음이라는 능력이 주어졌으니, 피조물들의 울부짖음을 들으라고, 파괴된 세계에 대해 슬픔과 비통함을 느끼라고 하나님이 우리 세대를 부르신다. 하나님은 우리들로 하여금 자비심을 지니라고, 예수께서 그러하셨듯이 세상과 함께 고난을 받으라고, 우리가 피조물들에게 끼친 아픔에 함께 참여하라고 부르신다. 만일 우리가 스스로 이런 아픔에 함께하면, 우리가 홀로 고통을 당하는 것이 아님을 알고 힘을 얻을 수 있다. 하나님의 피조물들에게 해로움이 끼쳐지면 하나님의 가슴이 먼저 비통해 하신다.

사랑의 하나님께 드리는 감사

나의 삶을 가장 많이 형성한 영적인 훈련은 감사함의 훈련이다. 매일 아침, 내가 깨어나면서 하는 첫 생각은 감사함이다. 최소한 섬길 수 있는 또 하루, 피조물들의 말로 다할 수 없는 아름다움과의 새로운 만남, 질문하고 증언할 또 다른 기회, 진리를 찾고 또 그것을 내가 보는 대로 증언할 또 다른 기회를 하느님께서 내게 주심을 감사한다.

하느님의 위대한 창조의 선물을 우리가 파괴하고 있는 방식들에 대한 보고서들, 그 매일 새로운 보고서들을 나로 하여금 받아서 조사 분류하도록 한 것은 감사의 영적인 훈련이다. 오직 사랑의 하느님과 나의 연결을 새롭게 함으로써만, 매일 여러 차례, 우리 세대가 생명의 연결망을 해치고 살아있는 세계를 파괴하면서, 창세기(Genesis)를 거꾸로 되돌리는 방식들을 대면할 수 있다. 오직 거듭 거듭 나 자신에게 "하느님이 **세상을** 이토록 사랑하셨다"(요한 3:16)는 것을 다시 생각하게 함으로써만, 나는 이 세계를 착취하고자 하는 모든 것들에 대항하여 이 아름다운 세계를 보호하려는 정열을 지닌다.

동방정교회 바르톨로메오(Bartholomew) 총대주교와 가톨릭 프란체스코(Francis) 교황이 말한 것처럼 하느님께서 요청하시는 것은 바로 "인간의 변화"라는 것, 즉 "소비를 희생으로, 탐욕을 관대함으로, 낭비를 나눔의 정신으로 대체하는" 변화로 초청하신다는 것에 나는 뜻을 함께 한다. 우리는 "단순히 내던져버리는 것이 아니라 내어주는 것을, 그래서 점차로 내가 원하는 것으로부터 하느님이 필요로 하시는 것에로 움직여 나가기를"[2] 배워야 한다. 프란체스코 교황의 말처

2) Pope Francis, *Laudato Si': On Care for Our Common Home* (Huntington, IN: Our Sunday Visitor Publishing Division, 2015), paragraph 9 quoting Ecumenical Patriarch Bartholomew, "Lecture at Monastery of Utstein, Norway" (June 23, 2003). See also the joint statement issued by Pope Francis and Ecumenical Patriarch Bartholomew on September 1, 2017, marking the World Day of Prayer for the Care of Creation. Archdeacon John Chryssavgis, Ecumenical Partriarch Bartholomew's theological advisor on environmental

럼. 우리는 "존재하는 모든 것들에 긴밀히 연합되어 있고" 또한 "우리는 사랑을 위해 만들어졌다"[3]는 것을 나는 확신한다.

우리는 어떻게 신실함을 유지할 것인가?

이 두려운 시대에 신실함을 유지하려면, 우리는 "둘 다 모두"(Both-and)라는 접근방식을 구체적으로 실현해야 한다. 우리들의 영적인 성숙은 참여하는 "자비심"에 의해 안내되어야 한다. 우리의 숨 막히도록 야생적이며 아름다운 터전의 파괴와 고통과 아픔을 받아들이면서 우리 자신들이 점점 더 취약해짐을 허락해야 한다. 이렇게 하면서 우리의 비통한 마음을 함께 나누어 주시고, 우리 곁에 계시는 사랑의 창조주 하느님께 우리 자신들을 개방해야 한다. 하느님이 우리 곁에 계시면, 우리는 생명 자체에 대해 우리가 저질렀고 지금도 저지르고 있는 잔혹행위들을 받아들일 확장된 능력을 경험한다.

그런 모든 것들이 우리로 하여금 불연속 속에서도 신실함의 기적을 위해 준비하게 한다. 하느님은 우리를 절망 속에 내버려두지 않으신다. 오히려 그 반대다. 가뭄과 남벌이 가져오는 생명 없음, 뜨거운 열파(熱波)에 의한 숨 막히는 기진맥진함, 해수면 상승에 대한 대책 없음, 멸종의 외로움을 우리가 더 깊이 받아들이면, 우리는 더 많이 기적을 받아들이게 된다. 우리가 저지른 그 무엇도, 우리가 할 수 있는 그 무엇도 성령(거룩한 영)을 없애버릴 수 없으니, 그 무엇도 우리

---

issues, provides an excellent commentary here https://cruxnow.com/commentary/2017/09/01/pope-partriarch-common-declaration-shared-word/.

3) Pope Francis, *Laudato Si,'* paragraphs 11 and 58.

로부터 없애버릴 수 없는 새로운 확신과 신선한 용기를 성령이 우리 안에 불어넣어 준다.

이러한 때에 신실하기를 추구하면서, 교회는 회중들과 공동체를 통해서 이런 종류의 준비를 하도록 촉진한다. 성령에 의해 영감을 받아서, 우리는 세상의 권세자들과 지배자들에게, 그들이 누구이든 간에, 촉구함으로써 행동할 것이다. 우리가 그렇게 하는 것은, 승리를 기대하기 때문이 아니라, 사랑하는 하느님과 우리가 우리의 가장 깊은 장소들에서 연결되었기 때문이다.

수갑을 찬 줄리안 본드(Julian Bond)의 증언

2013년 2월 13일, 나는 그런 종류를 명백히 경험했다.[4)] 로버트 F. 케네디(Robert F. Kennedy Jr.)의 수갑을 찬 손목과 나란히 백악관 울타리에 내 손목도 수갑을 채웠다. 미국의 최고 기후과학자 제임스 핸슨(James Hansen)이 내 곁에 서있었다. 여배우이자 행동가인 대릴 한나(Daryl Hannah)도 우리들 앞에 앉아 있었다; 동료 성직자요 힙합 코커스(Hip Hop Caucus)의 지도자인 레녹스 이어우드(Lennox Yearwood) 목사도 두 사람 건너에 서 있었다. 몇 피트 떨어져서 울타리에 수갑을 채운 대표적 시민운동가 줄리안 본드(Julian Bond, Jan.14, 1940-Aug.15, 2015)가 빌 매키븐(Bill McKibben)과 씨에라 클럽(Sierra Club)의 총무인 마이클 브룬(Michael Brune) 곁에 서있었다. 전부해서 48명의 우리들이

4) 이 이야기는 처음에 2013년 2월 15일 *Sojourners Magazine*에 실렸다. 인터넷에는 2017년 9월 24일에 처음 실렸다. https://sojo.net/articles/dust-you-shall-return-meantime-acting-gratitude-and-conviction.

미국 전역에서 양심에 복종하여 왔다. 안전과 침묵의 날들은 지나갔고, 이제 평가의 날이 다가왔다.

그날은 바로 성회수요일(Ash Wednesday)이었다. 우리의 시민불복종에 앞서서 집회를 진행하기 위해 내가 단상에 올라갔을 때, 많은 사람들은 사순절(Lent)이 시작되고 있음을 몰랐다. 환경파괴로 인한 기후붕괴라는 상황 속에서는, 피조세계에 대해 염려하는 사람이면 누구든지 성회수요일의 중요성을 깨달을 수 있다. 그날은 양심, 회개, 그리고 확신의 날이다. 세상의 물건들과 편안함에 대한 우리의 자기탐닉적인 취향들과 무절제한 사랑, 그리고 모든 종류의 소비에 대한 강박관념의 날이다. 기독교인들에게 성회수요일이란 우리에게 생명을 주시고 지구를 보살피라고 맡겨주신 하느님께 우리가 책임이 있음을 인정하는 날이다.

"성회수요일은 체포되기에 아주 좋은 날입니다"라고 나는 군중들에게 말했다. "이 좋은 피조세계를 보전하려는 하느님의 바라심에 우리의 삶들을 재조정하기에 아주 좋은 날입니다." 나는 회개의 표지로 재를 받고자 하는 사람들에게 그들이 백악관으로 가는 길에 내게로 오라고 초대했다. 곧 체포될 사람들, 지지자들, 카메라 촬영자들과 기자들을 비롯해 몇몇 사람들이 그대로 했다. 분위기는 침착했고 기뻐하고, 진지하고 감사한 확신의 멋지고 인상적인 혼합이었다.

우리가 백악관 울타리를 향해 서서히 접근하면서, 그 전날 밤에 오바마 대통령이 한 국회 국정연설이 내 가슴 속에 메아리쳤다: "만일 국회가 미래 세대들을 보호하기 위해 신속히 행동하지 않으면, 내가 할 것입니다. 나는, 지금 그리고 미래에, 공해를 줄이고, 우리 공동체들이 기후변화의 결과에 대비하도록, 그리고 보다 지속가능한 에너지 자원들로 전환하는 것에 속도를 내도록, 우리가 할 수 있는 행정들을 마련하라고 나의 각료들에게 명령할 것입니다."

미래의 세대들을 보호하기 위한 행동 가운데 하나는—그때나 지금이나 대통령이 할 능력을 지닌 그런 행동은—키스톤(Keystone) 송유관 XL(캐나다에서 미국 남부에 이르는 송유관의 4차 계획: 환경운동가들의 반대를 인정하여 오바마 대통령이 2015년에 잠시 중단, 그러나 2017년 1월 트럼프 대통령이 다시 완공을 허락했다—역자주) 공사를 중단하는 것이었다. 나의 왼손이 백악관 울타리 차가운 쇠를 잡고 있었을 때, 잠시 동안, 그것은 간단한 것으로 보였다. 오바마 대통령에 의한 그런 행동은 세상에 희망을 줄 것이고, 미래 세대들에게는 희망을 향하여 역사의 돌쩌귀가 회전할 것으로 여겨졌을 것이다.

백악관 울타리에 함께 묶었던 수갑을 경찰이 풀어주었을 때, 우리는 각 사람의 이름을 부르며 서로 격려했다. 그 후 경찰들은 우리의 손들을 새로운 플라스틱제 수갑으로 채워서 경찰차로 한 사람씩 호송했다. 나는 두 명의 경찰에게 인사를 했는데, 그들은 2011년 8월에 우리들 1,253명이 체포되어 그 중 63명이 감옥 안에서 사흘 밤낮을 지냈을 때, 처음 만났던 터였다. 우리는 친절한 대화를 나누었던 것을 기억했다.

경찰 수송차 안에서 끼어 앉아, 두 손은 등 뒤로 수갑이 채워진 채, 어깨는 아프고 팔목들도 아픈 2시간 동안, 희망이 나에게 현실적인 것으로 되었다. 2시간은 긴 시간이다. 대화를 하면서 흔히 그렇듯이 희망이 솟아났다. 나의 왼편에는 작가요 지금은 전임 운동가가 된, 체사피크 기후행동연대(Chesapeake Climate Action Network) 창설자 겸 지도자인 마이크 티드웰(Mike Tidwell)이 있었다. 우리는 2011년 8월에 함께 체포된 적이 있었다. 우리의 건너편에는 친구요 영감을 주는 빌 대키븐(Bill McKibben)이 있었다. 나의 오른쪽에 앉아 있던 사람은 줄리안 본드(Julian Bond)였는데, 그는 "미국 흑인 지위 향상 협회"(NAACP, 1909년 결성된 인권단체) 전 회장이요, 남부 빈민법 센터(Southern Poverty Law Center)의 초대 회장이었고, 그가 한 최초의 행동은 1960년에 조지아에서 점심식탁의 시민불복종을 한 것이었다.

내가 줄리안의 결연한 용기를 받아들이기 시작하면서, 또한 줄리안의 최초 체포와 오바마 대통령의 첫 선거 사이에는 50년도 더 되는 세월의 간격이 있었음을 깨달으면서, 나의 희망이 증가했다. 그 기간 동안에 많은 것이 변했다. 그가 우리에게 한 말에서 나를 가장 감격시킨 것은 사회변혁에서 가장 중요한 요소의 하나는 끈덕진 지속성이라는 그의 증언이었다.

경찰 수송차에 2시간 동안 갇혀 있다가 나와서 내 두 다리를 폈을 때, 희망으로 수놓은 대화가 나의 영혼을 불타오르게 했다. 2년 반 후에, 그의 위대한 보상을 받기 위해 사망한 이 영감어린 예언자의 삶과 증언에 대한 감사로 나는 다른 수만 명의 사람들과 함께 눈물을 흘리며 울었다.

광산과 흰기러기들(Snow Geese)—우리 시대를 위한 이야기

> 비록 당신들이 내게 해를 끼치고자 했지만, 하느님은 오히려 그것을 선하게 바꾸셨다. (창세기 50:20)

산업혁명은 화석연료보다 더 큰 무엇을 필요로 했다. 그것은 전기를 필요로 했다. 전기는 전선, 즉 수천 마일에 걸친 구리줄을 필요로 했다. 약 50여 년 동안, 미국이 필요로 하는 구리의 1/3, 그리고 그 밖의 전 세계가 필요로 하는 구리의 1/6을, 단 하나의 광산이 제공했다. 1940년대에는 구리 값이 폭락해서 전통적인 구리광산은 이익을 남기지 못했다. 1955년에 새로운 형태의 채광방식이 나타났는데, 그들은 몬태나 주 버테(Butte) 외곽에 있는 산꼭대기를 날려버렸다.

그곳 버클리 광산(Berkeley Pit)은 1982년 지구의 날에 광산을 닫을 때까지 세계에서 가장 큰 노천광산이었다. 광맥이 더 이상 이익을 낼 수 없게 되자 문제가 생겼다. 광산구덩이는 빗물, 눈, 그리고 지상의 물로 채워졌다. 아무도 펌프질을 할 돈을 대지 않았기에, 호수가 형성되었다. 그냥 보통의 호수가 아니라, 광산구덩이에서 나온 말할 수 없이 위험한 산(酸)들과 광물들, 즉 구리, 카드뮴, 아연, 비소(砒素) 등이 함께 뒤섞인 호수다. 거기엔 아무것도 자랄 수 없었다. 생명들이 살 수가 없었다. 그 죽임의 호수는 미국에서 가장 큰 호수들 가운데 하나가 될 때까지 계속 커지고 있었다.

그래서 1995년 11월의 어느 바람 거세게 불어댄 추운 겨울밤, 300 마리도 넘는 흰기러기 떼들이 그 호수에 내려앉은 것은 전혀 놀랄 일이 아니었다. 기러기들에게는 눈보라 속에서 당연히 내려앉을 장소였다. 그들은 보통의 기러기들처럼 행동했고, 그 이튿날 아침에 먹이들을 찾아 갈증을 해소하고 쉬고자 했다. 그러나 이 호수엔 정상적인 것은 아무것도 없었고, 정상적인 아침은 오지 않았다. 밤 동안에 근처에 살던 사람들은 요란한 기러기 울음소리들을 들을 수 있었다. 새벽녘이 되자 기러기들은 조용해졌다. 호숫가에 처음 도착한 사람들은 수만 평방미터에 둥둥 떠 있는 죽은 기러기 시체들을 보았다. 유황

산이 그 가엾은 기러기들의 내장을 다 녹여버렸던 것이다.

기러기들이 내려앉기 오래 전에, 그 호수는 유해산업 폐기물처리 기금(Superfund)의 장소였다. 어느 날, 한 사람이 초록색 끈적이는 물질이 묻은 막대기를 갖고 몬태나대학교의 두 생화학 교수들의 실험실로 찾아왔다. 그는 그 호수에서 막대기를 찾아냈고, 두 교수들은 깜짝 놀랐다. 끈적이는 물질은 살아 있었고, 그 호수의 생명을 말살시키는 조건들에 적응했던 것이다. 그들은 그것을 "극한을 사랑하는 생명"(extremophile)이라고 불렀다—이전에는 아무도 본 적이 없는 생명체였다. 이런 불가능한 끈적이는 물질이 안드레아와 돈 스티얼(Andrea and Don Stierle) 교수들로 하여금 새로운 삶의 길을 떠나게 만들었다.

별로 오래지 않은 시간이 지난 뒤에, 스티얼 교수들은 매우 특별한 성질들을 지닌 검은 끈적이는 물질들의 작은 덩어리—실제로는 이스트(yeast, 酵母)—를 발견했다. 그에 앞서서 그들은 실제로 금속을 섭취하는 몇 가지 유기체들을 발견했다. 당신이 그 웅덩이 물을 담은 비커에 앨지(algae, 藻類)를 넣어두면—놀랍게도!—물속에 있는 10~15%의 금속들을 앨지가 흡수한 것을 발견할 것이다. 그러나 이 새로운 검은 끈적이는 효모들은 좀 다른 수준에서 기적을 실현한다. 그것은 35~90%의 금속들을 흡수한다!

그 교수들은 이와 같은 것을 알지 못했으므로, 그들은 이런 효모들이 어디에선가 존재하는 것이 알려졌는지 알아보려고 전 세계의 동료들을 접촉했다. 마침내 한 가축병원 수의사가 그들에게 알려왔다. 그는 그들에게 말하기를, 이런 효모가 발견된 한 장소는 흰기러기 내장 안에서였다고 했다.

끔찍스럽게 죽은 342 마리 흰기러기들은 뒤에 선물을 남겼다. 그

내장 안에 있는 보통 효모들은, 산(acid)으로 가득한 호수 물 안에서 죽음을 거부했을 뿐만 아니라, 오히려 사실상 잘 자라났다! 흰기러기들의 선물을 사용해서, 과학자들은 지구 위에서 가장 생명이 없는 장소에 생명이 되돌아오도록 도울 수 있었다. 이들 무죄한 기러기들은 인간들이 그들에게 제공한 가장 최악의 것을 받아들였고, 그들은 죽으면서, 하느님이 창조하신 것 속에서 가장 잊혀졌고 상처가 난 구석을 실제로 회복할 그 무엇을 인간들에게 되돌려주었다.5)

광산과 흰기러기들(Snow Geese)—후기(後記)6)

여름은 다 지나갔는데도, 우리는 구출되지 않았다.(예레미야 8:20)

2016년 늦가을에 캐나다 북쪽과 북극지역에서는 기온이 이상스럽게도 따뜻했다. 첫 찬바람이 불어오기 시작하자, 수십만 마리의 흰기러기들은 그들이 환영받은 곳에서 너무 오래 머물렀음을 감지하고 남쪽을 향해 날아갔다. 그들이 몬태나 지역 위를 날아가는데, 기온이

---

5) 이 이야기는 네 가지 자료에서 끌어왔다. (1) National Public Radio program RadioLab, "Even the Worst Laid Plans?" found in season 8, episode (1) "Oops," accessed September 8, 2017, 91724-even-the-worst-laid-plans/. (2) Sermon by the Rev. Quinn G. Caldwell, May 11, 2014, accessed September 24, 2017, http://www.oldsouth.org/sermon/2014-05-11. (3) Edwin Dobb, "New Life in a Death Trap," *Discover Magazine* (December 1, 2000), accessed September 24, 2017, http://discovermagazine.com/2000/dec/featnewlife. (4) *Pit Watch--Berkeley Pit News & Info*, update, accessed September 8, 2017, http://www.pitwatch.org.

6) Jim Robbins, "Hordes of Geese Die on a Toxic Lake in Montana," *New York Times*, December 12, 2016, accessed September 24, 2017, http://www. nytimes.com2016/12/12/science/snow-geese-deaths-montana.html.

급격히 낮아졌다. 어느 날 밤 버테(Butte) 지역을 날아가던 수십만 마리 기러기들 가운데서 3000~4000 마리의 기러기들이 지쳐서 땅에 내려앉았다. 작은 호수들은 얼음이 얼었기에, 그들은 버클리(Berkeley) 웅덩이의 산성 폐수 위에 내려앉았다. 유해산업 폐기물처리 기금(Superfund)의 장소에서 일하고 있던 사람들이 행동을 개시했다. 그들은 기러기들을 소리쳐서 쫓아버리기 위해서 할 수 있는 모든 일을 열심히 했다—기러기들을 놀라게 하도록 고안된 거대한 원격조정 보트인 기러기 추방기(Goosinator)를 동원하기도 했다. 그러나 기러기들은 움직이지 않았다. 그들은 지쳤기에 내려앉은 것이다. 그들은 더 이상 움직이려고 하지 않았다. 아침이 되자 그 호수는 수천 마리 기러기 시체들로 뒤덮였다.

"1995년에 죽어간 것은 우리의 잠을 깨우는 경종(警鐘)이 되었어야 했는데, 우리는 그 대신에 종소리를 꺼버리는 소음 단추(snooze button)를 눌러버렸다"고 지역 공무원은 말했다. 그 광산은 피조물로 인간이 만들어낸 진창 수렁이다. 해마다 30cm씩 수면이 올라가서, 그 호수는 곧 오래지 않아 몬태나 주의 미줄러(Missoula)에 이르는 클라크 포크 강(Clark Fork River)을 따라 최소한 120 마일에 이르는 지하수를 오염시킬 것이다. 기러기들은 하느님의 놀라우신 선물이라서, 오믈더미 위를 솟아오르면서, 우리들에게 피조물의 생식 번성력을 알려준다.7) 그들은 우리들에게 앞으로 나아갈 길과 어쩌면 우리가 만

---

7) 생식번성과 희망에 대한 훌륭한 논평을 참조하려면, Julianne Lutz Warren, "Toward Generativity: An Uneasy Word of Hope," Association for the Study of Literature and Environment (ASLE) website, accessed September 24, 2017, https://www.asle.org/features/julianne-lutz-warren-senior-scholar-center-humans-nature/.

들어낸 쓰레기더미를 벗어날 길을 제시한다.

그렇다. 하느님은 우리가 필요로 하는 모든 것을 주셨다. 조롱을 극복하고 이런 문제에 초점을 계속 맞춰온 기후과학자들은 어느 날엔가는 영웅들로 알려질 것이다. 우리나라의 정책들, 규칙들, 그리고 삶의 방식에 필요한 심각한 변화들을 요구함으로써 용감한 지도력을 보여준 정치인들도 그렇게 될 것이다. 그리고 사업을 하는 데서 더욱 지속가능한 방법을 찾아, 자신들의 사업계획을 위한 시간 범위를 몇 개월에서 몇 십 년으로 확대하고 있는 기업가들도 그렇게 될 것이다.

그러나 어떻게 우리의 에너지를 전환하고, 주의력을 집중하고, 자본을 투자하고, 상상력을 동원할지는 나머지 우리들에게 달려 있다. 진보에 대한 오해에 근거해서, 가족에 대한 협소한 이해에만 이익을 추구하면서, 우리의 공동의 집에 대한 탐욕스러운 공격을 계속할지 여부를 우리는 선택할 수 있다. 우리는 사실상 여기에 모두 함께이며, 하느님이 우리 세대로 하여금 하느님의 좋은 지구라는 선물과 신비들을 현명하게 사용하라고 부르시고 있다는 사실을 받아들일 수 있다.

그룹 토론과 성찰을 위한 질문들

1. 하느님의 피조물들에 대해 인간들이 저지른 해악들의 실례를 알고 나서 가슴 아픈 비통한 경험을 한 사례를 그룹과 함께 나누어 보라. 각 사람이 말을 하고 난 뒤에, 이를 한탄한 당신의 견해를 서로 나누어보라.
2. 감사함 속에 젖어 하루를 보내보라. 보통의 날에, 당신의 정상적인 일정과 약속을 지키면서, 당신이 할 수 있는 한 많은 감사함에 대

한 내적인 목소리에 초점을 맞추어보라. 경이로움을 따라가고, 경외함으로 기분을 향상하라. 그룹 내에서 서로 여러 가지 경험들을, 그게 어떤 것이었는지를 함께 나누어보고, 왜 우리는 감사함에 잠겨서 깨어 있는 시간들을 보내지 않는지를 서로에게 물어보자.

3. 과소평가되었거나 공격을 받았던 당신의 헌신 혹은 원칙들에 신실하고자 하는 동안 겪은 불연속의 경험을 서로 이야기 해보자. 알베르 까뮈(Albert Camus)의 소설 『흑사병』(*The Plague*)이 이런 투쟁에 대한 한 사례를 제공한다.
4. 우리의 손자손녀들이 살 수 없는 세계로 떨어지지 않도록 인간의 행동과 열망을 다시 방향 조정할 때, 끈덕진 지속성이 성공할 것인지 여부에 대한 당신의 참된 믿음을 그룹 안에서 함께 이야기해보라. 줄리안 본드(Julian Bond)의 끈덕진 지속성에 대한 인정에 당신은 무슨 매우 중요한 덕목들을 덧붙이고 싶은가?

중간에 넣는 말

우리가 우리의 소명에 주목하지 않으면

> 지구는 모든 사람의 필요를 위해서는 충분하지만,
> 모든 사람의 탐욕을 위해서는 충분하지 못하다.[1]—간디

내가 이 책을 쓰고 있는 2017년 가을에, 인류는 기후변화를 다루는 데서 단지 불충분하게 진보했을 뿐이다. 2015년 12월에 합의한 파기기후협약의 어느 목표도 달성되리라고 믿는 과학자들은 매우 드물다.[2] 2016년은, 2014년과 2015년처럼, 그때까지 기록상 가장 뜨거웠던 해였다. 2016년 전반에 지구 평균온도는 산업시대 이전의 평균보다 섭씨 1.34도나 더 높았다.[3] 이런 증가율은 예상을 훨씬 웃도는 것으로서, 심지어 가장 적극적인 행동을 취한다 해도 고작해야 온

---

1) Attributed to Gandhi, as cited in Leonardo Boff, *Cry of the Earth, Cry of the Poor* (Maryknoll, NY: Orbis, 1997), p. 2

2) "Historic Paris Agreement on Climate Change," United Nations Framework Convention on Climate Change (December 12, 2015), accessed September 14, 2017, http://newsroom.unfccc-newsroom/finale-cop21/.

3) Andrea Thomson, "First Half of 2016 Blows Away Temp Records," *Climate Central* (July 19, 2016), accessed September 14,2017, http://www.climate-central.org/news/first-half-of-2016-record-hot-by-far-20540.

도상승을 섭씨 3도와 4도 사이로 제한하는 데 "성공"할 것이라 한다.

만일 인류가 피조물들을 계속 보존하기 위해 필요한 변화들을 만들어내는 데 실패한다면, 교회는 어쩔 것인가?[4] 이런 상황들 아래에서는, 21세기 초기의 두 가지 형태들이 계속될 것이라고 나는 예상한다: 기관으로 조직화된 종교에 대한 관심은 줄어들 것이고, 종교적 근본주의에 대한 관심은 계속 증가할 것이다. 2025년에 이르면, 기후변화의 참혹한 결과들이 더욱 널리 퍼질 것이다. 어떤 작가들과 심지어 어떤 성직자들은 그런 기후재앙들로 인해서 "하느님이 창조하신 세계"가 많은 사람들에 의해 문명화된 삶의 원수로 경험되면서, 하느님에 대한 믿음이 점점 축소될 것이라고 주장할 것이다. 2050년에 이르면, 정치 지도자들은 군대를 비롯한 그들의 모든 자원을 위기관리와 국경 통제에 동원하도록 강요할 것이다. 이것은 나아가 일반대중들의 절망을 심화할 것이고, 심지어 근본주의자들의 지위를 더욱 의기양양하게 만들 것이다. 2060년에 이르면, 기관으로 조직화된 교회는 20세기 중반에 지구온난화에 대한 처음 경고가 나왔던 행복했던 날들의 남은 사람들만으로 축소될 것이다. 교회의 역할은 국가의 양심에 생명을 불어넣는 것이라는 한때 고조되었던 확신은 포기될 것이

4) 이런 편지를 쓰기 위한 영감은 나의 친구 Naomi Oreskes 교수에게서 얻었다. 2014년 나오미(Naomi)와 공동저자 Erik Conway는 *The Collapse of Western Civilization: A View from the Future* (New York: Columbia University Press, 2014)를 썼는데, 이는 우리가 파괴하고 있는 세계에서 예상되는 통렬한 슬픔을 독자들에게 불러일으키는 과학에 근거한 놀라운 소설이었다. 편지의 신학적 접근을 위한 정보는, 월터 브루그만(Walter Brueggemann)의 예언자 예레미야에 대한 저작, 특히 "Only Grief Permits Newness," *Hopeful Imagination: Prophetic Voices in Exile* (Philadelphia: Fortress, 1986), 그리고 *Reality, Grief, Hope: Three Urgent Prophetic Tasks* (Grand Rapids: Eerdmans, 2014) 등에서 얻었다.

다. 절망이 교회의 지위를 폭락시키면서, 남은 자들은 위안과 영감을 얻고자 예언자들이나 초대교회의 저항을 찾으려고 할 것이다.

아래에 있는 것은 2070년 성회수요일(Ash Wednesday, 교회의 사순절 시작-역자주)에 담임목사가 회중들에게 보낸 편지를 상상한 것이다. 그 교회는 17세기에 설립된 이래 미국의 동해안 어느 도시를 섬겨오고 있다. 담임목사는 자주 발생된 기후재앙의 사건들, 끊임없는 국경에서의 전쟁들, 홍수가 난 도시를 피해서 도망친 수백만 명의 피난민들, 부자들의 이익을 보호하기 위해 상시적으로 배치된 군대, 통제 불가능한 질병, 가뭄, 기근으로 수억 명의 사람들이 죽어가는 것 등등을 언급한다. 이런 상황들이 세계 인구를 2040년 정점을 찍은 90억 명에서[5] 2070년에는 대략 20억 명[6]의 살아남은 무리로 전락시킬 것이다. 이 편지는 어떻게 한 개체교회가 문을 닫게 될지를 그리고 있다.

2070년 성회수요일에 교회 문을 닫게 되어 교인들에게 보내는 편지

성회 수요일, 2070년 2월 12일

그리스도 안에서 사랑하는 여러분께:

여러분들에게 은혜와 평화를 빕니다. 우리의 마지막 예배에서 여

---

5) "World Population Prospect 2017," United Nations Population Division, accessed September 14, 2017, https://esa.un.org/unpd/wpp/Graphs/Probabilistic/ POP/TOT/.

6) Paddy Manning, "Too Hot to Handle: Can We Afford a 4-Degree Rise?" *Sydney Morning Herald*, July 9, 2011, accessed September 14, 2017, http://www.smh.com.au/environmentt/too-hot-to-handle-can-we-afford-a-4degree-rise-20110708-1h7hh; and Robert Engelman, "Rivisiting Population Growth: The Impact of Ecological Limits," *YaleEnvironment360* (October 13, 2011), accessed Septmber 14, 2017, http://e360.yale.edu/feature/how-environmental-limits-may-rein-in-soaring-populations/2453/.

러분들을 뵙게 되어서 좋았습니다. 그런 노력에 감사드립니다. 우리 모두가 눈물 흘리며 포옹하고 난 뒤, 나는 우리와 함께 참석하지 못한 분들께 마지막 작별의 말씀을 드리는 것이 중요하다고 생각되었습니다.

오늘, 내가 여러분들 각자에게 성회로 십자가 마크를 그려드리면서, 나는 "당신은 흙에서 왔으니, 흙으로 되돌아갈 것입니다"라고 말했습니다. 나는 엘렌(Ellen)이 성회수요일을 우리 교회 문을 닫는 날로 하자고 제안한 것에 감사드립니다. 예배 의식은 우리가 바꾼 대로 잘 맞은 것 같습니다.

모든 사람들이 각각 성회(재)를 받고 난 뒤에, 마크(Mark)가 재를 담은 항아리를 들어보게 해달라고 내게 요청했을 때 나는 경계심을 풀었습니다. (마크에 대해서 잘 모르는 분들을 위해서 말씀드리자면, 마크는 우리 회중 가운데서 성장했고, 지난 12년을 군대에서 보냈습니다. 다른 수많은 군인들이나 국방경비원들과 마찬가지로, 2059년에 그는 캐나다, 몬태나, 그리고 다코타에서 일어난 대화재를 진화시키는 데 재배치되었고, 그는 약 3개월 전에 집으로 돌아왔습니다.) 그에게 재를 담은 항아리를 건네주면서, 나는 그가 성인으로서의 삶 전체를 재와 불 속에서 살았음을 깨달았습니다. 만일 누군가 성회수요일을 이해했다면, 그는 바로 마크입니다. 마치 불 속에서 지낸 그의 세월을 통해 배운 모든 것을 불러내려는 듯이, 그는 잠시 동안 조용히 기도하고 나더니, 항아리 속의 재를 꺼내들고, 제단, 강단, 성소에 재를 바르는 데 사용했습니다. 매번 재를 바르면서, 그는 "흙에서 나왔으니, 흙에로 돌아가라" 하고 말했습니다. 그의 심오한 증언에 감동되어서, 세 번째로 우리 모두는 그와 함께 한 목소로 말했습니다. 참으르 이제는 우리 교회의 문을 닫는구나 하고 느꼈습니다.

2037년의 큰 홍수 이래로, 우리 교회와 이웃들은 여섯 차례나 물속에 잠겼습니다. 처음에는 이웃을 위해서 우리는 할 수 있는 모든 것을 다 했습니다. 그러나 2051년 세 번째 홍수는 너무도 큰 재해라서, 또한 우리의 교인 수는 불과 몇 명 남지 않았기에, 지난 20년 동안 우리는 한때 그토록 아름답던 교회 건물을 개방하여 장례식들과 기타 예식을 하는 책임들에 초점을 두어왔습니다. 지난해의 카테고리 6인 태풍이 교회 이웃에 살려고 노력해온 몇 명 남지 않은 교인들에게 이제는 교회 문을 닫을 때가 되었음을 깨우쳐주었습니다.

나의 가장 큰 슬픔은 지난 수십 년 동안에, 신앙이 가장 크게 필요한 시간에, 마치 코끼리, 호랑이, 판다, 그 밖의 수천 종의 생물종들의 멸종을 매년 성 프란체스코의 날(St. Francis Day)에 애도했듯이, 하느님에 대한 신앙도 사라졌다는 것입니다. 많은 사람들이 주장하기를 인류가 하느님을 포기한 것은 널리 번진 전쟁의 증가, 국경 장벽들에서 지속적인 살해들, 사정없는 모기들이 전염시킨 바이러스들이 이제는 심지어 캐나다에도 침략했다는 것 등등에 대한 절망 때문이라고 했습니다. 내 생각에는 하느님의 피조세계가 문명생활의 파괴자들로—유지자들이 아니라—경험되면서, 사람들이 더 이상 사랑의 하느님을 믿을 수 없게 된 것으로 봅니다.

우리 회중은 이런 견해를 반대하니, 하느님께 감사드립니다. 여러분들 가운데 많은 이들이 나의 전임 담임목사들 가운데 한 분이신 질 스미드(Jill Smith) 박사님에게 공을 돌려서, 그분이 23년 간 목회(2017-2040)하시는 동안 분명하고도 용감한 지도력 덕분이라고 하십니다. 미국 안에서 어떤 목소리보다도, 그분은 들으려고 하는 모든 사람들에게 새로운 가치들을 옹호하라고 강권했습니다. 우리 회중들이 이런 가치들을 채택했을 때, 우리는 환호와 조롱 둘 다를 했습니다. 2022년에 절반이 넘는 회중들이 모든 것을 공동으로 소유한다는 "사도행전 2:44의 헌신"을 다짐한 이야기에 나는 놀랐습니다. 그 일 이후 오래지 않아서, 회중들이 토지 소유에 대한 개념과 실천을 일 년이 넘게 연구했습니다. "땅은 주님의 것임"(시편 24)을 인정하여, 교회는 교회 부동산을 토지신탁에 넘기기로 투표했습니다. 그리고 몇 명의 교인들도 마찬가지로 그들 자신의(이전에는) "개인 재산"을 신탁에 넘겼습니다. 우리 회중이 황금률(the Golden Rule, 마태복음 7장 12절에 나오는 "그러므로 무엇이든지 남에게 대접을 받고자 하는 대로 너희도 남을 대접하라")을 확장하여 아직 태어나지 않은 세대의 사람들과 다른 피조물들을 우리의 이웃으로 포함하도록 도와준 질(Jill Smith) 목사님이 쓴 예배의식을 우리는 지금도 사용하고 있습니다.

감사하게도 이런 변화들이 우리들로 하여금 하느님께서 우리들 가슴 속에 항상 부어넣고 계시는(로마서 5:5) 자비심과 연결을 지속하게 합니다. 여러분 모두가 아시는 대로, 나의 아들이 육군에 들어간 몇 달 뒤, 내 아들은 국경을 지키다가 기후변화의 피난민들에 의해 살해되었습니다. 비록 나는 여러분들의 담임목사가 된 지 불과 수개월밖에 안 되었지만, 여러분의 돌보아주심과 자비심어린 지원이 내 생명을 구원해주었고, 여러 해에 걸쳐서 우리는 서로서로 한 가족이 되었습니다.

단 하루도 내 마음은 2015년을 뒤돌아 생각하지 않고 지난 적이 없었습니다. 그 해는 프란체스코(Francis) 교황이 "우리의 공동의 집을 돌봄에 대하여"라는 회칙(回勅)을 내었고, 193개국이 파리기후협약

(Paris Climate Agreement) COP21에 서명한 해였습니다. 그때 나는 단지 열두 살 어린이였지만, 어른들이 하느님의 피조물들을 못 쓰게 만들었다고, 그리고 이제는 사태를 바로잡는 데 필요한 변화들을 이루겠다는 고백을 하고 있다고 느꼈던 것을 결코 잊을 수 없습니다. 그러나 그 어린 나이에는, 정치인들이란 오직 강요해야만 이런 변화들을 만들 것임을 몰랐습니다. 역사를 통하여 노예제도 철폐, 시민권과 성소수자들(LGBTQIA+) 권리 보장, 아파르트헤이트(Apartheid, 남아프리카공화국 인종차별정책)를 끝낸 것은 교회의 목소리였습니다. 그러나 내가 12살의 그 나이에 상상한 것보다 더욱 검은 세력들이 기후변화는 "정치적 문제"이므로 기후변화에 대해서 교회는 대체로 조용히 침묵을 지킬 것임을 이미 확실하게 만들었던 것입니다.

만일에 질(Jill) 목사님이 하신 일을 전 세계의 신앙공동체 지도자들이 했더라면 어땠을까요? 뒤돌아보면서, 왜 종교 지도자들이 기후변화에 대한 투쟁은 도덕적인 투쟁임을, 가치의 투쟁임을 인정하지 못했는지 나는 정말 이해하지 못하겠습니다. 그것은 개인적 용기의 부족이었나요? 그들은 정말 종교란 집단적 구원과는 관계가 별로 없고, 개인적 구원과 더 많은 관계가 있다고 생각하고 있는가요? 개인적 이익을 무비판적으로 받아들이는 것이 너무도 보편적이기에, 모든 것은 하느님에게서 나온 것이라고 담임목사가 주장하는 것은 생각조차 할 수 없는 일인가요? 하느님이 지구를 우리에게 주신 것은 우리의 이익을 위해 약탈하라고 하신 것이라는 불경스러운 생각이 우리 경제 속에 너무도 박혀 있어서, 미래 세대에 대한 우리의 의무는 잊혀졌거나 내버린 것일까요?

질(Jill) 목사님은 당신의 도덕적 나침판을 결코 잃어버리지 않았기에 위대한 도덕적 지도자였습니다. 하느님께서 현상유지의 이데올로기를 옹호하라고 그분을 불러내지 않으셨음을 그분은 잘 알고 있었습니다. 이 지구 행성 위에서 진화되어 온대로의 생명 지속에 필요한 가치들을 살아내는 사례들이 되어달라고, 그분은 우리들에게 두려움 없이 요청했습니다. 그리고 여러분들은 응답했습니다! 지난 20년 동안 여러분 각자는 여러분들의 증언을 나와 함께 공유해왔습니다. 여러분들이 서로를 위해, 그리고 죽어가는 세계를 위해 여러분들의 삶을 더 많이 살아올수록, 여러분들 자신들의 삶이 더욱 만족스럽게 되었다는 증언 말입니다.

그러나 이제 그 모든 것들은 과거로 사라졌습니다. 나는 예언자 예레미야의 지적을 되새깁니다: "여름철이 다 지났는데도, 곡식을 거둘 때가 지났는데도, 우리는 아직 구출되지 못했습니다"(8:20).

앞으로 몇 달 동안에, 나는 여러분 대부분이 더 높은 지대로 이사한 다른 사람들과 합하게 될 것을 기대합니다. 이제 전 세계 인구는 30년 전에 비하여 4분의 1도 채 못 되기에, 여러분들은 살 곳을 찾을 수 있을 것입니다. 우리들의 수많은 탄식들 가운데는 교회의 역할이 나라의 양심에 생명을 불어넣는 것이라는 한때의 고양된 확신을 포기한 것도 있습니다. 교회가 있어야 할 자리에, 나는 이제 여러분들 각자가 사랑하는 공동체의 대사가 되어달라는 하느님의 부르심에 계속 응답하여 주실 것을 희망합니다. 나는 여러분 각자가 가담하는 어떤 공동체도 더욱 탄력성 있고 활발한 곳이 되기를 희망합니다. 그리고 우리가 이곳에서 함께했던 삶의 초점이 되어왔듯이, 여러분들이 새로운 공동체에, 예언서와 사도행전 속에 뿌리박은 희망에 대한, 새로운 이해를 불어넣어 달라고 나는 여러분들께 강권합니다.

나에게 가장 많을 것을 가르쳐주신 신학자 월터 브루그만(Walter Brueggeman) 교수는 나에게 예레미야, 에스겔, 이사야를 소개해주었습니다. 우리와 마찬가지로, 이들 예언자들은 그들이 "알아왔던 세계"(예루살렘)가 유린당하고 마침내 버려졌던 시대를 살았습니다.[7] 그들은 당시 사람들에게 말했고, 오늘날 우리에게도 말하고 있기를, 우리는 두 가지 과제를 갖고 있다고 합니다: 우리가 한때 알았던 세계를 버리고, 하느님으로부터 새로운 세계를 받아들이라는 것입니다. 이사야 예언자는 "너희는 지나간 일을 기억하려고 하지 말며, 옛일을 생각하지 말아라. 내가 이제 새 일을 하려고 한다"(43:18-19)고 말했습니다.

오직 우리가 잃어버린 모든 것들에 대해 충분히 슬퍼함으로써만, 우리는 하느님이 준비하시는 새로운 내일로 들어갈 수 있습니다. 우리는 슬퍼할 것이 너무도 많습니다: 사랑하는 사람들을 잃었고 가정들이 파괴된 것에 대한 개인적인 슬픔, 우리의 삶들을 옥죄었던 오랜 비상사태들에 대한 곳곳의 슬픔, 우리의 자녀들에게 넘겨주고 있는 재앙이 예상되는 슬픔 같은 것들입니다. 나는 지난 20년 동안 함께한 삶이 여러분들로 하여금 가능한 한 가장 깊은 방식으로 슬퍼하도록 한다고 생각합니다. 내가 확실히 말할 수 있는 것은, 여러분들의 눈물, 여러분들의 감정 토로, 여러분들의 정직함이 나로 하여금 나의 슬픔을 솔직하게 쏟아놓게 한다는 것입니다. 여러분의 사랑과 자비심이 내게 성경이 말하는 용서의 약속들이 참이라는 희망을 줍니다.

이것 때문에, 그리고 여러분들에게 감사하면서, 여러분들도 잘 지낼 것을 믿으면서, 나는 희망 속으로 나아갑니다.

---

7) See Brueggemann, "Only Grief Permits Newness."

그룹 토론과 성찰을 위한 질문들

1. 이 편지를 읽고 난 뒤에, 개인적인 슬픔(가령 사랑하는 사람을 잃어버린 슬픔 같은), 도처에 있는 슬픔(공동체가 오랫동안 지속되는 장기비상사태에 의해서 심각한 압박을 받을 때 경험되는), 예상되는 슬픔(우리의 자손들에게 넘겨줄 재앙에 대한 염려, 후회, 양심의 가책 등)에 대하여 대화를 해보라.
2. 이 편지를 염두에 두고, 피조물들의 소멸에 대한 우리의 슬픔을 공개적으로 표현하는 신앙인들의 중요성을 논의해보라. 우리의 슬픔을 공개적으로 표현함으로써, 많은 정치 지도자들을 너무도 오랜 세월동안 붙잡아둔 기후변화에 대한 부인을 우리가 폭로하는 것이 가능한가? 공개적인 슬픔이 기후위기의 급박함을 증폭시킬 것인가? 공개적인 슬픔의 표현에 의해서 촉발된 사회적 변화의 실례를 당신은 생각해 낼 수 있는가? 신실한 남은 자들의 공개적인 슬픔이 조용히 말씀하시는 하느님에게 목소리를 더해서, 하느님의 자비심, 고통, 그리고 아픔이 새롭고도 상상할 수 없는 가능성들이 나타나게 할 수 있을까?

3장

오늘날 교회의 사명

윤리학의 주제는 우리와 더불어 다른 사람들이 어떻게 생존하고 번성할 것인가 하는 것이다. 그래서 하나의 전환점이 다가오고, 삶의 한 방식으로부터 다른 방식에로 전환할 때가 다가오면, 도덕적 관성으로는 더 이상 충분치 않고, 현재의 삶에 속한 모든 것에 대해 새롭게 대처해야만 한다. ―래리 라스무쎈[1)]

교회란 도대체 무엇을 위한 것인가?

우리가 감독하는 매사추세츠 주의 수백 개 그리스도연합교회 회중들을 나의 직원 가운데 한 사람이 만났을 때, 사태는 항상 기대한 것처럼 되어가지 않았다. 우리 회중들 대부분은 2백여 년 넘은 역사를 지니고 있고, 그들 가운데 몇 곳은 3백 년이 넘는 곳도 있다. 통상 우리가 그런 회중들을 만나는 때는, 그들이 전환점을 통과하고 있을 때다. 그러나 전환점이 회중의 보통의 삶에 충격을 줄 때는, 기회의

---

1) Larry Rasmussen, *Earth-Honoring Faith: Religious Ethics in a New Key* (New York: Oxford University Press, 2013), p. 358. 『지구를 공경하는 신앙』(한성수 역, 생태문명연구소, 2017).

창문이 열린다.

"마지막 끝을 염두에 두고 시작하라." 이것이 바로 우리가 회중들과 함께 일할 때, 외우는 진언(眞言, mantra)이다. 지금으로부터 3년 뒤에는, 당신의 증언의 결과로 당신의 회중들과 연결된 사람들의 삶에서, 당신의 이웃들 사이에서 무엇이 달라질 것인가? 당신의 비전은 무엇인가? 당신의 목표는 무엇인가? 교회란 무엇을 위한 것인가?

회중들로 하여금 다음과 같은 세 가지 중요한 질문들에 분명한 대답을 제공할 비전 과정(visioning process)에 들어가도록 그들을 초대하면서, 나의 동료들이 얼마나 냉정한지 회중들이 가끔 충격을 받는다:

* 우리는 지금 바로 누구(우리의 재능들, 성품들, 기능들, 역사적 경향들, DNA)인가?
* 우리의 이웃들(우리의 공동체 안에서, 그리고 우리의 통근 반경 안에서, 전 세계의 우리 이웃들과 함께)은 누구인가?
* 지금 바로 이 시대와 장소에서 우리로 하여금 무엇이 되고, 무엇을 성취하라고 하느님께서 우리를 초청하시는가?

나의 동료들이 이런 질문들을 강행하는 데는 이유가 있다. 목회의 환경이 심각한 변화를 겪고 있는 중이다. 교회들은 점점 줄어들고, 다른 곳들에선 교회들이 문을 닫으면서, 모든 교단들이 지각변동이 일어나는 것을 경험하고 있는데, 그 가운데는 여러 세기 동안 존재해왔던 교회들도 포함된다. 전 미국에 걸쳐서, 교회에 출석하는 것이 이제는 더 이상 규범이 아니다. 한때 교회에 출석하는 것이 제공해주었던 필요들을 이제는 사람들이 다른 방법들을 통해 성취하는 길을 찾고 있다.[2] 이런 변화들은 과거와 심오한 불연속적인 단절을 대표한다. 많은 목회자들이 이런 예상치 못한, 그리고 근본적인 변화의 상황 속에서 발휘할 지도력과 기능들에 대해 훈련받지 못했다.

이것이 바로 모든 교회의 지도자들이 근본적인 질문들을 숙고하도록 하는 것이 매우 중요한 이유다. 목표에 대한 질문을 깊이 검토함으로써만 회중은 새로운 경로를 탐색하고 갱신(更新)을 위한 기회들을 받아들이는 데 필요한 관점을 얻을 수 있다. 너무도 자주 이런 일은 새로운 예배 경험을 탐구하는 것을 포함한다.[3] 더욱 근본적으로 회중들은 하느님의 사명을 앞당기도록 하느님께서 어떻게 자신들을 부르시는지를 새롭게 심사숙고해야 한다.

그러나 진짜 문제는 따로 있다. 교단 전체는 물론이고, 수천의 교회 회중들을 위해서도 이런 경향들이 중요하기는 하지만, 더욱 중대한 일이 벌어지고 있다. 피조세계 자체가, 즉 우리가 알고 있는 생명들이 진화해온 상황들이 심각한 불연속적인 단절을 경험하고 있다.

기독교인들은 하느님을 창조주로 믿고 있기 때문에, 교회는 피조세계에 대한 하느님의 사랑을 선포해야 하며 인류가 창세기를 거꾸로 되돌리는 것을 중지시켜야 한다.

앞으로 십 년 동안에 미국에 있는 어떤 교회들은 피조세계의 불연속에 의해서 직접적인 충격을 받을 것 같다. 이제 화재발생 기간이 19% 더 길어졌기에, 어떤 교회는 불에 타서 무너질 수 있다.[4] 어떤

---

2) See Angie Thurston and Casper ter Kuile, “How We Gather,” accessed September 8, 2017, http://howwegather.org/.

3) For example, see Molly Phinney Baskette, *Real Good Church* (Cleveland: Pilgrim Press, 2014).

4) Seth Bornenstein, “It’s not just Alberta: Warming Fueled Fires Are

교회는 홍수에 휩쓸려내려 갈 수도 있고, 거센 바람에 파괴될 수도 있고, 회복 불가능하게 침수될 수도 있다. 더 많은 교회들이 해마다 더욱 자주 에어컨을 사용하게 되고, 에어컨 사용 비용을 더 많이 지불하게 되면서, 점차 더욱 영향을 받을 것이다. 기후 패턴의 지역적 혹은 국가적 변화에 의해 생겨나는 격렬한 열파(熱波)와 엄청난 태풍, 기관지 천식의 점증하는 비율과 열대성 질병, 식량의 불안정으로부터 오는 엄청난 도전에 대해 더 많은 교회들이 대응하게 될 것이다.

기후변화는 여러 가지 방식으로 교회들에 영향을 줄 것이지만, 각 교회의 교인들은 우리의 가슴을 무겁게 하고 우리의 눈에 눈물을 흘리게 하는, 말로 할 수 없는 두려움을 경험할 것이다. 고작 200년 만에 수백만 년 걸려 이룬 자연의 평형을 뒤엎어버리고, 인류문명의 종말을 가져올 수도 있음을 우리가 알게 되면서, 기후변화의 실존적인 위협을 이미 많은 사람들이 느끼고 있다.

그런 엄청난 대 변동의 상황 속에서, 교회는 무엇을 위한 것인가?

2007년에 빌 매키븐은 내게 말하기를, 기후변화의 기회를 대처하기 위해 교회가 태어난 것이라고 했다. 만일 그가 옳다면(나는 그가 옳다고 믿지만), 하느님이 새로운 사명에로 교회를 부르신다면, 교회는 그 자체가 여러 가지 중요한 방식으로 다시 목표 설정을 해야 할 것이다. 그런 문제에 들어가기 전에, 오늘날 인류가 직면한 전대미문

Increasing," Associated Press, May 10, 2016, accessed September 17, 2017, https://apnews.com/8942f3f94b6643aab1108a74139af9f1/its-not-just-alberta-warming-fueled-fires-are-increasing. Justin Gillis and Henry Fountain, "Global Warming Cited as Wildfires Increase in Fragile Boreal Forest," *New York Times*, May 10, 2016, accessed September 17, 2017,

https://www.nytimes.com/2016/05/11/science/global-warming-cited-as-wildfires-increase-in-fragile-boreal-forest.html.

의 상황을 교회 역사가 어떻게 비춰줄 것인지를 탐구할 가치가 있다.

전례가 없는 시간을 위한 역사의 교훈들

하느님께서 주신 자유를 악용한 것 때문에 일어난 급진적인 사회적 불연속을 우리의 신앙 선배들은 어떻게 대응했던가? 우리의 역사 속에서 어떤 안내와 격려를 우리가 얻을 수 있는가?

조앤 취티스터(Joan Chittister) 수녀가 제공하는 역사의 단편을 생각해보자.[5] 6세기에 베네딕트(Benedict) 수도사들은 자신들의 제도를 설립한 지 얼마 안 되어서, 로마제국의 붕괴와 더불어 유럽의 경작지들과 숲이 파괴된 사실에 초점을 맞추기 시작했다. 이 새로운 종교 형제단은 하느님께서 이런 황폐된 환경에 사랑으로, 그리고 건설적으로 대응하라고 자신들을 부르시고 계신다고 믿었다. 오랜 기간에 걸쳐서(아마도 수십 년간) 수도사들은 숲에 나무를 다시 심고, 물이 흐를 길을 새로 내고, 개울과 연못을 만들어내고, 퇴비거름을 새로 소개했다. 이들 베네딕트 수도사들에게는, 땅과 물을 회복하는 것은 영적인 실천이자 하느님의 부르심에 대한 신실한 응답이었다. 700년 뒤에 시토 수도회(Cistercian Order, 1098년 프랑스 Citeaux에서 창설--역자주) 수도사들도 삼림 재조성, 나무 다시 심기, 유럽에서 가장 훼손된 땅을 개간하는 일에 헌신했다.

이들 수도사들이 수목 애호가(樹木 愛護家)들로 된 그 기간에, 당신

---

5) Sr. Joan Chittister, Preface to Listening to the Earth: An Environmental Audit for Benedictine Communities by Benedictine Sisters of Erie, Pennsylvania, at Lake Erie-Allegheny Earth Force (London: Earthforce, 2006), accessed September 8, 2017, http://www.arcworld.org/projects.asp?projectID=297.

생각에는 그들이 기도를 덜했거나, 하느님께 덜 헌신했다고 여기는가? 그들이 유럽의 농지들과 숲들을 회복하려고 수목 애호가들로 일했던 수십 년 동안에, 그들은 수도사로서의 사명을 살아내는 데 덜 신실했던가? 물론 아니다! 그들은 "시대의 징조들"을 올바르게 읽어냈고, 영성에 충만한 헌신과 사랑으로 응답했다.

불연속(단절, Discontinuity)의 시대에 목표를 재설정하는 교회의 또 다른 사례는 20세기에 독일의 목사인 디트리히 본회퍼(Dietrich Bonhoeffer)가 세운 신학교가 있다. 공식적인 이름은 "고백교회의 비상교육 신학교"(Emergency Teaching Seminary of the Confessing Church)였지만, 그 신학교는 그저 핑켄발데(Finkenwalde)로 알려졌다. 2년 동안 본회퍼는 교회 지도자들의 새로운 세대를 훈련시켰는데, 그들의 교회에 대한 충성은 독일 기독교(German Christian) 운동과 교회를 나찌(Nazi)화하려는 히틀러의 노력에 타협하지 않았다. 1935년에 23명의 학생들로 시작하면서, 본회퍼는 "대체로 즉흥적인 공동체"[6]를 설립했는데, 그 공동체는 의견을 달리하고, 저항하고, 영적인 훈련, 희생, 그리고 확장된 도덕적 상상력으로 구별되는 "새로운 방식의 기독교인 되기"[7]를 과감히 시작하려고 했다. 본회퍼는 이들 장차 목사가 될 사람들에게 새로운 눈으로 성경을 읽고, 그들이 국가에 불복종할 의무를 지라는 결론을 내기를 두려워하지 않도록 초대했다. 조만간 치르게 될 제자도의 값비싼 희생에 대해 그는 대비했고, 그들 학생들도 서로서로 준비했다.

6) Charles Marsh, *Strange Glory: A Life of Dietrich Bonhoeffer* (New York: Vintage Books, 2015), p. 239.

7) Marsh, *Strange Glory,* p. 232.

처음부터 고백교회는 교회로서 국가 승인을 받지 않았다. 1936년에 비밀경찰(Gestapo)은 고백교회 목사들을 체포하기 시작했다. 그 목사들이 "동화하지 않는"(non-Nazi) 교회들과 연관된 것이 범죄로 선포되었고, 그들의 본회퍼와 개인적인 연관성은 국가반역과 마찬가지였다.[8] 그 이후 여러 달에 걸쳐서 거의 100여 명의 목회자들이 체포되었고, 1937년 9월에는 핑켄발데가 문을 닫았다.

오늘날의 교회가 본회퍼와 핑켄발데에 있던 비상교육 신학교에서 무엇을 배울 수 있는가? 두 가지 교훈이 즉시 떠오른다. 첫째로, 심각하고도 불의한 불연속(단절)의 시대에는, 교회의 교인들은 여러 가지 다양한 방식으로 대응할 것이다. 많은 사람들이 개인적인 신앙 이해로 후퇴하여, 단절의 사회적이며 집단적 의미를 피한다. 그러나 교회의 남은 자들은 현실을 정면으로 보고, "집단적인 몸으로서의 교회는 우리가 지금 경험하는 혼란의 와중에서 어떻게 신실하게 남을 것인가?"하고 묻는다. 이것은 물론 본회퍼가 했듯이, 예레미야도 대응했던 방식이다. 둘째로, 불의한 "수레바퀴 살에 말뚝을 박아 넣음으로써" 파괴적인 권세들과 지배세력들에 저항하는 사람들은 자신들이 무시되고, 변두리로 밀려나고, 짓밟혀지는 모험을 감행하게 마련이다.

교회가 하느님의 피조물들을 위하여 증언자가 되는 것은 무엇과 같을 것인가? 인간의 부당한 탐욕에 의해서 지금 위협을 받고 있거나 멸종당하고 있는 목소리 없는 생물종들과 복잡하고 상호의존적인 생태계를 대신하여 만일 우리가 대담히 말하면 교회들은 어떤 충격을 받을 것인가? 아직 태어나지 않은 세대들에 대한 우리의 책임은 말할

8) Marsh, *Strange Glory,* p. 247.

것도 없고, 기후변화의 영향으로 이미 심각하게 고통을 당하는 이웃 인간들에 대한 도덕적 책임을 만일 우리가 진지하게 여긴다면 어떤 일이 일어날까? 만일 우리가 인간이 아닌 형제자매 생물종들에 대한 도덕적 책임을 심각하게 받아들인다면 무슨 일이 일어날까?

권력을 잡은 나찌(Nazi)에 의해 생겨난 불연속적 단절이 또 다른 위대한 증인인 랍비 아브라함 조수아 헤쉘(Abraham Joshua Heschel)로 하여금 담대히 말하게 했다. 1938년 3월, 히브리 유니온 대학(Hebrew Union College)이 헤쉘을 미국으로 데려오기 전에, 그는 독일의 마인주 프랑크푸르트에서 한 무리의 퀘이커 지도자들 앞에서 강연을 했다. 그의 짧은 강연의 제목은 "현재 시간의 의미"(The Meaning of the Hour)"[9]였다. 2008년에 예루살렘에 있는 샬롬 하르트만 연구소(Shalom Hartman Institute)에서 어느 랍비 학자가 내게 헤쉘의 강연을 소개해 주었을 때, 헤쉘이 그의 시대에 말했던 것이 오늘날 우리의 상황에 얼마나 잘 들어맞는지 나는 깊이 감명을 받았다. 여기에 헤쉘의 용감한 생각의 표본을 보자:

> 우리는 하느님의 말씀을 모독했고, 비극과 파멸에 우리 땅의 풍요와, 우리 정신의 창의력과, 우리 청춘의 귀중한 생명들을 주어버렸다. 지금만큼 부끄러워해야 할 이유가 많았던 적은 없었다.
>
> 우리는 편의를 위해 거룩함을, 성공을 위해 충성심을, 권력을 위해 사랑을, 정보를 위해 지혜를, 유행을 위해 전통을 헐값에 팔아버렸다. 우리 시대의 신에 대한 모독이 영원한 수치(스캔들)가 되지 않게 하

---

9) Nahum Norbert Glatzer, ed., *The Judaic Tradition: Texts* (Springfield, NJ: Behrman House, 1982), p. 614.

> 자. 수천 년 동안 예언자들, 성인들, 순교자들, 그리고 학자들이 창조해낸 것을 보전하는 데 실패했다고 미래 세대들이 우리를 몹시 싫어하지 않게 하자.
>
> 우리가 세계를 구원하기를 하느님은 기다리고 계신다. 우리의 노력과 헌신을 하느님께서 꾸준히 그리고 열심히 기다리고 계시는 동안, 우리는 시시한 만족을 움켜쥐려고 삶을 보내지 말아야 할 것이다. 전능하신 분은 우리의 탐욕과 시샘과 야망을 만족시킬 기회들을 가지라고 우주를 창조하신 것이 아니었다.

헤쉘은 이렇게 도전하면서 결론을 낸다: "역사라는 산이 (미드라쉬의 해석처럼, 마치 모세가 율법을 받을 당시 호렙 산이 이스라엘 백성들 머리 위에 위협적으로 있었던 것처럼—역자주) 또 다시 우리들 위에 있다. 우리 하느님과의 계약을 갱신하지 않으려는가?"

이런 도발적인 질문은 심지어 오늘날 교회 지도자들에게 도전하듯이, 여러 세대를 통해 메아리친다. 이 질문을 무시한 비극적인 결말들은 제2차 세계대전 조금 뒤에 당시엔 별로 알려지지 않았던 콘라트 아데나우어(Konrad Adenauer)가 본(Bonn)에 있는 목사에게 보낸 편지에 묘사되어 있다. 아네나우어는 집단수용소에서 풀려나온 지 얼마 안 되었다. 얼마 뒤에 그는 서독의 종전 후 초대 총리가 되었다.[10)]

> 만일 모든 감독들(bishops)이 어느 특정한 날에 설교단에서 공개 성명서를 발표했더라면, 그들은 엄청난 것들을 방지할 수도 있었을

10) Prof. Tim Gorringe, "Climate Change: A Confessional Issue for the Churches?" (Annual Lecture presented to Operation Noah, 2011).

> 것이다. 그런 일은 일어나지 않았고, 이에 대한 변명은 있을 수 없다. 그 결과로 감독들이 모두 감옥이나 집단수용소에 갇혔더라면, 별로 나쁜 일도 아니었을 것이었다. 오히려 그 반대였다. 그러나 그런 일은 전혀 일어나지 않았고, 그러니 입을 닥치고 조용히 있는 것이 최선이다.[11]

심각한 체계적 불의와 점증하는 불연속의 시대에 교단의 지도자로 봉사하면서, 나는 하느님께서 교회를 보고 기후위기에 대해 분명히, 대담하게, 참되게, 그리고 예언적인 목소리로 말하라고 부르신다는 나의 확신과 아네나우어의 말들이 공명하는 것으로 들었다.

역사를 통하여 교회는 여러 번 사회에서 결정적인 도덕적 역할을 해왔다. 19세기에는 수백 곳의 미국 회중들이 노예폐지 운동을 그들의 함께하는 삶의 초점으로 삼았다. 1950년대와 1970년대에는 남아프리카의 많은 교회들이 때로는 큰 희생을 치르면서 그들의 목소리를 아파르트헤이트(apartheid, 인종차별) 폐지에 더했다. 예를 들어, 투쟁하다가 죽임을 당한 사람들을 위한 장례의식들이 자주 새롭게 목표를 설정해서 저항의 행진이 되어 거리를 통해 관들을 운반했다. 슬퍼하는 가족들은 교회 예배를 위해 자신들의 필요를 제쳐 놓고 자신들이 사랑하는 사람의 관이 정의와 평등을 위한 투쟁을 진척시키는 세력회복의 계기로 삼게 했다.

혼란과 불연속의 시대에 교회는 무엇을 위한 것인가? 우리는 비탄에 잠긴 사람들이 슬퍼할 때 위로하기 위해 여기에 있는가? 물론이

11) Klaus Scholder, "Political Resistance or Self-Assertion," in *A Requiem for Hitler* (Londor: SCM, 1989), p. 139.

다! 우리는 그런 조건들 아래에서 증가된 수많은 다른 목회적 필요들을 다루기 위해 여기에 있는가? 단연코 그렇다! 그러나 마찬가지로 중요한 것은 우리를 하느님과, 서로서로에게, 그리고 모든 피조물들과 화해시키는 최고의 사명에서 예수와 동반자가 되라는 우리의 소명이다.

하느님에게는 외부효과라는 것이 없다

많은 기독교인들이 하느님과의 화해를 방해하는 가장 중요한 방식들 가운데 하나는 우리의 행동이 우리 자신들을 위해, 다른 사람들을 위해, 그리고 우리의 하느님과의 관계에 영향력이 없다는 픽션(꾸며낸 허구)을 옹호하는 것이다. 이런 종류의 자기기만은 수많은 형태로 나타난다. 마치 하느님이 어떤 방식으로든 자신들의 행동과 동기에 대해 실제로 관심이 없거나 모르신다는 듯이 행동하는 사람들로 인해 성경이 욕을 먹는다. 이런 남자들과 여자들은 그들이 잘못된 행동들을 저지르고 있을 때, 하느님이 어찌 어찌 "휴식"을 하고 계신다고 확신하고 있는 것 같다. 그들은 도덕적인 관념이나 양심도 없이 행동하고는, 벌 받지 않고 지나갈 수 있다고 생각한다. 우리가 이해하지 못하는 것은 모든 것이 하느님께는 문제가 된다는 점이다. 왜냐하면 각각의 선택은 우리가 어떤 사람이 되어가는가를 형성하기 때문이다. 하느님은 항상 우리를 올바른 관계와 화해로 초청하신다. 그런 초청을 우리가 거절할 때마다, 하느님은 아시고 또한 우신다. 우리가 사랑 대신에 이기심을, 애타심 대신에 자기애를, 정의 대신에 지배를, 올바른 것 대신에 나쁜 것을 선택하면, 우리가 자신들에게 저지르는 해악을 하느님은 보신다.

2백만 년의 인류 역사에서, 자신이 전진하기 위해서—여러 가지 성공의 정도를 이루기 위해서—다른 사람을 짓밟은 개인들에게는 그들 종족들이나 사회의 법들과 관습에 의해 책임을 지워왔다. 공동체들, 군대들, 혹은 나라들이 이런 방식으로 행동하면, 다른 공동체들, 군대들, 혹은 나라들이 그들에게 책임을 물어왔다. 해로운 행위들을 저지르는 다국적기업들은 문명에 대한 새로운 형태의 위협이며, 전 세계의 사람들은 어떻게 그들에게 책임을 물을까 노력하고 있다.

아마 분명하지 않을지도 모르지만, 그러나 하느님을 두려워하는 사람들에게는 뭔가 매우 중요하고도 독특한 뭔가가 있다. 하느님께 신실하고자 하는 사람들은 하느님께서는 모든 것을 알고계심을 인정한다. 숨기는 것은 불가능하다. 결국에는 진실이 밝혀질 것이다. 조만간에 숨겨진 것은 폭로될 것이다. 이런 사실을 인정하는 것은 자기기만의 바다에서 생명유지 장치를 갖고 있는 것과 같거나, 혹은 우리가 길을 잃었을 때 나침판을 갖고 있는 것과 같다. 신앙인이 된다는 것은 불편한 사실들을 회피하려는 자연스런 인간의 경향성을 극복하고, 진리를 찾는 데 헌신하는 것을 의미한다.

인간들이 어떻게 환경을 파괴했는지를 고려할 때, 진실을 대면한다는 것은 극도로 불편한 것이다. 지난 1만 년 동안 인간들은 바다, 땅, 그리고 대기권을 쓰레기 버리는 곳으로 여겨왔다. 처음 9800년가량 동안은 이런 행위들의 물질적인 결과가 그다지 대단치 않을 것처럼 보였다. 그러나 지난 2백여 년 동안에 인간들이 그 숫자와 공학기술의 능력을 급속히 증가시키면서, 우리가 하느님의 창조 선물에 끼친 손상의 결과가 거부할 수 없게 되었다. 이것 때문에, 프란체스코 교황이 그의 최근 회칙에서 "우리의 터전인 지구가 점점 더 더러운 것들의 엄청난 더미처럼 보인다"[12]고 지적한 것이다.

지난 300년 동안 인간은 위험한 실험을 해왔는데, 그 실험은 우리에게 관리를 위임한 지구가 엄청난 인구, 소비, 쓰레기, 물질적 열망의 증가를 감당할 수 있는지 시험한 것이다. 성경의 아담과 이브 및 고다 바벨(Babel)탑 건설 이야기가 우리들에게 가르쳐주듯이, 인간은 항상 한계에 대해 저항해왔다. 우리는 마치 무한한 성장이 가능한 듯이 살아왔다. 마치 우리는 구멍을 뚫고, 광산을 개발하고, 간척하고, 불태우고, 발굴하고, 또한 마음껏 소비할 수 있는 것처럼 말이다. 만일 문제가 생기면, 시장(市場)이 모든 것을 마술적으로 처리할 수 있다는 듯이 믿어왔다.

이제는 끝없는 성장에 대한 기대가 위험한 픽션(허구)이고, 시장이 모든 불균형을 바로잡을 수 있다는 것은 거짓말임을 알아차리는데 굳이 경제학, 생물학, 물리학의 학위를 필요로 하지 않는다.

가장 존경받는 환경문제 지도자들 가운데 한 사람인 거스 스페스(Gus Speth)가 말하듯이, "오늘날의 시장은 정말 이상한 장소다. 경제의 핵심에는 모든 것들 가운데 가장 근본적인 것, 즉 그 안에서 경제가 작동하는 살아있는, 진화하는, 지속되는 자연세계를 인정하지 않는 구조가 있다."[13] "이런 실패의 근원은 경제학자들이 외부효과들이라고 말하는 것이다... 우리의 환경 자원들의 많은 것은 그 사용을 제한하는 적절한 값에 의해서 보호되고 있지 않다. 이런 관점에서는

---

12) Pope Francis, *Laudato Si'*, paragraph 21.

13) James Gustave Speth, *The Bridge at the Edge of the World: Capitalism, the Environment, and Crossing from Crisis to Stability* (New Haven, CT: Yale University Press, 2008), p. 54.

환경이 과도하게 사용되고, 악용되었음을 발견하는 것이 별로 놀랍지 않다. 시장은 간단히 이들 자원들을 적절히 사용하도록 배당하지 못한다."[14)]

이런 경제적, 도덕적, 그리고 환경적 재난에 대해 교회는 무엇을 줄 수 있는가? 그 대답은 간단하게도, 교회의 목표를 재설정할 필요의 중심에 있다: 하느님에게는 외부효과(externalities)라는 것이 없다!

사람에게 하느님이 무엇을 의미하든, 하느님을 속일 수는 없다. 우리가 아무리 똑똑해도 우리의 동기를 하느님께 숨길 수 없다. 하느님 앞에서, 우리는 (개인들로서 또 공동체로서) 책임을 져야만 한다. 하느님은 모든 상황들에 대해 포괄적으로 이해하신다. 어느 것도 벗어나지 못한다.

하느님을 이렇게 이해하는 것은 도덕적 관점을 표현하는 것이다. 그러나 자연을 사용하고 남용하는 것에 대한 사실들을 포괄적으로 또 단호하게 보기를 고집하는 입장, 그리고 자기기만을 회피하는 그런 도덕적 입장을 견지하기 위해서 사람이 하느님을 믿는 것은 아니다. 이런 도덕적 입장은 가장 최근의 확고한 과학을 도구로 이용해서 전체를 드러낸다.

기후변화의 세계 속에서 목표를 재설정한 교회는 하느님이 초대하시는 의식화(conscientization)를 옹호할 것이다. 교회 자체가 존재하는 세계는 "경제성장을 위해서 환경이 희생되는 세계이며, 그 희생은

14) Wallace E. Oates, "An Economic Perspective on Environmental and Resource Policy," in Wallace E. Oates, ed., *The RFF Reader in Environmental and Resource Management* (Washington, DC: Resources for the Future, 1999), p. xiv, as quoted in Speth, *The Bridge at the Edge of the World,* p. 53.

적어도 산업화가 시작된 이래로 의심할 여지도 없이 경제발전의 특징"을[15] 이루고 있는 곳이다. 교회 안에서는 우리가 하느님을 창조주로 공경하며, 땅—우리의 공동의 집—을 주신 것, 그리고 땅을 통해서 우리의 창조주께서 인간들에게 은혜로운 환대를 베푸신 것에 대해 감사한다. 그러나 우리가 매일의 삶에서는, 우리의 주인이요 창조주에게서 일상적으로 도둑질을 하고, 누구든 관계없이 하느님께서 제공하신 풍요함을 마구 먹어치우고, 상호의존적인 생태계의 수많은 부분들을 뒤엎어버려서 우리의 보금자리를 더럽힌다. 이런 위험한 상황에 대응해서, 매 주마다 교회는 사람들에게 그런 도덕적 명백성을 다시 일깨워주고, 인간들이 책임을 져야 하는 법들을 주창하고 삶의 방식을 설계하면서, 우리의 삶들을 하느님의 약속과 선물을 중심으로 세워나가도록 결심하게 해야 한다.

이것이 바로 빌 매키븐이 "오일 교체 국제기구"(Oil Change International)의 보고서 대변인 노릇을 하면서 하고 있는 일이다. 그 보고서는 우리가 즉시 모든 새로운 유전, 가스, 석탄광산 개발을 끝내야 한다고 분명하게 주장한다.[16] 그것이 바로 지난 몇 년 동안 "시민 기후 압력단체"(Citizens Climate Lobby)가 탄소 요금과 이익환급 제도를 이행하도록 국회를 설득하는 운동을 계속해온 일이다.[17] 또한 이것

---

15) Paul Ekins, *Economic Growth and Environmental Sustainability* (London: Routledge, 2000), pp. 316-17, as quoted in Speth, *The Bridge at the Edge of the World,* p. 50.

16) Gregg Muttitt, "The Sky's Limit: Why the Paris Climate Goals Require a Managed Decline of Fossil Fuel Production," Oil Change International report (September 22, 2016), http://priceofoil.org/2016/09/22/the-skys-limit-report/.

17) See Citizens Climate Lobby website, https://citizensclimatelobby.org/.

이 바로 2017년에 그리스도연합교회 총회가 "화석연료를 위한 사회기반시설의 확대를 저지하고, 모든 공동체들이 사용할 수 있는 재생가능한 에너지의 새로운 자원을 요구"하도록 결의한 것의 핵심이다.

하느님은 단지 개인들만이 아니라, 공동체들을 부르신다. 우리는 모두 똑같은 주소에 살고 있다.

목표를 재설정한 교회의 또 다른 초석(礎石)은, 하느님께서는 단지 개인만이 아니라 공동체를 부르신다는 것을 인정하는 일이다. 만일 당신이 성경을 읽어본다면, 당신은 반드시 이런 강조를 발견할 것이다. 그러나 나와 내 동료들이 회중들과 함께 하느님의 부르심을 분별하려고 노력할 때, 하느님께서 어떤 특정한 사명을 채택하라고 회중을 하나의 통일된 공동체로 부르신다는 생각은 종종 외면되었다. 그것은 마치 하느님께서는 "우리"로 하여금 하느님의 사명을 완수할 공동의 대의에 가담하라고 부르신다는 것이 많은 기독교인들에게는 결코 떠오르지 않는 생각인 것만 같다.

미국인 정서의 가장 특징적인 것의 하나는 엄격한 개인주의에 대한 오랜 세월 동안의 강조다. 교회가 개인구원에 집중하는 것은 이런 주제를 상당히 증폭시켰다. 이런 강조가 중요한 목적에 이바지했던 때가 있었지만, 이제는 모든 생명, 즉 다른 인간들만이 아니라 다른 나머지 피조물들도, 상호의존으로 특징지어진 것임을 우리는 알게 되었다. 모든 살아있는 것들의 생명은 공통의 운명에로 엮여져 있다. 목표를 재설정한 교회는 개인적 구원 못지않게 집단적 구원에도 신학적 초점을 맞출 것이다.

이런 것을 말하는 친숙한 방법은 우리가 모두 이것에 함께한다고 말하는 것이다. 그러나 이런 표현은 너무도 흔해서 사람들로 하여금 생각하게 만들지 못한다. 내가 이것을 말하는 한 가지 방법은 지구 행성 위에 있는 (다른 모든 피조물들과 함께) 모든 각각의 사람이 우리의 이웃인데, 그 까닭은 우리가 모두 같은 공기를 숨 쉬고 있다는 사실에 비하면 이 이웃과 저 이웃 사이의 구별, 이 나라와 저 나라 사이의 구별이 별로 중요하지 않다고 지적하는 것이다. 나는 우리 모두가 같은 주소에 살고 있다고 말하기를 좋아한다. 우리의 공통 주소는—내가 이 글을 쓸 때—407번지다. 즉, 대기권 중 이산화탄소(CO_2) 농도가 407ppm이다.[18] 한 가지 더 덧붙이고자 한다. 우리가 모두 살고 있는 이 장소, 즉 모든 문들과 거처에 407이란 숫자를 붙인 이 장소는 더 이상 "집"(Home)이 아니다. 집은 문 위에 350이나 그보다 더 적은 숫자가 붙은 곳이다. 모차르트, 마리아와 요셉, 그리고 동굴 속에 살았던 초기 인간들의 가정은 그보다 더 적은 숫자가 붙어있는 곳이었다. 그들의 주소는 275였다. 그러나 나의 손자손녀들이 현재 내 나이에 이를 때면, 아마도 그들의 주소는 450ppm를 초과할 것인데, 이는 과학자들이 "위태롭게 된 더위" 혹은 "기후 감옥"이라고 부른 그런 결과다.[19] 이것은 심지어 설사 오늘 바로 모든 석탄 사용 공장을 닫고, 가스와 석유 태우기를 중단하고, 즉시 우리의 휘발유 사용

---

18) See CO2-Earth website, https://www.co2.earth/.

19) Richard Rood, "If We Stopped Emitting Greenhouse Gases Right Now, Would We Stop Climate Change?" *The Conversations* (July 4, 2017), accessed September 17, 2017, http://theconversation.com/if-we-stopped-emitting-greenhouse-gases-right-now-would-we-stop-climate-change-78882.

자동차들을 팔고 자전거를 산다 해도 굉장히 무서운 현실이 될 것만 같다.

이것은 지난 일곱 세대 정도의 인간들의 행동이 만들어낸 곤경이며 구조적인 불의다. 우리들은 자신들은 물론 전체 피조물들에게도 근본적으로 변경된 삶을 강요하고 있다. 목표를 재설정한 교회에서는, 그런 구조적인 불의가 굶주림, 노숙자, 가난, 편협함, 백인들의 특권, 고리대금 등 더욱 분명한 구조적인 불의와 더불어, 치열하고도 끈질긴 주목을 받을 것이다. 이런 모든 것들은 우리가 어떻게 지구를 취급했는가와 연결되어 있다.

더군다나, 기후붕괴는 다른 모든 불의를 증폭시키고 있다. 하느님의 사명을 진척시키고, 평화로운 정의의 세계를 건설하려는 우리의 노력들은 지구의 생명체계가 불안정하다는 사실에 의해 그 토대가 무너진다. 그 결과로 생겨난 문제들에 가장 책임이 적은 사람들이 가장 많이 고통을 당하게 될 것이 틀림없는 전 지구적 상황들을 만들어내는 단계에 우리는 들어섰다. 예를 들어서, 백 년에 한 번 일어날 홍수는 부자들의 이웃들이 아니라 가난한 사람들의 이웃들을 휩쓸어버릴 것이다. 그뿐만이 아니다. 기후붕괴의 영향들은 해마다 강화되고 있고, 앞으로 오는 세대들에도 그렇게 계속될 것이다.

이런 현실을 인정하고 목표를 재설정한 교회는 사람들로 하여금 이 세상과 다음 세상에서 구원이란, 이 세대와 모든 미래 세대들을 위해 사랑의 공동체를 건설하면서, 우리가 어떻게 함께 살아갈 것인가에 대한 기능으로 여기도록 고취할 것이다. 목표를 재설정한 교회는 "미국 흑인 지위 향상 협회"(NAACP)의 "환경과 기후정의 프로그램"(Environmental and Climate Justice Program)의 지도자인 재클린 패터슨(Jacqueline Patterson) 같은 사람들을 본받아서 지속가능한 경제로의 정당한 전환을 이끌도록 도울 것이다.[20] 목표를 재설정한 교회에서 사람들이 기후변화에 대해서 묻는 첫 번째 질문은 "그게 나에게 어떤 영향을 줄 것이냐?"가 아닐 것이다. 그 대신에, "어떻게 하면 나의 이웃이 번창하도록 내가 도울 수 있을까?" "어떻게 하면 더욱 활발한 공동체를 내가 건설할 수 있을까?" "나의 삶에서 내가 무슨 변화를 만들어내어서 장차 오는 세대들이 살 만한 세상을 물려받도록 할 수 있을까?"라고 질문할 것이다.

우리의 하느님과의 계약: 모든 시대를 위해—모든 피조물들과 함께

목표를 재설정한 교회의 또 다른 초석은 창세기 9장에 나오는 계약이다. 흔히 아는 그 명칭인 "노아의 계약"(Noahic Covenant)은 잘못된 것이다. 성경본문을 보면 하느님께서는 노아와 그의 자녀들뿐만 아니라 그의 모든 후손들, 그리고 모든 살아있는 피조물들, 심지어 땅 자체와도 계약을 맺었음이 분명하다("이것이 나와 땅 사이에 세우는 언약의 표가 될 것이다." 창 9:13). 이 계약이 얼마나 지속될 것인지 누가 의심하지 않도록, "너희 및 너희와 함께 있는 숨 쉬는 모든 생물 사이에 대대로 세우는 언약의 표"(창 9:12), 즉 "모든 것과 세운 영원한 언약을 기억하겠다"(창 9:16).

이 계약의 선포가 지닌 힘과 의미는 교회 역사의 대부분을 통해

---

20) See Bill McKibben's interview of Jacqueline Patterson, "Climate Justice Is Racial Justice Is Gender Justice," *YES! Magazine* (August 18, 2017), accessed September 1, 2017, http://www.yesmagazine.org/issues/just-transition/climate-justice-is-racial-justice-is-gender-justice-20170818.

옹호된 인간중심적인 성경해석과 어긋난다. 목표를 재설정한 교회는 인간이 우주 전체와 우리의 깊은 연결을 인정하면서 우리의 도덕성을 정착시킬 필요성을 인정하는 토마스 베리(Thomas Berry), 래리 라스무쎈(Larry Rasmussen)을 비롯하여 여러 사람들(바클라브 하벨Vaclav Havel을 포함하여)의 인도를 따를 것이다.[21] 성경이 이 진리를 증언할 뿐만 아니라, 이 지구 위에 있는 생명은 가장 근본적인 방식들로 상호의존적인 존재들이라는 사실을 환경과학과 생태학이 반복적으로 보여준다.

황금률 2.0

목표를 재설정한 교회의 마지막 초석은 신약성경과 히브리성경의 가장 기본적인 도덕적 교훈에—모든 세계종교의 핵심에서 발견되는 도덕적 교훈에—관심을 둔다. 우리는 이웃을 내 몸처럼 사랑하라고 부르심을 받았고, 또한 이 새로운 지구(E-a-a-r-t-h) 위에서, 우리는 미래의 세대들이 오늘 바로 이웃집에 사는 사람들과 마찬가지로 이웃임을 인정해야 한다. 우리는 이것을 황금률 2.0(Golden Rule 2.0)[22]이

---

21) Larry Rasmussen, *Earth-Honoring Faith: Religious Ethics in a New Key* (Oxford: Oxford University Press, 2013), see especially 111-14, where he quotes extensively from Vaclav Havel, "Address of the President of the Czech Republic, His Excellency Vaclav Havel, on the Occasion of the Liberty Medal Ceremony," Philadelphia, July 4, 1994.

22) Andrew Revkin, "Do Humans Need a Golden Rule 2.0?" *Dot Earth New York Times Blog*, May 25, 2010, http://dotearth.blogs.nytimes.com/2010/05/ 25/do-humans-need-a-golden-rule-2.0/?partner=rss&emc=rss. 이 블로그에서 Andrew Revkin은 2010 PEN World Voices Conference에 대해 말하는데 그 회의에서는 지구온난화를 논의한 시간이 있었다. 이것을 인용한 노르웨

라고 생각할 수 있다.

명심할 것은 이것이 인간 가치들의 혁명을 표현한다는 점이다. 수천 년 동안 황금률에 의해서 문명이 형성되었고 편의를 잘 제공 받아왔다. 그러나 핵무기의 개발은 인간이 새로운 도덕적 기준을 필요로 함을 알려주었다. 돌연히 인간은 우리가 알고 있는 생명을 상당히 변경할 수 있는 또는 심지어 끝장낼 수 있는 능력을 갖게 되었다. 그러나 이런 위협은 만일 핵무기가 사용된다면 정말로 현실이 될 것이다. 최초의 핵폭발이("삼위일체"[Trinity]라는 역겨운 암호명을 가지고—미국의 최초 원자폭탄 이름—역자주) 일어난 뒤 얼마 되지 않아서, 과학자들은 온실가스 효과에 대한 경종을 울리기 시작했다. 이산화탄소(CO_2) "폭탄"은 산업시대의 시작 이래로 조용히 폭발하고 있는 중임이 알려졌다. 단지 늘 하던 대로 사업을 계속함으로써, 우리는 우리의 자손들에게 망쳐놓은 세계를 남겨줄 것이 확실하다.

이 점을 강조하기 위해서, 기후과학자 제임스 핸슨(James Hanson)은 보고하기를, 인간이 현재 화석연료를 사용하는 것은, 1년 365일 매일같이 일본 히로시마에 떨어뜨렸던 원자폭탄 40만 개씩 폭발시키는 것과 동등한 에너지(열 Heat)를 지구의 바다, 대기권, 그리고 땅에 더해주는 것과 마찬가지"[23]라고 한다. 끔찍한 테러리스트의 공격이나 혹은 대량 총격으로 어떤 특정한 사람들이 부상당하거나 살해되었을 때, 엄청난 언론의 주목을 받는 것을 생각해보자. 이와는 대조적으

더 소설가 Jostein Gaarder는 *Sophie's World*에서 세대 간의 책임성을 말했다.

23) James Hansen, "Why I Must Speak Out About Climate Change," TED Talk, February 2012, https://www.ted.com/talks/james-hansen-why-I-must-speak-out-about-climate-change. Hansen이 이 말을 한 것은 우리가 백악관 앞에서 KXL pipeline에 반대하는 시위를 하다 체포되기 1년 전이었다.

로, 제품을 생산하고 운송하기 위해서, 자동차들을 가동하기 위해서, 우리의 가정들을 난방하기 위해서, 우리의 식사에 고기를 제공하기 위해서 화석연료를 사용하는 것은 우리의 바다, 대기권, 그리고 땅에 매초 당 히로시마급 핵폭탄 3개씩을 터뜨리는 것과[24] 동등한 양의 열을 가하는 것이라는 사실에 대해 공중의 이해를 촉진하는 언론은 거의 없다.

일상적인 보통의 인간 활동은—만일 그게 앞으로 10년 혹은 20년 내에 변화하지 않고 계속된다면—인류가 수천 년의 세대를 두고 경험해왔던 방식으로는 자연을 경험하지 못하는 삶을 미래 세대에게 선고할 것이란 사실을 가리키는 도덕적인 나침판이 우리에겐 필요하다. 우리가 가까이 있는 인간 이웃만을 우리 자신들처럼 취급한다면, 우리는 높은 도덕적 입장을 더 이상 주장할 수 없다. 정의에 대한 이해를 확장해서 더 멀리 있는 이웃들을 이웃으로 취급하는 영역 안에 포함시키지 못하면 더 이상 도덕적으로 적절하지 않다. 우리는 모든 사람들, 사실은 모든 살아있는 피조물들, 아직은 태어나지 않은 모든 것들이 우리의 이웃임을 인정해야 한다. 마틴 루터 킹 목사(Rev. Dr. Martin Luther King Jr.)가 말했듯이, "우리는 벗어날 수 없는 상호성의 그물망 안에 잡혀 있고, 단 하나의 운명이란 옷에 묶여 있다. 어느 하나에 직접 영향을 주는 것이 무엇이든, 그건 곧 모두에게 간접적으로 영향을 준다."[25] 하느님은 우리의 마음, 삶, 그리고 법의 방향을 재정

---

24) Joe Romm, "Earth's Rate Of Global Warming Is 400,000 Hiroshima Bombs A Day," *ThinkProgress Blog* (December 22, 2013), https://thinkprogress.org/earths-rate-of-global-warming-is-400-000-hiroshima-bombs-a-day-44689384fef9#.gvwznjyc3. Romm은 이런 은유를 사용하는 것이 기후변화에 대한 대중의 이해를 돕는 중요한 것이라고 주장한다.

립허서, 모든 피조물들의 상호의존성을 존중하도록 우리를 부르신다. 우리는 우리 세대가 지구와 미래 세대들에게 저지른 해악을 고백하도록 부름을 받았다. 그런 정직함과 회개가 우리를 자유롭게 만들어 미래 세대들이 생존하고, 심지어는 아마도 번영하게 할 행동을 하도록 할 수 있다.

"우리 어린이들의 신뢰"

우리 세계가 아직 그런 도덕적 혁명에 나서지 못한 이유들의 하나는 우리의 상황이 너무도 기막히도록 압도적이라고 느끼기 때문이다. 아다도 그게 바로 "우리 어린이들의 신뢰"(Our Children's Trust)란 단체의 사역에 대해 더 많이 알게 될수록 나의 눈에 눈물이 고이는 이유일 것이다. 이것은 10대 소년소녀들의 그룹인데 그들의 희망은 젊은 목동 다윗이 거인 골리앗에 맞서기 전에 몇 개의 부드러운 돌들을 주울 수 있도록 떨리는 손을 진정시키면서 가졌던 그런 희망을 갖는 것이다. 그 단체의 확신은 자기 둘레에 있는 사람들에게 그들이 산을 움직일 수 있고 또한 진리가 그들을 자유롭게 만들 것임을 확신케 했던 한 목수(예수—역자주)가 가졌던 그런 확신을 갖는 것이다.

"우리 어린이들의 신뢰"(OCT) 사업에 참여했던 젊은이들의 용기가 그들의 초점을 유지할 수 있게 한다. 그 용기는 그들로 하여금 생명의 지속성이 위험하게 되었음을, 그리고 대부분의 어른 지도자들이

---

25) Martin Luther King Jr., "Letter from a Birmingham City Jail," is *A Testament of Hope: The Essential Writings of Martin Luther King, Jr.*, ed. James M. Washington (San Francisco: Harper & Row, 1986). See also Pope Francis, *Laudato Si'*, paragraph 92.

적절한 행동에 기꺼이 나서려고 하지 않음을, 또한 많은 지도자들이 심지어 거기에 문제가 있음을 부인하는 것을 보게 한다.

이들 겁 없는 십대들은 행동을 취함으로써 중단할 수 없는 희망을 보여준다. 변호사들, 과학자들, 그리고 영화제작자들과 팀을 이루어서, 그들의 공공 신뢰 원칙에 근거하여, 기후를 보호하는 법적 케이스를 만들었다. 이런 법적인 원칙은 로마시대에까지 거슬러 올라가는데, 미국의 법에, 그리고 전 세계 여러 법적 전통들 속에 잘 확립되어 있다. 법의 보편성은 다양한 도덕적 체계들에 황금률이 보편적으로 받아들여진 것과도 같다. 그 원칙은 말하기를 우리의 집단적 생존과 번영을 위해 근본적인 천연자원들을 보호하는 것은 정부의 의무라고 한다. 강, 지하수, 해안은—그리고 이 경우엔, 대기권도—사유화되거나 혹은 사실상 훼손되어서는 안 되는 것이, 이들 천연자원들은 모든 사람 각자에게—아직 태어나지 않은 자들을 포함하여—균등하게 소속된 것이기 때문이다.

"우리 어린이들의 신뢰"(OCT)는 미국의 모든 50개 주에서 법적인 행동을 감행했다. 2016년 4월에, 미국 오리건 주 유진에 있는 연방법원의 지역치안판사 토마스 코핀(Thomas Coffin)은 21명의 젊은 원고들을 위해 판결을 내려서, 그들의 연방 소송—Juliana 대 미국 정부—의 청문회를 명령했다.[26] 당시 열 살에서 스물한 살 사이의 젊은이들이 미국 전역에서 출석했다. 그들은 대통령과 연방정부의 여러 기관들을 소송을 제기했는데, 미국이 기후변화 때문에 자신들의 미래에 대한 권리가 훼손되지 않도록 보호하지 못한 것은 헌법을 위반한 것이라고

---

26) "*Juliana* v. U.S. Climate Lawsuit," Our Children's Trust, last accessed September 17, 2017, https://www.ourchildrenstrust.org/us/federal-lawsuit/.

주장했다.

당연하게도 화석연료산업이 피고로서 처음에 개입했고, 미국 정부가 그 소송을 법정 밖에서 해결하도록 노력하는 데 가담했다. 그들의 두 차례 항소가 기각된 뒤에, 코핀 판사는 화석연료산업을 그 소송의 피고에서 제외했다. 현재, 정부는 항소 과정을 계속하고 있는 중이다. 그럼에도 불구하고, 유진에 있는 미국 오리건 지방법원의 아이켄(Aiken) 판사 앞에서의 재판 일정이 2018년 2월 5일로 잡혀 있다.

목표를 재설정한 교회에서는, 재판일이 가까워오면서, 수만 개의 회중들이 이 미래를 형성하는 증언에 대한 설교를 듣게 될 것이다. 그 많은 설교들은 십대 소년소녀들에 의해 행해질 것이다.[27)]

"우리 어린이들의 신뢰"(OCT)의 사역은 수천 년 지속된 법적 원리들에 기초한 것일 뿐만 아니라, 이들 젊은이들은 또한 우리들에게 황금률의 보편적인 도덕적 원리를 옹호하고, 그것을 확장(황금률 2.0)해서 미래 세대들을 우리의 이웃들로 인정하도록 초청한다.

지속성의 중단에 직면하여

우리 세대가 불연속적 단절의 두려움을 가지고 사는 처음 세대는 아니다. 1970년대 후반과 1980년대 전반에 핵전쟁에 대한 우리의 두려움은 종종 뉴스에 떠올랐고, 정치 논쟁의 중심에 있었다. 그 두려움은 백만 명의 사람들을 뉴욕 시 거리로 불러냈고, 수백만도 더 되는

27) In December 2017, the United Church of Christ issued a "Call for More Than a Thousand Sermons in Solidarity with the Youth Awakening a Nation to Climate Action," http://www.eachgeneration.org.

사람들을 TV 스크린 앞에 끌어들여 "그날 이후"(*The Day After*)라는 영화를 시청하게 했다. 이 영화에 대해 예일대학교의 로버트 리프톤(Robert J. Lifton) 교수와 하버드대학교의 존 맥(John Mack) 교수가 논평한 것들은 연구되고 논의되었다. 아마도 이 불안한 기간에 대한 가장 오래 지속된 최고의 결과의 하나는 조앤나 메이시(Joanna Macy)의 초기 저작이었을 것이다.[28] 비록 핵무기가 진짜 공포와 불안을 조성하기는 했지만, 모든 피조물들의 불연속을 야기한 것으로서는, 지금껏 (고맙게도) 핵무기들은 단지 위협만 줄 뿐이었다.[29]

초대교회에서는 많은 기독교인들이 성경의 묵시종말에 대한 본문들에 그들의 신앙의 초점을 많이 두었다. 더욱 최근에는, 수천만 명의 교인들이 "뒤에 남은 자들"(*Left Behind*) 시리즈를 쓴 팀 라하예(Tim LaHaye) 같은 저자들에게 빠져들었는데, 그의 메시지는 기독교 승리주의와 미국 국가주의를 결합한 것이었다. 루터교 신학자인 바바라 로씽(Barbara Rossing)은 팀 라하예의 책들이 성경에 근거한 것이 아님을 훌륭하게 보여주었지만,[30] 불행히도 그녀의 성경에 근거한 반대비전의 입장은 동일한 시청자들에게 전혀 먹혀들지 못했다.

우리의 두뇌는 두려움에 잘 반응하도록 설계되었다는 사실은 대

---

28) Joanna Rogers Macy, *Despair and Personal Power in the Nuclear Age* (Philadelphia: New Society Publishers, 1983).

29) 히로시마, 나가사키 주민들, 그리고 핵폭탄 시험을 위해 대피할 수밖에 없었던 수천 개 태평양 섬들의 주민들에게, 그리고 유타 주 내부 및 주변의 "바람맞이 쪽 주민들"에게 핵무기들은 확실히 죽음, 파괴, 그리고 단절을 일으킨 것이라고 말해야 한다.

30) Valerie Ziegler, "Do We Have a Story to Tell?: Reflections on Barbara Rossing's The Rapture Exposed," review of *The Rapture Exposed,* by Barbara Rossing, *Reflections* (2005), Yale University.

부분의 시간에 우리가 정말로 피해야 할 것과 비록 두렵기는 해도 위험하지는 않은 것 사이를 구별할 줄 모른다는 것을 의미한다. 조지 마샬(George Marshall)이 논증한 대로, 우리의 주의를 끄는 것은 "강한 이미지들을 떠올리게 하는 위협들이나, 개인적인 이야기들 안에 알려지는 위협들이다."[31] 그래서 대규모 불연속의 가능성이—핵전쟁, 휴거, 기후변화에 의한 것이든—우리 앞에 있으면, 우리의 두려움을 잘 반영하는 두뇌는 개인적인 이야기들로 전해지는 강력한 이미지들을 제공하는 것이면 어느 설명에도 끌려들 것이다. 마샬은 이어서, "기후변화에 대해 감성적인 두뇌를 효과적으로 대응하는 방법을 우리는 아직 발견하지 못했다"고 말한다.[32]

내가 마지막으로 점검했을 때, 효과적으로 회중들의 주의를 끈 설교는 종종 개인적인 이야기들로 전달된 강력한 이미지들을 포함한 것이었다. 목표를 재설정한 교회는 사람들의 도덕적 관심을 기후변화에 초점을 맞추게 하고 그들에게 행동에 나서도록 고무할 것이다.

카이로스의 순간 — 도덕적 개입을 할 때

나는 데스몬드 투투 대주교(Archbishop Desmond Tutu)를 비롯한 사람들이 우리의 현재 상황을 하느님이 영감을 주시는 가능성들로 가득 찬 "카이로스의 순간"(Kairos Moment)이라고 말하는 견해에 동의한다. 교회는 지금 이 지구 행성 위에 있는 생명의 미래를 형성하는 데 전

---

31) George Marshall, *Don't Even Think About It: Why Our Brains Are Wired to Ignore Climate Change* (New York: Bloomsbury, 2014), p. 49.

32) Marshall, *Don't Even Think About It,* p. 50.

례가 없는 기회를 갖고 있다. 이 책의 페이지들에서 표현한 제안들을 받아들임으로써, 목표를 재설정한 교회는 이런 기회를 현실로 만들 신학적인 변경과 영적인 실천들을 환영할 수 있다. 이제 나는 왜 그런 중요한 변화가 필수적인가를 주장하는 신학자 토마스 베리(Thomas Berry)와 래리 라스무쎈(Larry Rasmussen)으로 넘어가려 한다.

지난 170년 동안에 인간은 모든 생명이 그 위에서 돌아가는 받침대를 변경해왔고, 토마스 베리가 말하는 대로, 그래서 우리는 "유기체적이며 늘 신생하는, 땅에 근거한 경제로부터, 착취하며 신생을 못하는 산업경제로 이동해왔다." 이런 경제적 변화는 극소수의 인구들로 하여금 피조세계 자체의 균형을 희생한 대가로 상상을 초월하는 부자가 되게 했다. 윤리학자인 래리 라스무쎈은 날카로운 질문을 던진다: 교회의 목회는 이에 어떻게 대응해왔던가? 그는 교회들이 "마치 목줄에 매인 듯이(개처럼-역자주) 질질 끌려왔다"고 비난한다.[33)]

이와는 대조적으로, 지난 수십 년 동안 과학자들은 우리가 "발전"이라고 부르는 것의 결과들에 대한 철저한 이해를 인간에게 제공하는 데 거의 상상할 수 없을 만큼의 진척을 이루었다. 그 결과들은 땅 위에서 가장 힘센 사람들, 즉 현상유지를 통해 이익을 얻는 사람들에 의해, 인류 자신에 맞서 전쟁을 치루면서 얻어진 결과들이다. 그러나 라스무쎈이 지적하듯이, "과학 자체는 '우리가 자연에 대해 아는 데 무엇이 가장 필요한지를,' 즉 '자연을 어떻게 가치평가를 하는지를' 가르쳐주지 못한다. 종교와 문화가 그것을 한다."[34)]

---

33) Larry Rasmussen, "The Baptized Life," in *Holy Ground,* Lyndsay Moseley, ed. (San Francisco: Sierra Club Books, 2008), 182ff. Rasmussen은 Thomas Berry에게서 많은 것을 배웠다.

34) Rasmussen, *Earth-Honoring Faith,* p. 111. He quotes Holmes Ralston III,

신앙공동체들이 목줄에 매인 듯이 질질 끌려 다니는 것보다는 더 잘 할 수 있을까? 나는 그렇게 할 수 있다고 믿는다. 그리고 교회들은 꼭 해야만 한다. 그렇게 하는 것은 교회가 새로운 소명을 받아들이는 것이다. 나만 그렇게 믿는 것은 아니다. 래리 라스무쎈은 말한다.

> 하나의 생활방식이 반드시 다른 생활방식으로 바뀔 필요가 있을 때는 도덕이 건설적 작업에 의존한다. 윤리학의 과제는 우리와 다른 사람들이 어떻게 생존하고 번영할 것인가이다. 그래서 전환점이 오면, 그리고 하나의 생활방식에서 다른 방식에로 전환할 때가 밀고 들어오면, 도덕적 관성(慣性)은 더 이상 충분치 않고, 현재의 도덕적 삶에 속했던 모든 것들을 반드시 새롭게 다룰 필요가 있다. 즉 우주론, 인간의 특성과 행동을 개혁하는 공동체, 무엇이 도덕적으로 규범적인 것인지에 대한 이해, 체제들, 구조들, 실천들의 형태, 행위, 결과 등 모든 것을 새로 다루어야 한다. 산업 공학기술 시대에서부터 생태시대에로 나아갈 길을 형성할 때, 이런 모든 것들은 인간의 책임에 속한다.[35]

인간과 세계와 생태계와 아직 태어나지 않은 수많은 어린이들과 피조물들의 세대를 위해서, 우리의 현재 사회경제적 체제는 도덕적인 개입을 필요로 한다. 교회도 그러하다. 지금은 새로운 도덕의 시대를 선언할 때다.

"Saving Creation: Faith Shaping Environmental Policy," *Harvard Law and Policy Review 4* (2010): 121.

35) Rasmussen, *Earth-Honoring Faith*, p. 358.

그룹 토론과 성찰을 위한 질문들

1. 이 장의 앞부분에서 설명한 역사적 교훈들을 재검토하라. 당신에게 가장 분명했던 것이 무엇이었는지를 그룹과 함께 나누어보라.
2. 그룹 안에 있는 각 사람이, 기후변화가 사실상 사회정의 문제를 어떻게 악화시켰는지 사례들을 서로 나누어보라.
3. 1830-1860년대에 교회가 노예폐지에 초점을 맞추었던 것과 같은 정도로 만일 3년 안에 미국에 있는 진보적인 교회가 이 주제에 초점을 맞춘다면, 지금 우리는 거기에 이르기 위해 무엇을 해야 할까?
4. 만일 종교가 하느님과 피조물들에 대한 올바른 관계를 회복할 힘과 약속을 위해 가장 좋은—그리고 아마도 유일한—도움이 된다면, 당신의 회중이 당신의 공동체로 하여금 그런 방향으로 움직이도록 택할 다음 단계는 무엇일까?

4장

기후위기의 세계에서 교회의 특색

변화의 시기에 상실감을 느끼는 사람들을 위로하기 위해 지도자들과 영적인 공동체들이 필요한 것이 아니다. 그 대신에 영적인 지도자들은 회중의 두려움을 긴급 대처와 용기로 변화시키도록 도와줄 필요가 있다.[1] — 다이애나 버틀러 배쓰

교회들은 여러 가지 이유들로 성공한다. 많은 교회들이 성공하는 이유는 특히 잘하는 분야, 즉 교인들에게 호소력을 가질 뿐만 아니라 그것이 없다면 별다른 관심을 갖지 않을 공동체 사람들을 끌어당기는, 특히 잘하는 분야를 이룩해 놓았기 때문이다. 나는 잘 성장하는 교회들 여러 곳을 방문하는 특권을 가졌다. 어느 두 곳도 똑같은 곳은 없었다. 대부분이 특히 잘하는 분야를 지니고 있다. 시간이 지남에 따라 그런 특히 잘하는 분야는 변한다. 이사야에게 말한("보아라, 나는 새로운 일을 하겠다," 이사야 43:19) 성령의 인도를 받아서, 한 회중은 "개방하고 인정"하기로(동성애 문제에 대해—역자주) 투표하기도 한

1) Diana Butler Bass, *Christianity After Religion: The End of Church and the Birth of a New Spiritual Awakening* (New York: HarperOne, 2012), p. 251.

다. 혹은 가족 약속(Family Promise-교회 프로그램)을 통해 한 주간 동안 노숙자들(homeless)을 환영하기도 한다. 혹은 태양광 발전판을 설치하고 탄소 중립을 실천하기도 한다. 혹은 새로운 담임목사를 초청하기도 한다. 그들 자신들을 호소력 있는 방식으로 구별 지음으로써, 교회는 하느님께 신실하고 새로운 교인들을 끌어들이기도 한다.

독특하게 잘하는 분야를 만들어내는 것 외에도, 강력한 교회들이 여러 세기를 두고 해왔던 것들을 더욱 탁월하게 수행하기 때문에 교회들이 성공하기도 한다. 그런 교회들은 사람들로 하여금 진정한 예배에 임하도록 한다. 그들은 예수의 삶, 죽음, 부활을 선포하고, 사람들로 하여금 하느님과의 의미 있는 관계로 초대한다. 그들은 안전하고 돌보아주는 공동체를 만든다. 그들은 세계를 섬기기 위해 자신들의 전력을 기울인다. 교회의 이런 네 가지 고전적 표지들을 흔히 그 그리스어 명칭들과 동일시한다: 예배(Liturgia), 선포(Kerygma), 친교(Koinonia), 봉사(Diakonia).

신실함을 추구하면서, 때때로 교회 지도자들은 신실하고 건강한 교회의 특색들을 확인하고자 노력한다. 나는 교단 지도자들 가운데 한 사람의 역할을 하면서, 그런 목록표를 많이 보았다. 오늘날에는 교회 지도자들의 새로운 세대가 신선한 방식으로 사람들을 모으고 봉사하는 새로운 공동체를 상상하고 만들고 있다. UCC 교단의 총회장인 존 도르하우어(John Dorhauer)는 그의 저서 『저항을 넘어서: 탈현대 세계에 부합하는 교회』(*Beyond Resistance: The Institutional Church Meets the Post-Modern World*) 에서 새로 발생하는 교회에 대해 생각했다.

그러나 여기에 문제가 있다. 교회가 독특히 잘하는 분야가 무엇이든, 신실하고 건강한 신앙공동체의 고전적인 표지들을 교회가 어떻게 잘 살아내든, 기독교인들의 탈현대적 모임이 아무리 혁신적이고 창조적으로 보일지라도, 모든 개교회는 힘겨운 새로운 현실에 직면한다. 즉 우리는 하느님의 피조물의 지속에 더 이상 의존할 수 없다는 현실이다.

그뿐만이 아니다. 지금 파괴되고 있는 것은 "**하느님의** 피조물"이다. 만일 인류의 어느 부분이 인간들이 지금 무슨 짓을 하고 있는지 직접 대면한다면, 우리에게 속한 것이 아닌 것—지구는 하느님께 속한 것이다—을 쓰레기 취급을 한다는 것을 최소한 신앙인들은 알고 있으리라고 사람들은 기대할 것이다. 신앙인들이 이런 진실을 알고 나면, 마침내 각 교회와 성당에서, 각 선교현장에서, 그리고 두세 명이 예수의 이름으로 모이는 곳이면 어디서든지, 기후변화의 경종이 울릴 것이라고 나는 생각한다.

1968년, 그 매우 혼란스런 해에 한 노래가 태어났는데, 그것은 "우리의 사랑에 의해 우리가 기독교인들임을 그들은 알게 될 것이다"(They Will Know We Are Christians by Our Love)였다. 로마 가톨릭 사제인 피터 숄테스(Peter Scholtes)가 가사를 쓴 그 노래는 수많은 기독교인들로 하여금 전쟁이 아닌 평화를 선택하도록 영감을 주었다. 이제 가사를 한 줄 더 써넣을 때가 되었다. 즉 지구와 모든 살아있는 것들에 대한 우리의 사랑에 의해, 즉 하느님의 피조세계를 위해 기꺼이 드릴 우리의 희생과 또한 예수가 우리를 하느님의 피조물들과 화해시키려는 사역에 가담함으로써 우리는 기독교인들임을 세계가 알게 할 때다.

신앙공동체들이 구원받는 지구를 위한 "운반 차량"이 될 수 있음을 나는 믿는다. 정말 대책을 말하자면, 구원받는 지구를 위해 우리가 지닌 유일한 희망은 종교적이 된다는 것이 무엇을 뜻하는지를 대대적으로 변혁하는 것임을 나는 믿는다. 그런 변혁은 에너지 절약과 효율성을 증가시키고, 태양광 발전판(solar panels)과 LED 전구들을 설치함으로써 더 많은 재생 가능한 에너지를 사용하도록 우리에게 요구하지만, 이런 실천적 단계들은 단지 우리의 변혁의 시작에 불과하다. 기후위기 시대의 성공적인 교회는 다음의 특징들, 즉 교회의 새로운 표지들을 따름으로써 구별되는, 함께 사는 삶을 옹호할 것이다.

지속성을 지키는 자들로서 우리의 역할

2천 년 전에 참이었듯이 오늘날에도 여전히 참인, 시간을 뛰어넘는 도덕적 가르침들과 원칙들을 견지하는 교회의 중요한 역할에 대해서 우리 모두는 많이 들었다. 전통적인 사회 관습들이 경쟁적인 도덕적 비전들에 의해 도전을 받고 있는 때에, 수없이 많은 설교자들이—특히 보다 정통적이거나 보수적인 교회를 섬기는 자들이—이른바 문화전쟁의 시대에 여전히 변함없는 도덕적 가치들을 강조하는 것을 그들 자신의 설교의 초점으로 삼는다.

미래 세대들을 위한 피조세계의 연속성과 삶의 생존능력이 이제 피조물들의 소멸로 인해 이익을 얻는 두 가지 집단들에 의해 위협을 받고 있다. 첫 번째 집단은 화석연료를 뽑아냄으로써 엄청나게 부자가 되는 소수의 집단이다. 화석연료 회사들은 돈의 역사상 가장 이익을 많이 내는 기업들인데, 왜냐하면 사회가 아직은 그들의 생산물에 의해 일어난 지구 훼손에 대한 비용을 징수하지 않았기 때문이다. 그들은 기후과학을 믿을 수 없는 것으로 만들기 위해 홍보활동에 수억 달러를 지출함으로써, 또한 입법기관들에 로비를 함으로써 이런 이익을 확대하려고 했다.

두 번째 집단은 피조물들을 쓰레기로 만드는 데서 이익을 얻는데, 그들은 오늘날 살아있는 대다수의 사람들이다. 특히 발전된 산업국가에서 살고 있는 자들이다. 많은 사람들은 현재의 생활방식을 유지하는 유일한 길이 석유, 석탄, 가스를 추출해내고 태우는 길이라고 믿고 있다. 부시(George H. W. Bush) 대통령이 1992년 리오 데 자네이로에서 있었던 지구정상회의(Earth Summit)에서 말했듯이, "미국식 생활방식은 협상 대상이 아니다. 끝!"[2]

앞에서 나는 화석연료산업이라는 골리앗에 맞서서 새로 나타나는 다윗에 대해 논의했다. 여기에서 나는, 비록 결코 명백하지는 않지만, 간단히 요점을 말하고 싶다. 지난 2천 년에 걸쳐 여러 번 교회는 연속성을 지키고자 매우 중요한 역할을 해왔다. 교회가 그런 역할을 다시 해주기를 피조물들이 부르짖고 있다.

앞 장에서는 피조물들 자체가 현재 위태롭게 된 여러 가지 방식들에 주목했다. 이미 전 세계에서 가장 취약한 장소들이 경작할 수 있는 땅과 마실 수 있는 물의 부족한 자원들 때문에 충돌하는 혼란과 분열을 경험하고 있는 중이다. 기본적인 자원들과 관련하여 이런 충돌들이 증가하면서, 부족차별주의, 인종차별주의, 외국인 혐오 등도 모두 증가한다. 사회가 붕괴를 향해 나아가면서, 사람들은 교회가 그 어느 때보다도 더 정의, 자비, 비폭력, 인권, 낯선 자들을 환영하기와 같은

---

2) "A Greener Bush: George Bush Deserves Praise for His Recent Environmental Moves—But He Could Be Bolder Still," *The Economist* (February 13, 2003), accessed September 17, 2017, http://www.economist.com/node/1576767.

전통적인 도덕적 가치들의 연속성을 견지해주기를 필요로 하게 마련이다. 다른 말로, 피조세계의 연속성이 붕괴되면서, 인간도 마찬가지로 도덕적 불연속과 단절의 시대로 들어간다.

하느님의 백성들과 하느님의 피조물들을 보호하는 고대의 가치들을 견지하는 것이, 기후위기의 세계에서는 교회의 핵심적 표지가 되어야만 한다. 그렇게 헌신하는 것이 우리들 자신이 물려받았던 풍요함을 미래 세대들도 유산으로 받게 될 기회를 증가시킬 것이다.

탄력적인 공동체를 구성하기

당신이 유연한 탄력성을 기르는 데 헌신한 교회의 위대한 사례를 원한다면, 시카고 남부에 있는 트리니티(Trinity) 그리스도연합교회(UCC)를 보라. 그 교회의 전임 목사 오티스 모쓰(Otis Moss III) 박사는 미국 내에서 가장 뛰어난 설교자들 중 한 분인데, 모든 설교가 설교단에서만 행해지는 것은 아니라고 인식한다. 지붕 위에서 소리칠 필요가 있는 메시지의 한 예로, 트리니티 교회는 건물 옥상에서 당근을 재배한다! 이는 그 교회 건물을 그 신학과 맞추는 혁신의 일부인데, 곧 하느님의 피조물을 관리하는 우리의 역할을 확인하는 것이다. 이들 옥상 텃밭을 만드는 계약자들의 90%가 흑인들이다. 이에 더하여 교회는 "극히 지역적인 고용"을 했다. 즉 대형 프로젝트의 기회를 얻지 못하는 회사들을 이용하고, 감옥에서 나오는 사람들을 고용한다. 모쓰 목사는 지적하기를, 그런 개발이 마치 닻을 올려서 모든 배들이 뜨게 하듯이, 교회 혁신은 공동체 안에서 재산 가치를 높일 뿐 아니라, 옥상 텃밭은 물을 흡수해서 지역에 홍수가 나는 것을 줄여준다.

지난 수십 년 동안에 미국 전역에서 많은 공동체들이 비극, 재해, 혹은 위협의 시대에 그들 지역의 탄력성을 확대하는 데 힘을 모았다. 예를 들어, 뉴욕 시의 9/11사태, 뉴올리언스에서 허리케인 카트리나, 코네티컷의 뉴타운에서 어린이들에게 대량 총격, 보스턴 마라톤에서 테러리스트의 폭발물 사건 등에서 그런 역할을 했다.

우리는 지금 6700만 년 전 백악기(Crateous) 시대의 대멸종 이래 지구가 겪고 있는 가장 심각한 대멸종 사태에 직면해 있다. 교회들에게 즉각적으로 필요한 것은 공동선을 추구하면서 탄력성을 기르는 훈련장이 되는 것이다. 많은 교회들이 이미 도시 전환(Transition Town) 운동과 연계하여 그런 일을 하고 있다.[3] 생존의 단위가 전체 생태계이듯이, 탄력성의 단위는 우리가 살고 있는 공동체가 될 것이다. 교회들이 이런 사명에 대처하는 데 초점을 맞춤으로써, 마을마다 우리는 더욱 강한 사람들이 되고, 우리가 함께 직면하고 있는 심각한 변화에 대해 더욱 철저하게 준비할 것이다.

단지 나만의 문제가 아니다. 개인적 구원에서 공동체 구원에로

내가 그리스도연합교회들을 돌아다니면서 설교할 때, 나는 종종 "남들을 위한 교회"가 되라는 하느님의 부르심을 받아들이라고 회중들에게 권고한다. 그것은 도발적인 초청이다. 처음에는 사람들이 "우리가 이미 그런 것 아닌가요?"라고 반문한다. 그러나 더 많은 경우에는, 잠시 뒤에 그들은 마지못해서 사실은 다른 사람들을 위한 교회이기보다는 자기들 자신을 위한 교회라는 점을 인정한다.

3) See http://www.transitionus.org/transition-towns.

예수는 다른 사람들을 위해 우리 자신들을 비움으로써 그의 인도를 따르라고 우리를 부른다(빌립보 2:7). 자기 목숨을 잃는 자는 얻을 것임을 약속하면서, 예수는 우리로 하여금 섬김의 삶을 살라고 강권한다(마태 10:3; 마가 8:35; 누가 9:24).

이것은 내가 3장에서 탐구했던 주제, 즉 하느님은 단지 개인만이 아니라 공동체를 부른다는 주제를 뒷받침하는 것이다. 목표를 재설정한 교회에서는, 그렇게 재설정하지 않았다면 그들의 삶이 절망과 슬픔으로 가득한 것으로 여길 개인들이, 공동체 안에서 또 공동체를 위해서 삶의 방향을 바꿀 것이다. 그 삶은 세계의 다른 사람들이나 피조물들과 우리의 상호의존성을 긍정한다. 예수는 철수계획(evacuation plan)을 가지고 오지 않았다고 선언하여 처음으로 공동체 구원을 지적한 것은 브라이언 맥라렌(Brian McLaren)이었던 것 같다. 예수는 건설계획(building plan)을 갖고 왔지—그의 추종자들에게 땅 위에서 하늘나라를 건설하는 데 그와 함께하자고 확신시키기를 희망하면서—하느님이 우리에게 보살피라고 위탁하신 생명을 주는 피조세계로부터(죽든지, 혹은 우주선을 타고) 철수하여 도망가자고 온 것이 아니다.

1단계: 공모를 고백하라; 2단계: 체제를 바꾸라.

그리스도연합교회(UCC)가 화석연료 회사들로부터 투자를 철회하기로 투표한 최초의 국내 기관이자 최초의 종교 교단이 된 2주 뒤에, 예일대학교 법대 교수인 스티븐 카터(Stephen L. Carter)는 우리를 위선자들이라고 부르면서, UCC를 조롱했다. 무엇보다도 그는 이런 결정에 투표를 한 회의참석자들도 화석연료를 사용해서 총회장에 왔다는 사실을 인용했고, 교회에 오기 위해 자동차를 몰고 오는 예배 참석자들을 우리 교회들이 계속 환영할 것이라고 말했다. 카터 교수는 예의바름 같은 주제로 글을 쓰는 인기 있는 작가요, 때로는 신문잡지의 특집기사를 썼다. 예수가 위선자들을 공격한 것을 염두에 두고(요한 8:7), 그는 자기 글의 제목을 "엑손(Exxon) 회사에 첫 번째 돌을 던지기"라고 달았다.[4)]

많은 담임목사들과 교인들은 이 문제를 그냥 지나칠 수가 없다. 그들은 자기들의 생명과 그들이 살아있다고 상상하는 모든 생명들도 화석연료에 의존하고 있다는 근거로 기후변화의 도전에 대응하지 않는 핑계를 댄다. 그들은 완전한 것이 선한 것의 원수가 됨을 허락할 뿐만 아니라, 잘못된 체제에 갇혀있는 사람들도 그런 체제를 변혁하려는 투쟁에서 예외가 될 수는 없음을 이해하지 못하고 있다. 나오미 오레스케스(Naomi Oreskes)는 이렇게 지적한다:

> 물론 우리들(모두 화석연료를 사용한다)과 북쪽에 살고 있는 사람들은 노예들이 따는 목화로 만든 옷을 입었다. 그러나 그들이 노예폐지 운동에 가담했다고 해서 위선자들이 되는 것은 아니다. 그것은 그들도 노예경제의 일부임을 의미했을 뿐이고, 그들은 그걸 알았다. 그게 바로 그들이 단지 그들의 옷만이 아니라, 체제를 바꾸려고 행동했던 이유다.[5)]

---

4) Stephen L. Carter, "Casting the First Stone.....at Exxon?" *The Day*, July 15, 2013, accessed September 17, 2017, http://www.theday.com/article/20130715/OP03/307159998/0/SEARCH.

5) Naomi Oreskes quoted in interview by Wen Stephenson, "Is the Carbon-Divestment Movement Reaching a Tipping Point?" *The Nation*,

물론 카터 교수는 적어도 한 가지 점에서는 옳다. 즉 우리의 개인적인 탄소 사용 발자국(carbon footprint)을 줄이는 것이 중요하다는 점이다. 이것이 나와 몇몇 사람들이 2011년에 시작한 전 세계 연례 에큐메니칼 사순절 탄소 금식 기간(Ecumenical Lenten Carben Fast, http://www.macucc.org/carbonfast)에 포함된 많은 매일 메시지들의 초점이 되어왔다. 지난 몇 년 동안에 에큐메니칼 사순절 탄소 금식기간 행사의 일부분으로, 수백 개 교회들이 환경 청문회를 열었고, 그 결과 많은 교회들이 보일러 대체하기, 에너지 절약을 개선하기, 태양광 발전판 설치하기 등을 함으로써 탄소 사용 발자국을 줄이게 되었다. 많은 교회들이 "탄소 없는 일요일"을 시행해서 교인들은 자전거를 타거나 걸어서 교회에 나왔다. 간단히 말해서, 교회들이 사회적 비판을 하면 첫 번째로 들여다 볼 곳은 바로 우리 자신들이 연루된 곳임은 오래 동안 알려져 왔다. 그러나 그게 마지막은 아니어야 한다.

우리의 설교 방향을 바꾸어 최소한 개인 구원과 마찬가지로 공동체 구원에도 초점을 맞추고, 그래서 우리의 정의에 대한 일의 우선적인 무게는 구조적인 불의를 폭로하고 이를 해체하도록 해야 한다. 예수 자신은 그의 사회 안에서 불의를 자행하는 파괴적인 체제에 대한 강력한 비판자였다. 우리 사회 안에서도, 다국적회사들, 특히 화석연료 산업이 헤아릴 수 없는 힘을 휘두른다. 이런 동력을 반대로 돌리려면, 인류는 심각한 구조적 변경을 해야 한다. 인류는 도덕적 기후를—

April 22, 2015, accessed September 17, 2017, https://www.thenation.com/article/carbon-divestment-movement-reaching-tipping-point/. See also excellent article by K. C. Golden, "We Have Met the Wrong Enemy." Climate Solution, May 22, 2015, accessed September 17, 2017, http://www.climatesolution.org/article/1432250679-we-have-met-wrong-enemy.

과학에 뿌리를 둔—창출해서 세계가 일찍이 알아온 가장 수익성이 높은 산업들로 하여금 그 자산의 80%를 두고 떠나도록 강요할 필요가 있다. 자연이 수억 년씩 걸려 만들어낸 석유, 가스, 석탄은 화석연료 산업의 "소유 재산"(property)이 아니다.

목표를 재설정한 교회는 힘 있는 자들에게 진실을 말하라는 하느님의 부르심을 경청해야 한다. 2015년에 몇몇 주의 검찰총장들이 엑손(Exxon) 회사의 사업계획 때문에 모든 생물들에게 닥칠 위험들에 대해서 엑손 회사가 투자자들에게 거짓말을 했는지 여부를 조사하기 시작했다.[6] 2016년에는 증권 거래 관리위원회(Securities and Exchange Commission)가 비슷한 조사를 벌였다. 몇 개 교단들은 이미 화석연료 산업에서 투자를 철회할 것을 투표로 결정했다. 목표를 재설정한 교회는 이런 증언에 더하여 화석연료 산업은 사람들이 원하고 필요로 하는 것을 공급하는 산업으로 위장하면서 최근 몇 년 동안에 구조적인 악이 되어버린 것을 꾸준히 다루어야 한다.

목표를 재설정한 교회는 모든 사람들이—앞으로 올 세대들을 포함하여—참으로 필요로 하는 것에 대한 분명한 이해를 가지고, 용감하게 살아가게 할 성령의 모든 선물들을 불러일으켜야 할 것이다. 내가 다른 곳에서 논의했듯이, 목표를 재설정한 교회는 공유경제(a shared economy)로 교회 자체를 조직함으로써 초대교회(사도행전 2:44)로부터 인도를 받아 앞장서야 할 것이다. 목표를 재설정한 교회는 사람들로 하여금 물질적 필요들을 성취하는 것을 넘어서서 의미 있는 삶들로 전환하도록 그들을 도울 것이다.

우리는 노예제도로 인해 야기되었던 도전만큼이나 힘겨운 도덕

---

6) 자세한 논의는 6장을 보라.

적, 영적, 경제적, 그리고 문화적 도전의 한복판에 있다. 오늘날 우리들에게 요구되는 물질적이며 영적인 변혁의 규모는 최소한 미국이 노예제도를 넘어설 때 요구되었던 변혁의 규모만큼이나 크다고 나는 믿는다.

또한 우리의 생애 동안에, 유전의 구멍을 뚫거나, 석유나 가스를 얻고자 수압파쇄(fracking)를 하거나, 석탄을 얻고자 산꼭대기를 헐어버리는 일은 모두 우리가 노예를 소유하는 것만큼이나 도덕적으로 불쾌하고 참을 수 없는 일이 될 것이라고 나는 믿는다. 그러나 이런 도덕적 혁명은 오직 목표를 재설정한 교회들, 유태교 회당들, 이슬람 사원들, 그리고 다른 예배 처소들이 전 세계의 기후운동이라는 공통의 목표에 함께 해야만 가능할 것이다. 만일 우리가 구제할 만한 가치가 있는 세계를 보전하려면, 우리의 도덕적 지도력이 필수적이다.

물질적 발전 대신에 영적인 발전을 옹호하기

1989년에 기후변화에 대해 대중들을 위한 책이 처음으로 출판되었을 때, 종교적 설득을 할 신앙의 지도자들 모두가 사회가 여러 가지 근본적인 변화를 감행할 필요가 있음을 인식했다고 상상해 보자. 만일 신앙의 지도자들이 혼란한 기후의 대격변을 피하기 위해서는 어떤 가치를 교정해야 하며, 어떤 가치들을 변경해야 할 것인지를 묻는 것을 그들 자신의 사명으로 삼았더라면 어땠을까를 상상해 보자.

그런 공동의 자기분석은 무엇을 진정한 발전(진보)라고 여겨야 할 것인가에 대한 우리의 의식 상태를 재고할 필요를 절대적으로 포함한다. 국민총생산(Gross National Product) 대신에 국민 총행복(Gross

National Happiness)[7] 측정을 채택하는 것이 그런 방향으로 한 걸음 내딛는 것이리라. 이런 일의 주창자들과 또 이와 관련된 의견들은 많다. 이런 주장들이 언론의 주목을 별로 받지 못한다는 사실이 바로 그런 주장들이 현재 사회의 지배적 가치들에 대한 도전임을 가리키는 징후다.

마찬가지로, 만일 전 세계의 종교 지도자들이 1988년 11월에 유엔(UN)이 만든 기후변화에 관한 정부간 협의체(Intergovernmental Panel on Climate Change) 창설의 중요성을 인정했더라면 어땠을까? 만일 미국의 종교 지도자들이 1988년 6월에 제임스 핸슨(James Hansen) 박사가 국회에서 단지 정책 입안자들에게만 말하려 한 것이 아님을 인식했더라면 어땠을까?[8] 그의 보고서—지구온난화에 대한 최초의 보고서—는 하느님을 창조주로, 또한 피조물들은 하느님의 것임을 인정하는 사람이면 누구에게나 경종이었다.

만일 수십만 명의 설교자들이 이렇게 밝혀진 현실은 물질적 성장이 곧 진보에 대한 가장 중요한 척도라는 우리의 이해를 포기하도록 요구한다는 점을 그 회중들이 인식하도록 도와주었다면 어땠을까 상상해보라. 만일 그들이 우리는 물질적 성장과 영적인 성장을 교환할

---

7) See Gross National Happiness website, http://www.grossnationalhappiness.com/; see also Jody Rosen, "Bhutan: A Higher State of Being," New York Times, October 30, 2014, accessed September 17, 2017, http://www.nytimes.com/2014/10/30/t-magazine/bhutan-bicycles-gross-national-happiness.html?-r=0.

8) As reported by Philip Shabecoff, "Global Warming Has Begun, Expert Tells Senate," New York Times, June 24, 1988, accessed September 17, 2017, http://www.nytimes.com/1988/06/24/us/global-warming-has-begun-expert-tells-senate.html.

필요가 있다고 말했더라면 하고 상상해보라. 만일 교회들, 유태교 회당들, 이슬람 사원들, 그리고 성전들이 모두 영적인 성장의 연구소가 되었더라면 하고 상상해보라. 만일 행복지수를 강조해온 경제학자들의 업적을[9] 그런 곳들의 설교단에서 반영했더라면 어땠을까 하고 상상해 보라. 만일 당신이 이것은 그림의 떡이라고 정중하게 생각하고 있다면, 모든 신앙의 지도자들이 1970년대 후반에 시작된 낙태반대 운동에 소수의 지도자들이 관여했던 것과 마찬가지 활력과 마찬가지 정도로 이 운동에 관여했더라면 어땠을까 하고 상상해보라.

인도하는 도덕률로서 희생과 나눔

세계의 기후위기에 대응하여, 목표를 재설정한 교회들은 교회가 장려할 특징적인 도덕률로서 희생과 나눔을 대담하게 선언할 것이다. 만일 우리나라 전체의 교회들이 공정하고도 더 높은 가격을 탄소에 매기는 것을 열광적으로 환영한다면 하고 상상해보라. 이는 교회의 회중들이 "시민기후로비"(Citizens Climate Lobby)와 연대하여 성취될 것이다. 두 가지 전환에 대하여 대다수 신앙공동체들이 초점을 맞추어 공조하여 노력하는 것을 상상해보라. 즉 탄소 생산의 진짜 비용과 탄소가 원인이 된 공해가 그 값에 반영되도록 확실히 해야 하고, 지속가능한 경제로 전환하는 부담에 대하여 부자들이 그들의 공정한 몫을 지불하도록 확실히 해야 한다. 교회공동체들이 충분히 가질 것을 가

---

9) Justin Fox, "The Economics of Well-Being," *Harvard Business Review* (January-February 2012), accessed September 17, 2017, https://hbr.org/2012/01/the-economics-of-well-being.

진 추종자들을 부추겨서 공공장소에서 집단으로 들고 일어나 탄소의 진정한 값을 지불하는 부담을 가난한 자들에게 떠맡기지 않도록 주장하는 것을 상상해보라.

도덕적 상호의존관계를 옹호하기

1957년에 그리스도연합교회(UCC)는 수십 년 간의 협상과 절충을 거쳐 창설되었다. UCC의 소명을 가장 잘 표현한 성경구절은 요한복음 7:21의 말씀, 즉 "그들이 모두 하나 되게 하라"는 말씀이다. 1940년대 및 1950년대의 UCC 선조들이 (교단주의가 절정에 이르렀을 때) 교단들과 회중들이 서로들 사이에 세운 장벽들을 넘어서 보았을 때, 이는 다른 사람들에게 얼마나 기발하게 보였을 것인가. 우리가 지금에 와서야 알게 된 것이지만, UCC가 저 먼 지평선 위에 균일성이 없는 일치(Unity without Uniformity)를 본 것—많은 이름을 지닌 하느님이 하느님을 따라서 상호의존관계의 삶을 살고자 하는 모든 사람들을 부르신다는 것을 인식함—은 얼마나 선견지명이 있는 것이었던가! 그 창설 초기부터 UCC는 우리가 하느님과 상호의존적이며, 현재, 과거, 미래의 세대들과 상호의존적이고, 그리고 모든 피조물들과 상호의존적임을 긍정했다.

교회의 이런 특색은 2013년 4월, 보스턴 마라톤에서 폭발물 사건이 일어난 12일 뒤에 실현되었다. 역사상 처음으로 뉴잉글랜드 지역의 사실상 모든 개신교의 감독급 신앙 지도자들이 함께 기후회복(Climate Revival)[10]을 위한 모임을 가졌다. 뉴잉글랜드 전역에서 온 여

10) "Climate Revival—Denominational Leaders Sign Shared Statement,"

려 교단을 대표하는 수백 명의 사람들이 보스턴의 중심가 코플리 광장(Copley Square)에 있는 두 큰 교회를 가득 채웠다. 한 달 뒤에 그들 감독들 가운데 한 사람이 매사추세츠 교회협의회(Massachusetts Council of Churches)—미국에서 가장 오래된 교회협의회—연차대회에서 말을 하게 되었다. 그는 그런 기후회복과 같은 모임에 뜻깊은 증인으로 참여한 것이 대단히 놀라운 일이었다고 말을 시작하고 나서 이어서 "멀지 않은 장래에 서부 매사추세츠 지역의 그리스도연합교회와 성공회가 하나로 될 것을 나는 상상할 수 있다"고 했다. 그 말을 듣는 순간 실내가 물을 끼얹은 듯 조용해졌다!

다이애나 버틀러 배쓰(Diana Butler Bass)가 제4의 위대한 깨우침(부흥)이 일어날 것이라고 말한 것은 옳다: "영적인 깨우침, 즉 지속적인 종교적, 정치적 변혁의 기간에, 세계를 보고 우리 자신들을 이해하고 신앙을 표현하는 것이 이른바 '거듭 태어나는'(born again) 것이다." 그녀는 계속해서, 우리는 위대한 전환기(Great Turning), 즉 공유된 인간의 연결성에 근거해서 지구 행성을 돌보는 데 헌신하는 정의와 평등에 전념하여, 수억 명을 가난, 폭력, 그리고 억압에서 일으켜 세우고자 하는 "위대한 전환기"의 한복판에 있다고 말한다.11)

브라이언 맥라렌(Brian McLaren)은 그의 책 『위대한 영적 이동: 세계에서 가장 큰 종교가 보다 나은 기독교가 되기를 찾고 있는 길』(*The Great Spiritual Migration: How the World's Largest Religion Is Seeking a Better Way to Be Christian*) 에서 다이애나 버틀러 배쓰의 견해에 근거해서 더 나아가, 교회들이 공통의 신앙을 공유하는 사람들보다는 공

---

accessed September 17, 2017, http://www.macucc.org/climaterevivaldenominationalleaderssignsharedstatement.

11) Bass, *Christianity After Religion,* pp. 5-7 and elsewhere.

통의 가치를 공유하는 사람들을 함께 모을 것이라고 주장한다.

피조세계의 연속성에 가치를 두는 목표로 재설정한 교회는 전 세계 수십억 명의 이웃들과 또한 셀 수 없이 많은 장차 태어날 이웃들과도 도덕적 상호의존성을 선언할 것이다. 만일 교회가 그런 주장과 기도를 일관되게 지속한다면, 10년이나 20년 안에 미국은 그 법률을 수정하여, 우리의 지속가능한 산업들을 강화하고, 우리의 삶을 탄소에 근거한 경제로부터 효과적으로 전환하게 방향을 재설정할 수 있을 것이다.

지구온난화는 모든 형태의 불의를 강화한다

많은 교회들은 이미 정의(justice)를 교회의 특색으로 명시했다. 우리의 세계는 끝없는 불의의 행렬들로 가득 차있고, 그래서 교회는 어디에서든, 어떤 형태로든 모든 불의에 반대하도록 부름을 받았다는 것을 잘 이해하고 있다. 그러나 많은 교회들은 기후변화가 많은 것들 가운데 단지 하나의 도덕적 문제가 아니라는 것을 인식하기 시작했다. 그들은 기후변화가 이미 다른 많은 근심꺼리들을 강화하고 있다고 이해한다. 사막화와 기상이변들이 증가하면서 식량 불안정이 고조되었다. 가뭄이 극심해져서 우물들이 말라버리면서 식수를 얻기가 더욱 어려워졌다. 폭력과 사회불안의 증가는 이제 기후변화와 연결되어 있다. 기후 때문에 피난길에 나선 사람들 숫자가 이미 수백만 명에 이르렀다. 미 국방성이 종종 설명했듯이, 기후변화는 "위협 증폭기"다. 만일 우리가 기후위기에 즉각적으로 또 효과적으로 대처하지 않으면, 이보다 더 많은 불의가 기하급수적으로 폭증할 것이다.

권세자들과 당국자들에 대응하기

화석연료에 의존하는 우리의 현재의 관행을 끝내야만 할 긴급한 필요성을 과학은 분명히 주장한다. 이런 변경을 하는 것은 권세자들과 도덕적 대결을 요구하기 마련이다.

신앙과 양심의 사람들은 화석연료 산업이 사용하는 것보다 더 많이 돈을 지불할 수는 없을 것이므로, 우리는 다른 종류의 통화를 사용하는 희망적인 미래를 찾아야 할 것이다. 열정, 기도, 내구력, 우리의 몸, 피조물들에 대한 우리의 사랑, 그리고 영원성에 대한 우리의 관심, 이들 모두가 다함께 세기나 무한히 긴 시대별 대신에 주간 혹은 월간으로 측정되는 시간 범위를 가지고 작동하는 시장 자본주의의 근시안적 경로에 대한 가치 있는 증언을 제공할 수 있다.

이 세계의 엑손(Exxon) 회사들이 늘 하던 대로 사업을 계속하기 위해서 의존하는 사회적 면허(인가)를 철회할 힘을 우리가 실제로 갖고 있음을 교회들은 종종 망각한다. 기후변화에 의해서 혼란스럽게 된 세계 속에서는, 즉 상상을 초월하는 이익이 소수의 몇몇 개인들이나 회사들의 (그리고 캠페인 헌금으로 이익을 얻는 정치인들의) 손에 집중된 세계 속에서는, 그리고 피조물들이 위험에 처한 세계 속에서는, 명백히 권세자들과 당국자들에 대결하도록 교회의 사명에 대한 방향을 재설정할 때인 것이다.

우리의 희망과 두려움을 나누기: 힘을 부여하는 행동

이런 교회의 특색들에 맞게 살아가기를 추구하는 교회들은 교인들 가운데서 사랑, 차이를 존중하기, 호기심, 열린 마음, 그리고 열린 가슴들에 근거한 관계들을 길러주어야 한다. 이런 특성들은 사람들로 하여금 안전한 의식을 갖도록 도와주어서, 다양한 관점들과 우리의 가장 깊은 근심꺼리들과 소명들, 그리고 우리의 가장 심각한 절망과 희망을 서로 나눌 모험을 감행하게 한다. 교회가 아직도 피조물들의 부르짖음에 응답하지 못하는 이유들 가운데 하나는 너무도 많은 회중들의 감정적 도덕적 분위기가 이런 솔직함과 취약성의 수준을 권유할 수 없기 때문이라고 나는 믿는다. 그런 분위기는 얻기가 어렵다. 많은 회중들이 발견했듯이, 교회에 대한 보다 전투적인 이해를 옹호하는 목소리 큰 한 사람 혹은 두 사람만 출현해도 어떤 안정감도 박탈해버릴 수 있기 때문이다.

그러나 초대교회에서 오늘에 이르기까지, 대립과 갈등을 효과적으로 처리하기를 배워온, 그리고 차이를 환영해온, 그래서 공동체들은 물론 개인들도 불러내시는 한 하느님을 예배하는 그런 회중들은, 세계 안에서 긍정적인 차이를 만들어내는 회중들이다.

모든 예배의 처소에서 진실과 화해의 대화들

2014년 6월 텍사스, 루이지애나, 그리고 미시시피 주에서 있었던 UCC 연례대회에서 나는 주제강연을 했다. 담임목회자들만 참석한 아침식사 시간에, 다음과 같은 첫 질문이 나왔다.]

> 나는 휴스턴에서 중간 정도 크기의 교회를 섬기는데, 거기에 엑손 모빌(Exxon Mobil) 회사가 새로운 세계 본부 건물을 짓고 있습니다.

곧 오래지 않아 교회 헌금의 80~90%가 그 회사에서 나올 것을 나는 기대합니다. 한 말씀 논평을 부탁합니다.

엄숙한 정적이 대략 90여 명의 목회자들을 감쌌다. 나는 한 걸음 물러서서 눈을 감고, 이 말을 받아들이기 위해 내가 할 수 있는 최선을 다하고 있었다. 한참의 침묵이 흐른 뒤에, 나는 앞으로 걸어 나가서 이렇게 대답했다.

당신의 심오한 질문에 대해 감사드립니다. 내가 말씀드리지요. 조금 전 침묵의 시간에 데스몬드 투투(Desmond Tutu) 주교님이 내게 떠올랐습니다. 만일 내가 그렇게 말해도 좋다면, 우리가 서로 진실과 화해의 대화(Truth and Reconciliation Conversation)를 시작하라고 하느님께서 우리를 부르신다고 나는 믿습니다. 엑손(Exxon) 회사에서 봉급을 받는 사람들은 나쁜 사람들이 아닙니다. 정말—털어놓고 말해서—나의 아버지도 모빌 석유회사(Mobil Oil)의 화학공업 수석 기술자였습니다. 남아프리카공화국에서 만일 아파르트헤이트(인종차별, Apartheid) 정책의 희생자들과 가해자들이 지난 수십 년 간의 비극적이고도 무섭던 기간의 고통, 고난, 그리고 파괴된 생명들을 함께 직면할 수만 있다면, 남아프리카공화국이 비로소 희망을 성취하기 시작할 것이라고 투투(Tutu) 주교와 만델라(Mandela) 대통령은 알고 있었습니다.

나는 이 이야기를 여러 차례 나누었다. 내가 아는 한, 어떤 교회도 진실과 화해의 운동을 시작한 곳이 없었다. 그리고 프란체스코 교황

(Pope Francis)의 회칙 『찬미받으소서』(*Laudato Si,* 한국천주교주교회의, 2015)가 이런 문제를 교회가 다루는 데 전환점을 대표하거니와, 진실과 화해의 대화를 시작하는 것이 우리가 지금 시작하고 있는 위대한 전환을 수행할 수 있는 세상을 만들어내는 데 아마도 교회의 가장 중요한 공헌이 될 것으로 나는 믿는다. 지난 많은 세대들 동안 우리는 자연을 정복하고 지배하고 착취해 왔다. 이제는 우리가 모든 세대들, 그리고 모든 생물종에 걸쳐서 회개해야 한다. 내게는 만일 교회들, 회당들, 무슬림 사원들이 장차 오는 시대에 의미 있는 희망을 제공한다면 그들은 개인적이며 공동체적인, 투명하고 거룩한 대화를 주관해야 할 것으로 보인다.

만일 우리가 모든 신앙의 관점을 지닌 수십만 회중들을 고무하는 운동을 시작하여, 모든 예배에 못지않을 만큼 진실과 화해의 대화를 그들의 삶을 함께하는 규범적인 표현으로 삼기로 한다고 상상해보라. 서로 상충되는 이데올로기의 입장을 지닌 사람들이 열린 가슴으로 서로 들어주는 것을 상상해보라. 그런 솔직함을 우리의 현재 정치적 환경에서는 들어본 적이 없지만, 신실한 회중들은 그런 거룩한 대화를 위한 모임을 소집할 수 있고 또 해야만 한다고 나는 믿는다.12) 남아프리카공화국에서 그런 경우가 있었듯이, 예배 처소들은 그런 치유와 변혁의 과정을 시작하고 이끌어가야 한다. 그리고 우리가 그렇게 할 때, 아직 태어나지 않은 이들에 대한 우리 세대의 의무가, 과학이 꼭 해야 한다고 말하는 변화를 만들어내도록 우리에게 동기를 부여해줄

12) Truth and Reconciliation Conversation on Climate Change를 지원하는 자료들이 지금 발전되고 있다. 이에 대한 최신 정보는 http://www.macucc.org/environment.

것이다.

시민불복종운동 — 교회는 그 양심을 행동으로 옮긴다

처음부터 신앙공동체들은 중요한 공공문제들에 대한 그들의 양심을 표현하도록 교인들을 격려해왔다. 처음부터 비폭력 시민불복종 운동은 교회의 가치들이 자연의 법들과 충돌할 때 신실한 증언의 한 표현이었다. 예수가 죽은 뒤에 베드로와 바울이 자유인으로서보다는 감옥에서 더 많은 시간을 보냈는데, 이는 그들이 장차 태어날 교회를 위해 일했기 때문이었음을 많은 사람들이 알고 있다. 다음 장에서 나는 시민불복종을 제자도(弟子道)의 규범적 표현으로 만들 필요가 있음을 논의하겠다. 그러자면 교회는 양심에 따라 비폭력적 시민불복종 운동에 참여하도록 부름을 받은 사람들을 뒷받침해주는 역할을 인식해야 한다.

새로운 도덕적 시대를 위해 목표를 재설정하는 교회

교회의 특색들은 어느 것이나 마찬가지지만, 한 교회가 이들 특색들 모두를 받아들일 수는 없다. 이런 특색들을 함께 모으는 이유는 기후변화가 교회를 부르고 있다는 것을 대표할 뿐만 아니라, 이것이야말로 참으로 교회가 태어난 기회이기 때문이기도 하다. 이런 도전에 대응하는 것은 교회가 그 소명에 대한 옛날의 이해를 교정하고, 그 소명을 근본적으로 새로운 방식으로 이해하도록 요구할 것이다.

매우 결정적으로 중요한 논문에서, 빌 매키븐(Bill McKibben)은 기후변화와 싸우려면 제2차 세계대전 규모의 동원을 해야 한다고 주장한다.[13] 빌의 주장에 내가 덧붙이고 싶은 것은, 만일 그가 윤곽을 그린 전환을 우리나라가 이룩하려면, 목표를 재설정한 교회로부터의 비전과 지도력이 근본적이라는 점이다. 빌의 말이 맞다: 우리는 이것을 할 수 있다. 목표를 재설정한 교회의 특색에 의해서 방향을 정하는 도덕적 나침판으로 우리가 안내되는 한 그렇다.

그룹 토론과 성찰을 위한 질문들

1. 이 장의 소제목들이 신실하고도 생동력 넘치는 교회의 검사 목록을 의도한 것은 아니지만, 당신의 그룹이 교회가 그런 소제목들 속에 포함된 특색들 각각에 따라 살고 있는 정도를 평가해볼 가치가 있다.
2. 도덕적 불연속성의 실례를 서로 나누어보라. 이들 가운데 어느 것이 피조세계의 불연속성과 어떻게 관련이 있는가?
3, 당신의 회중에 의해 행해진 정의를 위한 사업을 검토해보고 (어떤 교회 회중은 이를 선교 혹은 구제활동이라고도 한다) 각 프로그램에 대하여 그것이 불의한 체제를 바꾸는 데 초점을 둔 정도와 (가령, 당신의 도시에서 노숙자를 없애는 일) 특수한 불의를 구제하는 것(가령, 곤궁한 가정에 음식, 의복, 혹은 주거를 제공)에 대한 정도를 논의해보라.

---

13) Bill McKibben, "A World at War," *The New Republic* (August 15, 2016), accessed September 17, 2017, https://newrepublic.com/article/135684/declare-war-climate-change-mobilize-wwii. "We are under attack from climate change—and our only hope is to mobilize like we did in WWII."

4. 우리의 가장 저명한 종교 지도자들이 과거에 수십 년 동안 낙태를 불법으로 만드는 데 성공했는데, 거의 같은 수십 년 동안, 그들은 기후변화에 대하여 침묵함으로써 결국 수많은 사람들이 기후변화에 의해서 질병 혹은 "자연" 재해로 죽은 것은 말할 것도 없고, 수백만 명의 기후 난민들을 죽음에 이르게 한 것은 도대체 어떻게 이해해야 할까?
5. 시민불복종과 교회 사이의 관계는 무엇인가? 당신의 그룹에서 당신이 겪은 시민불복종의 경험을 서로 나누어보라.

5장

제자도

우리가 소중히 여기는 것의 방향을 재설정하기

> 만일 미래가 다르게 될 것이라면, 우리는 이런 작은 표시들을 넘어서 우리가 속해 있는 체제들을 보기 시작해야 한다... 전체를 변화시키는 것은 어떤 형태를 취할 것인가?... 모든 것을 다 말하고 행한다 해도, 차이를 만들어낼 유일한 변화는 인간의 가슴을 변화시키는 것이다.
> —피터 생지[1)]

하느님이 새로운 사명을 가지라고 교회를 초청하면, 기독교인들은 제자도(discipleship)에 대한 새로운 이해에 자신들을 개방해야 한다. 기후위기의 세계에서 예수를 따른다는 것은 무엇을 뜻하는가? 우리가 하느님의 피조물들에게 저지른 것에 대한 신실한 응답으로서 하느님이 우리 세대를 부르셔서 어떤 가치들과 도덕률들을 긍정하고 살아

---

1) Peter Senge, et al., *Presence: Human Purpose and the Field of the Future* (New York: Doubleday, 2005), p. 26.

내라고 하시는 것일까? 예수의 위대한 사역이 우리로 하여금 하느님과 인간 서로 간에, 또 모든 피조물들과 화해하라는 것이라면, 기후위기라는 상황 속에서 오늘날 우리는 어떻게 예수를 따르고 있는가?

기후위기가 제자도에 대한 우리의 오래된 이해를 뒤엎어야 한다는 것은 아니지만, 그러나 그것을 다시 형성해야 한다. 한 예를 들어보자. 과학이 지금 명백히 밝히고 있는 바는, 알려진 화석연료의 엄청난 매장량을 땅 속에 그대로 묻어두어야 한다는 것이다. 그러나 에드윈 드레이크(Edwin Drake)가 1859년에 현대적 유전 천공(穿孔) 기술을 발명한 이래로, 각 세대는 이 제한된 자원을 가능한 한 많이 차지해서 연료로 사용하고자 해왔다.

* 물질적 성장을 위한 우리의 채워질 수 없는 욕망을 위해,
* 편리를 위한 우리의 타협할 수 없는 주장을 위해,
* 기동력에 대한 우리의 가차 없는 중독을 위해.

이런 행동과 기대의 형태를 변경하는 것은 아마도 문명이 일찍이 알아온 가장 큰 도전일 것이다. 사회가 그런 가치와 행동의 근본적인 전환을 성공적으로 수행하기 위해서는 종교 지도자들의 뒷받침이 기본적임을 역사는 보여준다.

신앙공동체들 안에 뿌리를 두고 있는 예수의 추종자들로서, 우리는 사회의 역동성의 방향을 재정립할 힘을 갖고 있다. 내가 마지막으로 보았을 때는, 물질적 성장, 편리성, 기동력 등은 종교적 가치나 도덕적 가치가 아니었다. 그러나 우리의 자녀들과 손주들을 위해 하느님의 선물인 피조물을 보전하는 것은 어쩔 것인가? 그것이 하느님과

으리의 계약의 핵심이 아니었나?

예수의 화해를 위한 사역에서 동반자가 되려고 하면서, 우리가 소중히 여기는 것을 재정립해보자.

* 하느님의 선물인 피조물들을 유지하는 행위에 초점을 맞추는 것이 얼마나 가치있는 일인지를 입증하자.
* 모든 피조물들을 구원하도록 전진적인 길을 제공하는 위대한 전환점의 비전을 제공해주는, 다이애나 버틀러 배쓰와 같은 길을 여는 사람들에게 우리의 목소리를 합치자. 왜냐하면 우리는 예수의 제자들이니까.
* 아래와 같은 제자도의 특색들에 따라 살면서, 이 기후위기의 세계에서 우리가 증명하는 용기와 환희에 의하여 우리의 제자도가 인정되도록 하자.

성장 대신에 탄력성

지난 2세기 동안에 화석연료의 추출과 사용이 전례 없는 규모로 물질적 성장을 진척시킨 산업혁명을 가능하게 만들었다. 전 세계를 통하여 인간의 수명은 연장되었고, 많은 사람들이 그들의 삶의 질이 높아졌음을 발견했다. 상대적으로 값싼 동력을 사용하는 것이 현대 세계를 건설했다. 그러나 값싼 동력은 또한 산업, 제조업자들, 디자이너들, 발명가들, 엔지니어들, 그리고 무엇보다도 소비자들에게 낭비를 묵인하고 비효율성을 받아들이게 만들었다. 대다수의 서양인들은 단순히 값싼 에너지를 당연한 것으로 받아들였다. 이것 때문에 물질적 성장에 대한 약속이 강력한 호소력을 계속 지니게 했는데, 왜냐하면 우리가 화석연료를 위해 지불한 비용은 인간의 건강이나 지구 행성의 생태계의 건강을 위한 진짜 비용을 반영하지 않았기 때문이다.

앞에서 나는 하느님에겐 외부효과들(externalities)이라는 것들이 없다고 지적했다. 마틴 루터 킹 목사(Rev. Dr. Martin Luther King Jr.)에게 그의 보좌관들이 시민권리 운동에만 전심하고 가난과 전쟁에 반대하는 것은 중지해달라고 권고했을 때, 킹은 보좌관들에게 양심은 따로따로 분리할 수가 없다고 말했다. 마찬가지로, 신앙인들로서 우리도 인간의 경제가 "생태학적 비용에 무관심하게 병리학적으로"[2] 굴러가는 것을 곁에서 가만히 서서 지켜볼 수는 없다.

성장에는 한계가 있다는 견해는 2백 년도 더 오래 전에 말서스(Malthus)와 함께 시작되었다. 1970년대에, 지구가 오늘날 인구의 절반 정도의 인구를 싣고 있었을 때, 로마클럽(The Rome Club)이 환경에 대한 베스트셀러 책을 출판했다. 3천만 명이 넘는 독자들이 『성장의 한계』(*The Limits to Growth*)[3]라는 책을 샀지만, 인간의 물질적 성장에 대한 옹호는 계속해서 감소되지 않았다. 역사학자 맥닐(J. R. McNeill)은 21세기의 전환기에 글을 쓰면서, 우리의 "성장에 대한 맹목적 숭배"는 종교적인 관점에서 가장 잘 이해될 수 있다고 올바르게 지적했다.

자본가들, 민족주의자들이—사실상, 공산주의자들을 포함하여, 거

---

2) Rasmussen, *Earth-honoring Faith,* quoting Heather Eaton, "Reflections on Water," unpublished paper, n.p. made available to Rasmussen by Eaton.

3) Donella H. Meadow, Dennis L. Meadows, Jorgen Randers, and William W. Berens III, *The Limits to Growth* (New York: Universe Books, 1972).

> 의 모든 사람이—이런 동일한 제단에 경배했는데, 왜냐하면 경제성장이 다중의 죄악을 가면으로 가렸기 때문이었다... 사회적, 도덕적, 그리고 생태학적 질병이 경제성장의 이해관계 속에서 유지되었다. 참으로 그런 신앙의 숭배자들은 오직 더 많은 성장만이 그런 질병들을 모두 해결한다고 주장했다... 모든 것에 우선하는 경제성장이 쉽게 20세기의 가장 중요한 아이디어가 되었다.[4]

거의 20년이 지난 뒤에는, 물질적 성장이라는 "종교"와 물질적 번영을 향한 열망이 유행하는 정치적 동력을 얻었다. 이것의 신봉자들은 물질적 성장을 거의 모든 문제의 해답으로 만들면서 이데올로기적 충성심을 드러냈다.

예수의 추종자들로서 우리는 경제성장을 위해 더 이상 환경을 희생시킬 수가 없다. 필요한 것은 물질적 성장으로부터 지속가능성을 세워줄 탄력성에로 사람들의 열망을 옮기도록 동기를 줄 도덕적 지도력이다. 이런 전환의 인기 있는 사례들에 포함되는 것으로, 농부들의 직접 판매 시장들(farmers markets)과 지역주의(localism)의 다양한 표현들이 있다.[5] 사람들은 더 가까운 공급 체인점들과 더 많은 자기 충족성을 경험하면, 더 많은 것들을 획득하는 것과는 보통 연관되지 않은 연결감과 만족감을 느낀다. 더욱 더 많은 파국적인 기후 사건들을 경험하고 있는 세계 속에서, 만일 우리가 재앙이 닥쳤을 때 보여준 엄청

---

4) J. B. McNeil, *Something New Under the Sun: An Environmental History of the Twentieth-Century World* (New York: W. W. Norton, 2000), pp. 334-36.

5) Richard Heinberg, *Afterburn: Society Beyond Fossil Fuels* (Gabriola Island, BC, Canada: New Society Publishers, 2015), pp. 133, 161.

난 희생, 협동, 그리고 나눔에 초점을 맞춘 그런 사건들로부터 벗어났는지를 상상해보라. 지속가능하고 공유된 경제의 상황에서 확장된 협동에 초점을 맞추면서, 적절한 물질적 필요들을 제공할 기회를 새로 건설하기로 한다면 어떠할 것인가? 잘못 생각하지 말라. 이것은 터무니없는 요구다. 여러 세기동안 우리의 행동 변화들의 대부분은 경제적인 요인들에 의해 그 동기가 유발되었다. 그러나 전부가 그런 것은 아니었다.

노예폐지 운동을 생각해보면, 그건 개인적 행위만이 아니라 또한 전체 경제체제 속에서 일어난 변화를 대표한다. 도덕적 지도력이—많은 부분이 설교단에서 나온—사람들로 하여금 우리의 자유와 평등에 대한 헌신을 보편화하기 위해서 경제적 희생과 생명과 신체의 희생을 각오하도록 동기를 부여했다. 미국 전역에 걸쳐서 결혼 평등성의 합법화(동성결혼을 포함한 평등성—역자주), 군인 계급의 개방, 미 국세청(IRS, Internal Revenue Service)과 인적 자원부(HR: Human Resources) 프로그램의 실천들을 변경시켜준, 성소수자들(LGBTQIA+)의 지속되고 있는 운동을 생각해보라. 도덕적 지도력이—많은 부분이 설교단에서 나온—이런 변화에 근본적이었다.

황금률 2.0을 행사하면서, 종교 지도자들은 개인적이며 공공적인 탄력성을 높여주는 도덕적인 보답을 제공함으로써, 물질적인 성장에 도취되어 있는 것에 대해 반격할 수 있다. 사람들은 더 이상 우리가 느끼는 말로 표현되지 않는 두려움을 가지고 살아갈 필요가 없다. 왜냐하면 깊은 곳에서는 우리가 이미 지구 행성의 적재능력을 초과하는 물질적 성장이라는 맹목적인 헌신 요구에 이바지하고 있음을 알고 있기 때문이다. 교회들은 우리의 탄력성을 확장하고 아래에서 열거하는 다른 가치들을 받아들임으로써, 우리의 삶을 다시 방향설정하기 위해 도이는 공동체가 될 수 있다. 이렇게 하면서, 마을마다에서 우리는 더욱 강한 사람들이 될 것이고, 우리가 당면하고 있는 심각한 변화를 위해 더욱 준비할 수 있다.

소비 대신에 협력

9/11 사건(2001년 뉴욕시 무역센터를 비행기로 공격한 테러사건—역자주)이 일어난 이틀 뒤에, 오하이오 주 쉐이커 하이츠(Shaker Heights)에 있는 내가 봉직했던 교회는 기도와 치유를 위해 교회의 문을 개방했다. 전국에서 모두 그러했겠지만, 우리의 교회당은 사람들로 꽉 찼다. 월가(Wall Street)의 역사상 가장 큰 주식폭락이 일어난 2주일 뒤에, 부시 대통령은 모든 시민들에게 집을 나서서 뭔가를—아마도 중요한 가전제품을—사라고 권고했다. 많은 사람들처럼 나도 이런 위기에 대응하여 환상적인 도덕적 지도력을 소망했지만, 나는 그의 제안에 소름이 끼치도록 놀랐다. 그럼에도 불구하고, 어쩌면 우리 경제의 몰락이 임박한 것 같았고, 좋든 나쁘든 우리의 현재 경제는 물질적 소비 위에 세워져 있다. 며칠 뒤 나는 설교에서 부시 대통령의 권고안을 지지하면서, 그러나 그 방향을 바꾸기로 했다. 나는 교인들 가운데서 재정적 자원이 있는 사람에게 이렇게 격려했다.

> 새로운 목적을 마음에 지니고 필요한 소비를 합시다. 만일 우리의 애국심, 현재의 경제 상황들, 그리고 우리가 주님(Lord)이라고 부르는 그분의 가르침에 의해, 만일 우리들 각자가 우리의 개인적 삶들 속에

> 서 "소망 성취 재단"의 가치들을 구체화하기 시작한다면, 만일 우리가 (대통령이 권고했듯이) 여행을 하되, 우리 자신들이 아니라 디즈니랜드(Disneyland)를 보지도 못한 가족들로 하여금 거기에 가서 즐거운 때를 보내도록 한다면 어떨까요? 만일 우리가 주요한 구매를—현금으로 자동차를 사는 것 같은—하는데, 일단 새 자동차를 사서, 그걸 누군가 필요로 하는 사람에게 주면 어떨까요?

나중에 많은 이들이 나에게 말하기를, 이어진 침묵 속에서 그들은 온갖 종류의 생각으로 난감해졌다고 했다: 이런 일을 실제로 할 수 있을 만큼 충분한 재원이 있었으면 얼마나 축복된 일일까 하는 생각, 내가 그런 제안을 했기에 그들이 얼마나 충격을 받았던가 하는 생각, 만일 단지 그들의 관대함이 허락한다면 너무도 필요한 누구에게도 만족스러운 일을 훌륭히 해낼 수도 있을 것을 알기에 그들은 다 드러난 느낌이었다는 생각, 거의 모든 사람이 이것이야말로 예수를 따른다는 것, 그리고 임박한 경제위기를 대처하는 것이 어떤지를 인정하는 것 같았다.

1980년대 중반에 내가 매사추세츠 주 뉴턴(Newton)에 있는 UCC 교회의 담임목사가 된 뒤에, 나는 순진하게도 새로운 회중들에게 설교단에서 묻기를, 왜 목사관 주변의 각 가정이 다들 자신들의 잔디 깎기 기계를 갖고 있느냐고 물었다. 잔디 깎기 기계나 기타 연장들을 공유하여 나누는 것이 바로 우리 도시가 "사도행전 2:44의 공동체(모든 물건들을 공유하기)"로 되는 쉬운 길들 가운데 하나였지만, 불행히도 그 제안에서는 아무것도 이루어지지 않았고, 단지 매우 기분이 상한 한 교인이 사적으로, 내가 공산주의자라고 말했을 뿐이다. 그 이후 여러 해 동안, 나는 그 만남을 여러 번 생각해보았다. 이 사람에게는 공산주의에 대한 염려가 그의 관대함과 나눔에 헌신할 마음을 압도했던 것이다. 나에게는 성경의 복음서가 말하는 가치들이 우리의 직접적인 자기이해 관계와 정치적 혹은 이데올로기 관점에 도전되면 복음(좋은 소식)을 제공하기가 얼마나 어려운지에 대한 아주 좋은 사례로 남아 있다.

많은 (아마도 대부분의) 교회들이 폐기물 재활용을 지원하고, 일부는 지속가능한 실천들을 그들의 공동생활 속에 통합하려고 최선을 다하지만, 여전히 훨씬 대담한 노력들이 우리들 앞에 놓여 있다. 수십 년 동안, 주민들과 기독교 공동체들이 우리 이웃을 자신처럼 사랑하라는 예수의 권고를 증언해왔고, 또 모든 것들을 서로 공유하는 초기 교회들의 사례들을 증언해왔다. 만일 기독교인들이 우리의 제자도를 살아내는 방식들이 적힌 목록의 첫 머리에 경제적 환경적 정의의 실천을 높이 두어서, 교회들이 기후위기의 시급성을 인정했더라면 어땠을까? 민주적인 소유권과 공동체로 대처하기, 그리고 경제적 재활성화의 지렛대 역할을 할 자원들을 공동 계산하는 무수히 많은 지역 실천으로 구성된 "사도행전 2:44 공동체 운동"에 수만 개의 교회 회중들이 참여하는 것을 상상해보라. 전체 회중으로 하여금 눈물 흘리게 만든 한 사례를 보자.

2008년 말과 2009년 초에 경제가 추락하면서, 많은 교회들이 생존 전략으로 웅크리고 있을 때, 다른 교회들은 그 도전에 맞서 일어섰다. 위기가 절정에 도달했을 때, 2009년 1월 어느 주일 아침예배에서, 매사추세츠 주 서부지역에 있는 한 교회의 담임목사는 그동안 겪은 축하할 일이나 염려하는 일을 나누는 시간에 교인들을 초대했다. 한 노인 여자가 일어섰다. 그녀는 회중들 가운데 잘 알려진 과부로서 별 재산이 없는 여인이었다. 그녀는 목소리를 떨면서, 기도해 달라고 요청했다. 그녀는 다음 달의 주택 월부상환금을 지불할 수 없었고, 거리에 내쫓길까봐 두려워하고 있었다. 그리고 그녀는 앉았다.

담임목사는 무엇을 해야 할지를 즉각 알았다. 그는 일어서서 조용히, 그러나 확고한 목소리로 말했다. "저당물을 되찾을 권리를 상실함으로써 집을 잃어버리는 일은 회중 가운데 어느 누구에게도 있을 수 없습니다." 그는 계속해서 말하기를, 만일 풍요한 삶의 약속이 맞는다면, 그럼 각 회중은 하나의 공동체로서, 그게 맞는 것이 되도록 해야 한다고 했다. 그리고 그는 앉았다—아직도 떨면서.... 담임목사가 확실히 알 수 있는 유일한 것은 이걸 어떻게 해내야 할지에 대해서 그에게는 아무런 아이디어가 없다는 것뿐이었다.

두 주일 지난 뒤에, 축하와 염려 사항 나눔의 시간에, 사회보장제도의 수표를 받아서 근근이 살아가는 것으로 알려진 다른 과부 노인이 손을 들었다. 그녀는 계산해 보느라고 몇 주일이 걸린 것에 대해 사과를 하면서 말을 시작했다. 그녀는 말하기를, "여러분 모두에게 나는 단지 2월분 월부상환금을 낼 수 있다는 것만 알려드립니다." 그런 엄청난 감동의 순간을 일찍이 경험한 사람은 별로 없었다. 참으로, 이것은 복된 소식(福音)이었다. 이 회중은 새로운 이야기를 살아가기 시작했다. 그들이 기쁨의 눈물을 흘리면서, 경기 후퇴의 혹독한 뉴스는 잠잠해졌고, 풍요의 기적이 예배실 안에 있는 모든 사람을 계산할 수 없이 부요하게 만들었다. 2주일 뒤에 또 다른 사람이 손을 들고 말하기를, "3월분은 내가 담당하겠습니다"라고 했다.

자유, 공동체, 신뢰, 안전, 지도력, 그리고 투명성을 위한 어떤 또 다른 기회들이 우리를 기다리고 있을까? 이런 것들은 우리의 하느님께서 우리들이 개인적으로 또한 특별히 신앙공동체로서 실천하기를 바라시는 가치들이며 특성들이다. 회중교회의 조직이 미국 민주주의의 길을 닦았듯이, 우리가 사람들과 지구 행성을 그 핵심에 두는 새로운 삶의 방식에로 변화하면서 만일 인간이 대재앙을 피하기 위해서는, 지역교회들도 근본적인 심각한 체제변화를 위한 길을 닦는 협력의 실험실들이 될 수 있을 것이다.[6]

발전 대신에 지혜

프란체스코 교황이 말한 것, 즉 그리스도의 이름을 자신들의 이름으로 여기는 우리는 "물질적 발전이라는 현대의 신화를 뒤에 두고 떠나야 한다"[7]고 한 것에 나도 동의한다. 프란체스코 교황은 계속해서 이렇게 말한다.

> 자연 보호와 경제적 수익의 균형, 또는 환경 보전과 발전의 균형을 맞추는 것으로는 충분하지 않습니다. 이러한 상황에서 적당히 타협하게 되면 불가피한 재앙이 조금 늦춰질 뿐입니다. **간단히 말해서, 발전의 개념을 새로 정의하는 것이 필요합니다**. 더 나은 세상과 전체

---

6) See various projects and papers found at http://www.thenextsystem.org and http://democracycollaborative.org/. See also Rachel Botsman and Roo Rogers, *What's Mine Is Yours; How Collaborative Consumption is Changing the Way We Live* (New York: Harper Business, 2010). 이 책은 협동적 소비 형태가 점차 인기가 많아지는 것과 그것이 우리의 경제에 근본적인 변화를 초래할 방식을 잘 정리했다.

7) Pope Francis, *Laudato Si'*, paragraph 78.

적으로 더 높은 삶의 질을 이루어 내지 못하는 기술과 경제발전은 진보로 볼 수 없습니다.[8)]

발전에 대한 우리의 개념을 다시 정의하는 것은 경제학자들에게 달려 있는 것이 아니다. 그것은 도덕적 지도력을 요구한다. 발전에 대한 우리의 이해를 다시 형성하는 것은 종교 지도자들이 할 일이다. 다음 주일에 전국 모든 곳에서 사제들과 담임목사들이 그들의 설교단에서 우리들의 물질적 발전에 대한 무모한 추구의 놀랄 만한 결과를 두고 도덕적 비판을 한다고 상상해 보라.[9)]

* 적어도 지난 30년 동안 미국 노동자들 80%의 실질임금은 오르지 않았다.
* 미국인들의 최상위 10%가 우리의 재부(財富)의 75% 이상을 소유하고 있다.
* 미국에서 가장 부자인 400명이 모두 합하면 미국인들의 하위 1억8천6백만 명이 소유한 것보다 더 많은 재부를 소유하고 있다.
* 미국인들의 빈곤층이 1973년에는 11.1%였던 것이 2015년에는 13.5%로 증가했다.
* 그러나 2015년에 미국경제는 미국인들의 4인 가족당 22만 3천639

8) Pope Francis, *Laudato Si'*, paragraph 194. Emphasis mine.

9) Gar Alperovitz, James Gustave Speth, Ted Howard, and Joe Guinan, "Systemic Crisis and Systemic Change in the United States in the 21st Century," Democracy Collaborative, September 2016 (paper prepared for the "After Fossil Fuels: The Next Economy" Conference in Oberlin, Ohio, October 6-8, 2016).

달러에 상당하는 것을 (통계상) 생산했다.

많은 목회자들과 개인들은 이런 현실에 대해 생각하기를 회피한다. 우리는 스스로에게 "그건 경제학자들이 할 일이다"라고 말한다. 그러나 우리가 지금 살고 있는 삶의 도덕적 의미는 엄청나다.

나는 사람들로 하여금 그들의 행동을 바꾸고 올바른 일을 하도록 격려할 재정적 혹은 그 밖의 실체적인 동기를 줄 것이 무엇인가를 알아내는 것은 정치가들과 경제학자들에게 맡기겠다. 여기서 나의 과제는 신앙공동체들이 사회를 변혁하기 위해 해야 할 근본적인 역할을 밝히는 것이다: 즉 기후를 안정시키고, 보다 정의롭고 지속가능한 사회를 건설하기 위한 시급한 도덕적 사명을 선포하는 것이다.

우리는 21세기의 현실 가운데서 살아가는 예수의 제자들이다. 우리는 경제적 불평등, 물질적 열망, 그리고 회사의 주도권이라는 수풀을 헤치면서 현명하고도 도덕적으로 방어 가능한 길을 내서, 하느님의 피조물들이 물질적 성장이란 제단 위에서 희생당하지 않도록 할 책임이 있다. 프란체스코 교황이 "많은 사람들은 우리들의 현재 발전과 단순히 물건들과 쾌락을 긁어모으는 것이 인간의 가슴에 의미와 즐거움을 주기엔 충분치 못하다는 것을 알고 있다"[10]고 선언했는데, 옳은 말이다. 생태신학자인 샐리 맥페이그(Sallie McFague)는 이렇게 말한다.

> 세계의 종교인들은, "생명을 얻기 위해서는 생명을 잃어버려야만 한다"는 그들의 반문화적인 가정을 하는 자들로, 소수에 의한 개인주

---

10) Pope Francis, *Laudato Si'*, paragraph 209.

> 의적이고도 시장중심적인 부의 축적에 초점을 맞추는 자기 자신, 세계, 하느님의 형상으로부터 떠나서, 자신과 지구 행성의 번영이 상호의존적인 형상에로 움직여 나가기를 촉구하고 이해하는 핵심적 행동가들이다.[11]

사실상, 『소비자들에게 복이 있나니: 기후변화와 절제의 실천』(*Blessed are the Consumers: Climate Change and the Practice of Restraint*)이라는 샐리 맥페이그의 책은 하느님께서 우리들에게 제자도에 대한 새로운 이해를 하라고 부르심을 인식하는 기독교인들을 위한 안내서로 돋보인다.

중독 대신에 균형

2006년 1월 31일, 미국 대통령의 국회 연두교서(State of the Union)에서 가장 기억할 만한 말은, 텍사스의 전 석유사업가였던 조지 부시(George W. Bush) 대통령이 "미국은 석유에 중독되었다"고 선언하고, "미국은 이 중독을 깨뜨려야한다"고 주장한 것이다.[12]

4년 뒤, 나는 보스턴 중심가의 올드사우스 교회(Old South Church)에서 멕시코만 심해 BP 유전 폭발사고에 의해 촉발된 에큐메니칼 기도회를 위한 설교를 했다. 조지 부시 대통령의 말을 기억하면서, 나는

11) Sallie McFague, *Blessed are the Consumers: Climate Change and the Practice of Restraint* (Minneapolis: Fortress Press, 2013), p. xii.

12) George W. Bush, "Address Before a Joint Session of the Congress on the State of the Union," January 31, 2006, accessed September 17, 2017, http://www.presidency.ucsb.edu/ws/index.php?pid=65090.

회중들에게 이렇게 말했다.

> 나는 BP(British Petroleum: 영국석유회사—역자주)를 향해 손가락질을 하는 것으로 위안을 얻지 못합니다. 체스터톤(G. K. Chesterton) 경에게 이 세상에서 가장 잘못된 것이 무엇이냐고 물었을 때, 그는 대답하기를 "나지요"(I am) 했다는 말을 기억합니다. BP가 판도라의 상자(Pandora's Box)를 여는 위험한 행동을 감행하도록 허락된 이유의 하나는 나의 석유에 대한 중독입니다. 그들의 위험한 행동이 과도한 이익과 무제한적 허용으로 보답된 것도 또한 하나의 이유입니다.

만일 예수가 그의 제자들을 화해와 궁극적으로는 자유에로 부르고 있다면, 우리의 제자도는 솔직하고도 타협이 없는 고백으로 시작되어야 한다. 하지 말아야 할 것의 한 실례를 들자면, BP의 대표이사인 토니 헤이워드(Tony Hayward)가 심해 폭발 사건을 "자연재해"라고 언급한 것이다.13)

조지 부시 대통령의 진단을 받아들이면, 우리는 정신 건강상 무엇을 배울 것인가? 『정신 질환의 진단과 통계 편람』(*Diagnostic and Statistical Manual of Mental Disorder*)이라는 "정신 건강 바이블"이 10여 년 간의 연구 끝에 최근에 개정판을 냈다. 새로 개정된 부분은 "약물과 관계된 중독성 질환" 부분이다. 질환이 심각한 것으로 판명되려면, 환자가 다른 11가지 판단기준들 가운데 적어도 6 가지 혹은 그 이상을 보여야 한다. 그런 것들을 열거하면서, 나는 "약물"이란 단어의 자리에 내 판단으로 "화석연료"란 단어를 대체해보았다. 과학기사 작가

13) Bob Herbert, "An Unnatural Disaster," *New York Times*, May 29, 2010.

인 도온 스토버(Dawn Stover)가, 그녀의 "석유 중독"(Addicted to Oil)"[14] 이라는 칼럼에서 지적했듯이, 이 목록은 우리의 주목을 끈다.

1. 의도한 것보다 더 많은 양, 또는 더 긴 기간 동안 화석연료를 쓴다.
2. 화석연료를 줄이거나 조절하고자 하지만, 많이 성공하지 못한다.
3. 화석연료를 얻고 사용하는 데 상당히 긴 시간을 보낸다.
4. 화석연료를 간절히 원한다.
5. 화석연료를 너무 많이 사용해서 일터, 가정, 학교 일에 방해된다.
6. 사회적 혹은 개인 사이에 문제를 일으켜도 화석연료를 계속 사용한다.
7. 화석연료를 사용하기 위해 중요한 사회 활동, 직업 활동, 여가 활동을 줄이거나 포기한다.
8. 화석연료를 사용하는 것이 육체적으로 해로워도 계속 사용한다.
9. 화석연료 때문에 일어난 것 같은 육체적 혹은 심리적 문제가 이미 있는데도 불구하고 화석연료를 계속 사용한다.
10. 시간이 지남에 따라 뚜렷이 증가된 화석연료 사용량을 요구한다.
11. 사용하지 않으려 하면, 흥분과 과민성 같은 금단증상이 생긴다.

세금체제, 교통체계, 그리고 우리의 개인 생활 혹은 직장 생활들의 기반시설이 화석연료 사용을 선호하도록 세워져 있음에도 불구하고, 사람들은 기울어진 저울추를 다시 균형 잡으려고 하기 시작하고 있다. 텍사스를 예로 들어보자. 캐서린 헤이호우(Katherine Hayhoe) 교

---

14) Dawn Stover, "Addicted to Oil," *Bulletin of the Atomic Scientists* (May 18, 2014), accessed September 17, 2017, http://thebulletin.org/addictedoil7174.

수가 사람들에게 그녀가 사는 주가 풍력 에너지를 가장 싼값에 만들어낸다고 했을 때, 대부분의 사람들은 그녀가 농담하는 줄 알았다고 한다. 그러나 그녀는 농담을 한 게 아니었다. 그녀의 말은 참말이었다. 그게 바로 체제가 다시 균형을 잡으려는 표시가 아닐까? 기독교인들이 각 주마다 연합해서 그 국회의원들에게 로비를 하여 풍력발전기 혹은 태양광 발전판을 설치하는 사람들에게 넉넉히 보상을 해주는 법령을 제정하도록 하는 상상을 해보자. 2016년 4월에 전국에 있는 UCC 교회들은(다른 교단의 동반자 교회들과 함께) 알려진 화석연료의 대장량들을 땅 아래에 묻어둘 필요에 초점을 맞춘 설교들을 들었다.[15] 그 결과로 많은 교회의 교인들은 전국 각지에서 석유, 가스, 석탄의 채굴과 운반을 제한하고, 새로운 화석연료의 기반시설을 건설하는 것을 중단시키는 데 초점을 맞춘 지역 저항운동들의 하나에 가입하기 시작했다.

과잉 대신에 적당함

우리가 소중히 여기는 것에 대해 다시 방향을 설정하는 것은 영적인 여정에 오르는 것이 무슨 뜻인지에 대한 고전적 이해와 같다. 영적인 여행에 대한 우리의 이해가 흔히 개인적인 추구에 적용되지만, 이 장에서 말하는 방향 재설정은 개인적이며 또한 문화적인 것이다. 여기어서 논의된 전환에 대한 뒷받침은 거의 모든 종교에서 발견될 수

---

15) See "Keep It in the Ground" website, accessed September 17, 2017, http://april2016.uccpages.org/. See also "Climate Witness" website, September 17, 2017, http://www.climatewitness.org/.

있다. 그런 뒷받침을 동력으로 이용할 수 있을까? 단지 개인적 변화를 촉진할 뿐만 아니라 문화적인 변화에 동기부여를 할 수도 있을까? 미국 안의 교회가 과잉(過剩) 대신에 절제(節制)를 옹호할 수 있을까?

로마 가톨릭 교황이 성 프란체스코(Saint Francis)의 이름을 사용하기로 결심한 것은—가난한 사람들과 우리의 공동의 집(지구)에 대한 교황의 확고한 헌신과 더불어—시작이 될 수 있다. 개리 가드너(Gary Gardener)는 그의 감동적인 저서 『감동적인 발전』(*Inspiring Progress*)에서 성 프란체스코에 대해 다음과 같이 도전적인 관점을 제공한다.

> 런던 지역의 감독인 리처드 차터스(Richard Chartres)는 언젠가 지적하기를 13세기의 토스카나(Tuscany) 출신으로 가난한 자들의 옹호자요 자연을 사랑한 성 프란체스코는 부유한 가문 출신이었고, 당시의 표준으로는, 대단한 소비자였다고 한다. 한 번 회심의 경험을 하고 나서 그는 귀족의 삶을 포기하고 최소한의 삶의 방식으로 하느님께 가는 길을 삼았다. 차터스는 신앙인들을 위한 교훈을 이렇게 본다. "우리는 덧셈 대신에 뺄셈을 하면서 하느님께 다가간다."[16]

얼마 전에 나는 교외의 부유한 사람들에게 설교할 준비를 하고 있었다. 무엇보다도 그 예배는 동물들을 축복하면서 성 프란체스코의 날을 축하하는 기회였다. 내가 교회를 향해 가면서, 자동차 창문 밖을 보니, 대략 40여 년 전에 건축한 거대하고 여전히 아주 좋은 집을 허

---

16) Gary Gardner, *Inspiring Progress: Religion's Contribution to Sustainable Development* (Washington, DC; Worldwatch Institute, 2006), p. 123. quoted in McFague, *Blessed are the Consumers,* p. 33.

묻고 있는 것이 보였다. 나는 회중 가운데 누군가에게 그것에 대한 사연을 물어보았다. 그들은 대답하기를, "오, 여기에서는 도처에서 일어나는 일이에요. 성공한 젊은 부부들이 맥맨션(McMansions, 교외지역의 대형 값싼 집들, McDonald처럼 다소 조롱하는 표현—역자주)을 사들여서, 헐어버리고 대신에 선발 성곽(starter castle)을 짓고 있지요"라고 했다.

초대받은 설교자로서, 우리가 뺄셈을 할 필요가 있는 과잉의 사례로 이것을 내 설교에서는 거론하지 않는 것이 최선이라고 생각했다. 이것을 여기에서 고백하는 것은 나의 침묵에 대해 나는 지금도 괴로워한다는 사실을 증명하는 셈이다. "인간의 존재를 개인 중심적인 것(self-centeredness)으로부터 실재중심적인 것(Reality-centeredness)에로 변화시키는 것이 주요 종교전통의 기능이다"[17]라고 존 힉(John Hick)이 한 말이 만일 옳다면, 신앙공동체들은 믿음과 실천 사이의 간격에 다리를 놓는 방법들을 발견해야 할 것이다. 우리가 그런 간격을 대면할 용기를 내면, 절제, 균형, 지혜, 협력에로 인도하도록 도와주는 공동체를 그리워하는 사람들로 가득 찰 목표 재설정한 교회를 건설하는데 예수가 기꺼이 우리와 함께 할 것이다.

편리 대신에 비전

선한 사마리아 사람이 가던 길을 멈추고, 얻어맞은 사람을 돌보는 것이 편한 일은 아니었다(누가 10:25-37). 희생자를 못 본 체 서둘러서 지나쳐버린 제사장과 레위인과는 달리, 선한 사마리아인의 내부에 있

17) John Hick, *An Interpretation of Religion* (New Haven: Yale University Press, 1989), p. 300, quoted in McFague, *Blessed are the Consumers,* p. 33.

는 도덕적 나침판은 그를 그냥 지나가게 하지 않았다. 동정심이 그의 가슴을 지배했고, 그의 머리를 일깨웠고, 그의 몸을 지시했다. 이 단 하나의 이야기에 의해 감동된 선함과 자비, 관대함과 희생, 그리고 신뢰가 수백만 명의 삶을 형성했다. 사람들로 하여금 그들의 자기중심적 본능들이 주장하는 것에 안주하지 않고, 그 대신에 더 높이 지향하도록 격려하는 것이 전 세계에 걸쳐 모든 문화 속에서 사용된 도덕적 표준이 되었다.

편리함이란 종교의 핵심적 계획이 아니다. 사업과 언론매체는 모두 삶을 더욱 편안하게 만들고자 하지만, 편리함은 종교적 가치도 아니고 도덕적 가치도 아니다. 이 점을 명심하고서, 만일 신앙인들이 그들의 현재 삶을 보다 편리하게 하기 위해 쏟아 붓는 에너지를 검토하고, 그것을 운동으로 만들어내고 가담하는 데로 다시 방향조정을 한다면 어떨까? 예를 들면, 기후 조직의 일과 증언에 중요한 방법들로 (그들의 시간과 돈을 통해서) 공헌하기 위해서 그들의 개인적인 삶에서 편리함을 희생하는 많은 기독교인들을 나는 알고 있다. 또한 나는 자동차를 소유하지 않고 자전거를 타는 사람들도 알고 있다. 또 다른 사례들도 있다: 시민불복종 운동을 수행하기, 체포당하는 위험을 감수하는 일도 결코 편리한 것은 아니다. 그것은 시간과, 특히 만일 당신이 감옥에 간다면, 자유를 희생할 것을 요구한다. 그러나 신앙인들은 편리함에 의해서가 아니라 비전에 의해 영감을 받는다. 그들의 눈앞에 분명한 비전을 지니고 있는 것은 사람들로 하여금 그들의 당면한 편리함과 위로를 넘어서 움직여나갈 동기와 에너지를 부여한다.

단절(discontinuity)은 편리함의 적이다. 그것은 우리의 일상적 반복을 중단시키고, 우리의 편안함을 방해하며, "정상적" 삶의 상대적인 예상 가능함과 편안함을 정지시켜버린다. 단절의 모든 경험—홍수, 화재, 가뭄, 멸종, 질병—은 그 적응 기간을 위해서 상상과 비전에 맞아야만 한다. 이런 이유로, 비전을 길러내는 상상력을 발휘하는 것이 우리의 희망의 지평을 확대한다. 상상력과 비전이 희망에로 인도한다. 신앙은 이들 세 가지 모두 위에 세워진다.

기후에 대한 정보 전달 전문가인 조지 마셜(George Marshall)은 기후변화의 도전에 대한 우리의 대응을 영웅적인 탐구로 여기는 것이 좋을 것인데, 그 안의 적은 아마도 외부 그룹이 아니라 내부의 허약함일 것이라고 주장한다.[18] 영웅들 안에 보편적으로 나타나는 특색들 가운데는 비전과 상상력이 있다. 다른 사람들이 그들의 제한을 받아들이고, 현재의 조건들에 항복하는 것에서 영웅들은 가능성들과 기회를 본다. 2천년 동안 교회에 출석하는 여러 세대들이 역사의 도덕적 영웅들에 의해 감동을 받아왔다—테레사 수녀, 마하트마 간디, 마틴 루터 킹, 앙뜨와네뜨 브라운 블랙웰 등이 그런 영웅들이다. 이제는 영웅적인 행위로 보이는 것들을 보다 보통의 것으로 만드는 것이 우리 세대에게 달려 있다. 이런 과제를 위해서, 편리함은 우리의 동맹자가 아니다. 그러나 비전과 상상력이 우리를 전진시킬 것이다.

무시 대신에 책임성

우리는 지금 대각성(a great awakening)의 한복판에서 살아가고 있다. 기후변화는 인류가 일찍이 직면해본 적이 없는 가장 큰 도덕적 도전이기에, 대각성에 대한 전망은 사람들이 일찍이 알지 못했던 많

18) Marshall, *Don't Even Think About It,* p. 234.

은 약속을 지니고 있다. 그럼에도 불구하고, 그런 도덕적 도전에 대처하고 재생 가능한 에너지로 전환할 약속을 받아들이기 위해서는 우리가 개인적 변화와 체제의 변화 모두를 이루어야 한다. 그러나 대부분의 우리들은 변화에 저항한다.

변화를 받아들이지 않는 틀림없는 방법은 그 주제를 논의조차 하지 않는 것이다. 조지 마셜은 그의 저서 『그런 것은 생각조차도 하지 말라』(*Don't Even Think About It*) 속에 있는 동일한 제목의 장에서,[19] 기후변화 문제에 대해 사회적으로 형성된 침묵의 복잡성을 파헤친다. 그의 이야기들 가운데 일부는 우리를 놀라게 하는데, 우리들 각자도 일상적으로 기후에 대해 부인하는 비슷한 경험을 갖고 있다. 사람들은 보다 "잘 다룰 수 있는" 일들에 대해 말하기를 더 좋아한다. 이게 바로 엑손(Exxon)과 코흐 형제들(Koch brothers)이 재정지원을 하는 공적인 광고가 과학을 부인하는 내용을 사람들이 받아들이는 이유를 설명한다. 그런 광고들을 믿는 것은 우리로 하여금 기후변화를 무시하고, "늘 하던 대로 사업"(business as usual)을 계속하게 하고, 고통스러운 현실을 직면해서 필요한 행동을 취하는 것을 지연시키게 한다.

나로서는, 이것을 가장 잘 이해하는 길은 우리들의 저항과 각성이 두려움과 슬픔에 의해 촉진됨을 이해하는 것이다. 피조물들이 매일 신음하는 것을 무시하는 것은 점점 더 어렵게 되어가고 있다. 점차적으로 많은 사람들은 도덕적 안개 속을 헤매어왔음을 깨닫기 시작하고 있다. 메리 이블린 터커(Mary Evelyn Tucker)는 캐틀린 디인 무어(Kathleen Dean Moore)의 저서 『큰 조류가 일어남』(*Great Tide Rising*)에 서문을 쓰면서 이를 다음과 같이 묘사했다.[20]

---

19) Marshall, *Don't Even Think About It*, p. 81.

> 우리는 지금 대량 멸종과 기후변화 시대를 살아가고 있다. 손실이 우리 주변 도처에서 일어난다. 우리는 그것에 의해 삼켜지면서, 동시에 그것에 대해 거의 눈이 멀었다. 그러나 뭔가 말할 수 없는 분노가 한밤중에도, 또는 심지어 태양이 다시 떠오르는 것을 새들이 반기는 새벽에도, 우리들을 떠나지 않고 있음을 느낀다. 중단할 수 없는 파괴에 대한 이런 압도적 느낌이 우리로 하여금 슬픔을 인정하지 못하게 한다. 이런 생명의 손실은 그에 대한 우리의 애도뿐만 아니라 우리가 거대한 역사적 소용돌이 속에 있음을 깨닫도록 요구하고 있다.

그 책에서 나중에 캐틀린 디인 무어는, 1970년 4월 첫 번째 지구의 날에 출판된 포고(Pogo) 만화(미국의 만화가 Walt Kelly가 그린 풍자만화로 1948년 10월 4일부터 1975년 7월 20일까지 장기간 연재한 만화—역자주)에서 종종 인용되는 비평을 이렇게 훌륭히 해내고 있다. "우리는 원수를 만났는데, 그게 바로 우리다."[21] 그렇다—우리들 각자가 그 문제의 일부분이다. 그러나 책임성은 개인적 고백에서 끝내서는 안 된다.

오하이오에서 기후변화에 대응해서 창설한 종교간 연합단체인 "종고간 힘과 빛"(Interfaith Power and Light, Paula Gonzalez와 Keith Mills가 창설—역자주)과 샐리 빙햄(Sally Bingham) 목사는 그 책임성의 경로를

---

20) Kathleen Dean Moore, *Great Tide Rising: Towards Clarity and Moral Courage in a Time of Planetary Change* (Berkeley: Counterpoint, 2016), p. 2

21) Moore, *Great Tide Rising*, p. 281. Her analysis parallels my response in chapter 4 to Yale law professor Steven L. Carter's criticism of the UCC's resolution to divert from fossil fuel companies.

밝혔다.22) 조직적이며 교육적인 노력과 함께, 그들은 수십 년 동안 예배당이 에너지 효율과 에너지 절약을 위해 더 좋은 장치들을 할 책임을 지도록 회중들을 초대했다. 그리고 우리로 하여금 개인적인 탄소 사용 발자국을 추적하고 이를 줄일 수 있는 방식들을 가능하게 만들어준 정교한 도구들을 발명하고 발전시켜준 사람들에 대해 우리는 하느님께 감사드린다.23)

그러나 우리의 개인적인 선택과 행동들을 털어놓는 것에 더하여, 우리는 책임성이란 것을 새롭게 깨달아가고 있다.

2011년 8월에, 우리는 시민권 운동 이래 가장 큰 시민불복종 행동을 백악관 앞에서 벌였고, 125명이 체포되었다. 우리는 키스톤 XL 송유관(KXL pipeline)이 일상적 언어가 되기를 바랐고, 대통령을 설득해서 과학자들이 하라고 하는 것을 그가 하기를 원했다. 4년 반 뒤에, 대통령이 그걸 했다. 오바마 대통령은 화석연료가 기후에 미치는 영향 때문에 화석연료 프로젝트를 취소한 전 세계에서 최초의 국가 지도자가 되었다. 이런 일견 불가능할 것 같았던 성취는 책임성의 새로운 장의 시작이 되었다.

2013년 6월에는 UCC 총회가 화석연료 회사들로부터 투자 철회

---

22) See Interfaith Power and Light website, http://www.interfaithpowerandlight.org/.

23) As of this writing, the EPA makes a carbon footprint calculator available on its website, http://www3.epa.gov/carbon-footprint-calculator/. There is a range of opinion about the efficacy of purchasing carbon offset. It's important to look closely at whether the projects in question are cerfified, where they are, and what tangible results are occurring or will occur. You can learn more about approaches and options from the Stockholm Environment Institute's Carbon Offset Research and Education website, http://co2offsetresearch.org/consumer/index.html.

를 투표한 최초의 국가적 기관이 되었다. 그때는 그런 행동이 일반적으로 단지 상징적인 것으로 보였다—그리고 때로는 못 본 체했다. 그러나 약 1년 뒤에 40여 만 명이 뉴욕시 거리를 뒤덮은 때에 이르러서는 대학들, 도시들, 자선단체들, 신앙공동체들—그들의 자산이 스탠다드 석유회사(Standard Oil)에서 나오는 록펠러 형제 재단(Rockefeller Brothers Foundation)을 포함한—대략 1천 곳 단체들이 투자철회 운동에 가담했다. 전부 합해서, 철회된 투자액은 5백억 달러가 넘는 가치를 지녔다.[24] 세계가 드디어 관심을 기울였다.

책임성을 강조하는 초기의 노력들은 화석연료 수요를 줄이는 것에 초점을 맞추었지만, KXL 송유관 취소 운동과 화석연료 회사들에 대한 투자를 철회하는 운동은 모두 공급 측면에 초점을 맞추었다. 전국적인 항의 운동에서 들려온 외침 소리의 하나는, 엑손(Exxon) 회사가 전 세계에서 "늘 하던 대로 사업"을 계속하고 지구를 훼손하여 이익을 계속 얻기 위해 필요로 하는 사회적 인허가를 취소할 힘을 사실상 우리가 갖고 있다는 것이었다. 이처럼 공급 측면에 초점을 맞춘 것은 책임성에 대한 새로운 이해를 대표했다.

세계 역사상 가장 이익을 많이 내는 석유산업이 그 행동들에 대해 책임을 지게 하는 것은 상당한 연구조사를 필요로 했다. 2011년에 탄소 추적자(Carbon Tracker: 런던의 비영리 기관—역자주)는 전 세계에 남아 있는 탄소 예산을 추정하는 논문을 발표했다—즉 얼마나 더 많은 화석연료를 태우고도 여전히 지구 행성이 살아갈 수 있는 장소일지를

---

24) John Schwartz, "Rockefellers, Heirs to an Oil Fortune, Will Divest Charity of Fossil Fuels," New York Times, September 21, 2014, accessed September 13, 2017, https://www.nytimes.com/2014/09/22/us/heirs-to-an-oil-fortune-join-the-divestment-drive.html.

생각할 이유가 있는가에 대한 논문이었다.[25] 그 수치들은 무시될 수 있는 것이 아니었다. 되돌아올 수 없는 지점이 지평선 위에 있었다.

2015년 가을에 『기후 뉴스』(*Inside Climate News*)와 『로스앤젤레스타임즈』(*Los Angeles Times*)가 보도하기를,[26] 비록 엑손 모빌(ExxonMobil)이 화석연료를 태워서 나오는 탄소방출이 원인이 되어 기후변화를 일으키는 것을 확인하는 조사를 1977년에 진행했지만, 그럼에도 불구하고 그 회사들은 기후과학을 부인하는 정치가들과 기관들에 재정 지원을 계속했고, 탄소방출을 제한하는 법령에 반대하는 주장을 계속 옹호했다. 추가적인 조사와 인터뷰들이 엑손의 표리부동한 이중성은 지지할 수 없음을 증명해주었다. 그들의 열렬한 반대는 『뉴욕타임스』(*New York Times*)의 특집란에 실린 나오미 오레스케스(Naomi Oreskes)와 죠프리 슈프란(Geoffrey Supran)이 집필한 공공의 견해 법정에서 효과적으로 반박되었다.[27]

훌륭한 보고서들이 법적인 책임성을 위한 준비를 했다. 2015년

---

25) Carbon Tracker, "Unburnable Carbon: Are the World's Financial Markets Carrying a Carbon Bubble?" (July 13, 2011), accessed November 12, 2017, https://www.carbontrakcker.org/reports/carbon-bubble/.

26) See Neela Banerjee, Lisa Song, and David Hasemyer, "Exxon: The Road Not Taken," *Inside Climate News* (September 16, 2015), accessed September 18, 2017), https://insideclimatenews.org/content/Exxon-The-Road-Not-Taken; and Sara Jerving, Kattie Jennings, Masako Melissa Hirsch, and Susanne Rust, "What Exxon Knew About the Earth's Melting Arctic," Los Angeles Times, October 9, 2015, accessed September 18, 2017, http://graphics.latimes.com/exxon-artic/.

27) In support of the work of attorneys general, see Naomi Oreskes and Geoffrey Supran, "What Exxon Mobil Didn't Say About Climate Change," New York Times, August 22, 2017, accessed September 18, 2017, https://www.nytimes.com/2017/08/22/opinion/exxon-climate-change-html?mcubz=1.

뉴욕 검찰총장 에릭 슈나이더맨(Eric Schneiderman)이 엑손에 대한 조사를 시작했고, 다른 검찰총장들이 그에게 합류했다.[28] 이 책을 쓰고 있는 때에, 기후변화가 사실이 아니라고 엑손이 주식소유주들에게(그리고 대중 일반에게) 통지를 했을 때, 엑손이—그리고 다른 회사들도—허위보고의 범죄를 저질렀는지 여부를 그들은 조사하고 있다. 1970년대와 1980년대에 기후변화는 사실이며 위험하고, 또한 화석연료를 태우는 것이 원인이라고 결론을 낸 과학적 조사에 대해 엑손이 재정지원을 했는데, 그게 어찌 허위보고가 아닐 수 있겠는가? 검찰에 의해 조사를 받은 것을 이어받아서, 증권거래위원회도 자체 조사를 시작했다.[29]

예수를 따르는 자들로서, 기후위기 시대를 살아가는 우리에게는 하느님의 피조물들을 보전하고 보호할 책임이 있다. 가장된 망각증세는 선택이 아니다. 우리들 각자는 우리의 습관과 선택에 대하여 개인적으로 책임을 져야 한다. 그것을 넘어서, 우리들 각자가 체제의 변화를 위한 운동에 참여하라고 하느님께서 우리를 부르시고 계시는지를 분별해야 한다. 다른 모든 사회변혁운동과 마찬가지로, 개인적 행동이 보다 더 잘 알려지고 책임을 지도록 만드는 것이 우리의 목표다.

---

28) David Hasemyer and Sabrina Shankman, "Climate Fraud Investigation of Exxon Draws Attention of 17 Attorneys General," Inside Climate News (March 30, 2016), accessed September 18, 2017, https://insideclimate news/21092016/exxon-see-questions-financial-risks-climate-change-eric-schneiderman-ny.

29) John H. Cushman Jr., "SEC Involvement Sharpens #ExxonKnewFocus on What Its Accountants Knew," Inside Climate News (September 21, 2016), accessed September 18, 2017, https://insideclimatenews.org/news/21092016/exxon-see-questions-financial-risks-climate-change-eric-schneiderman-ny.

우리는 또한 체제를 변화시켜서 그 법률들, 정책들, 규정들이 더러운 에너지로부터 깨끗하고, 안전하고, 그리고 가난한 자들과 역사적으로 혜택을 덜 받은 사람들을 포함하여 모두에게 접근 가능하고, 재생 가능한 에너지 자원들로 신속하고도 공정한 전환을 하도록 촉진하기를 추구한다.

자기중심적 두려움 대신에 자기를 내어주는 사랑

잘 알려진 종교학자 카렌 암스트롱(Karen Armstrong)은 그녀의 학문적 언어를 사용해서, 책임성이 본질적이라는 생각을 위한 맥락을 제공한다. "종교의 진리들에 접근할 수 있는 것은 오직 당신이 이기심, 탐욕, 그리고 선입견, 즉 아마도 불가피하게 우리의 생각들과 행동들에 깊이 배어 있지만 동시에 너무도 많은 우리의 고통의 근원이기도 한 선입견을 제거할 때만 가능하다. 그리스인들은 이 과정을 '케노시스'(*kenosis*), 즉 자기 비움(self-emptying)이라고 불렀다."[30] "없애버리기"(get rid of)는 너무 멀리 있는 다리처럼 보이지만, 그러나 당신은 요점을 파악한다. 신실함이 우리를 불러서 이기적인 행동뿐만이 아니라 자기중심적인 두려움에도 투자를 줄이라고 한다.

이런 변화에서 쉬운 것이라고는 없다. 많은 사람들이 주장하듯이, 우리의 두뇌는 다가오는 위협으로부터 우리를 보호하기 위해 항상 경계를 하고 있다. 하버드대학교의 심리학 교수인 다니엘 길버트(Daniel Gilbert)는 기후변화가 "우리의 진화된 두뇌가 그에 대해 뭔가를 하기

---

30) Karen Armstrong, *The Case for God* (New York: Alfred A. Knopf, 2009), p. 20, as quoted in McFague, *Blessed are the Consumers,* p. 35.

엔 특히 부적당한 위협이다"라고 주장했다.[31] 구체적이며 곧바로 닥친 위협에 직면하면, 우리는 즉각 행동을 취한다. 기후변화의 상승을 보여주는 "하키 스틱"(Hockey Stick) 모양의 그래프를 보면, 우리는 하품을 한다.

기후변화의 세계에서 신실한 제자도는 이런 기능 장애를 구제하고자 한다. 조지 마샬(George Marshall)은 지적하기를, 기후변화에 대한 정보를 전달할 때, 우리는 두뇌의 합리적 부분과 감성적 부분 모두에 호소해야 한다고 한다. 위험에 대한 우리의 지각 인식은 감성적 두뇌에 위치해 있다. 감성적인 두뇌의 주의를 끌기 위해서는, 우리의 정보 전달이 근접성을 강조해야 한다. 즉 기후변화는 누군가 다른 사람의 문제가 아니라 바로 지금 여기에 있다!) 설명은 개인적 경험에서 끌어와야 한다(허리케인 샌디를 겪는 것이 어떤 것이었는지 내가 설명하지요.) 말하는 사람이나 글을 쓰는 사람은 함께 공유된 가치들에 대해 말하는 이야기와 이미지들을 부각시킬 필요가 있다.[32]

이것에 쉬운 것이라곤 없다. 조지 마샬은 자신이 말을 해본 모든 전문가들 각자는 "기후변화에 대해 감성적인 두뇌들을 효과적으로 사용하는 방법을 우리는 아직 찾지 못했다"는 점에 동의했다고 보고한다.[33] 나중에 "그린 팀이 하느님 팀에게서 배울 수 있는 것"(What the Green Team Can Learn from the God Squad)이란 소제목을 단 장에서 마샬은 확신의 중요성에 초점을 맞춘다. 그는 확신에 대해 묘사하기를 '합리적인 것에서 감성적인 것에로, 머리가 가슴으로 넘어가는 지

---

31) Marshall, *Don't Even Think About It,* p. 46.
32) Marshall, *Don't Even Think About It,* p. 49.
33) Marshall, *Don't Even Think About It,* p. 50.

점이라서, 우리는 '난 이제 충분히 들었어, 난 이제 충분히 보았어—이제야 난 확신한다'"고 한다.[34] 그리고 그는 기후변화 운동이 종교적 실천가들로부터 그 운동의 중심에 확신이 자리잡게 만드는 것을 배울 수 있을 것이라고 주장한다.

마샬이 옳다. 신앙인들은 확신한다는 것이 무엇을 의미하는지를 알고 있다. 그게 바로 신앙인들로 하여금 자기중심적 두려움을 제쳐두고, 자기를 내어주는 사랑에 근거한 삶에로 우리를 자유롭게 해방하는 것이다. 나는 마샬의 확신에 대한 강조에 동의한다. 나는 전국의 UCC 교회들에 다니면서 설교를 해온 지난 10년 동안, 내가 본 신앙인들은 만일 우리가 하늘과 땅을 창조하신 분에게 신실하다면, 우리의 확신이 우리의 행동과 결심들을 안내하도록 해야 한다고 점점 더 확신하게 되었다.

시민불복종운동과 제자도

이미 기후변화 운동에 참여한 사람들을 포함해서, 많은 기독교인들을 위해서는 시민불복종이 현안 문제가 아니다. 이전의 사회변혁운동에서도 마찬가지였다. 무엇보다도 시민불복종은 개인적 양심의 행위다. 하느님이, 전부가 아니라 누군가를 부르셔서, 이런 형태의 증언을 하도록 하신다.

그러나 우리가 장기비상사태에 돌입한 후, 이제는 교회가 하느님께 대한 신실함의 적절한 표현으로서 시민불복종을 공적으로 인정할 때가 되었다. 표현을 달리해서, 인간이 오만하게 행동해서 산업문명

34) Marshall, *Don't Even Think About It,* p. 225.

이 어떻게 자연을 끝장내게 하는지에 대한 진실을 교회가 말할 때가 되었다.[35] 하느님의 피조세계를 우리가 파멸시킴에도 불구하고 참고 계시는 하느님에 대한 이해를 교회가 증언할 때가 되었다. 무엇보다도 그런 증언은 시민불복종이 제자도의 규범적인 표현이 되게 하는 조건들을 만들어낼 것이다.

19세기의 대부분과 20세기의 많은 기간 동안에는 선교사가 되는 것이 미국의 개신교에서 제자도의 규범적인 표현이었다. 마찬가지로, 최소한 "평화교회"에서는, 전쟁의 기간에 젊은 교인들이 어떻게 하면 양심적인 병역 거부자가 될 것인가에 대한 안내를 받고자 담임목사와 면담을 하는 것이 이상하지 않았다. 마찬가지로, 시민불복종은 어떤 사람들이 부름을 받는 제자도의 한 형태로, 초대교회에까지 거슬러 올라가는 것이었다. 로마제국의 법을 거부하다가, 베드로와 바울은 감독에 갇혔고, 수천 명의 기독교인들이 순교를 당했다. 그렇다, 어떤 사람들에게는 시민불복종이 경기장 밖의 일이다. 그러나 우리는 하느님을 창조주로 인정하기 때문에, 1979년에 웬델 베리(Wendel Berry)가 그의 수필 "대지의 선물"(The Gift of Good Land)의 결론에서 웅변적으로 표현한 환경파괴에 대한 다음의 진실을 회피해서는 안 된다.

> 당신이 이웃을 사랑하면서 그 이웃의 삶이 의존하고 있는 위대한 유산을 경멸하는 것은 모순이다... 이 좋은 대지 위에서 우리의 경험

---

35) This is how Bill McKibben puts it in *The End of Nature* (New York: Anchor, 1989)--the first book on climate change for the general reader. See the excellent discussion of Bill McKibben and other prophets in chapter 2 of Wen Stephenson's compelling book, *What We're Fighting for Now is Each Other* (Boston: Beacon Press, 2015).

> 이 보여주듯이, 우리들이 하느님의 피조세계로부터 떠나서 파괴의 원리와 연합하는 것은 가능하다.... 만일 우리가 공기를 오염시키면—대기라고 알려진 멋진 피조물을 해롭게 하면—그 때문에 우리는 자신들과 우리의 자손들을 포함하여 숨 쉬는 모든 피조물들에게 해로움을 끼치는 것이다. 핑계를 대고 면제받거나 "교체하거나" 할 수는 없다... 살기 위해서, 우리는 매일 매일 피조물들의 몸을 파괴하고 피를 흘려야 한다. 우리가 이것을 알면서, 사랑하면서, 능숙하게, 존경하면서 행한다면, 그것은 성례전이다. 우리가 그것을 알지도 못하면서, 탐욕으로, 서투르게, 파괴적으로 행한다면, 그것은 신성모독이다. 그런 신성모독에서 우리는 자신들을 영적이며 도덕적인 외로움에 빠지게 하고, 또한 다른 것들을 궁핍하게 만들도록 저주하는 것이다.

빌 매키븐(Bill McKibben)이 2015년에 웬 스티븐슨(Wen Stephenson)에게 말한 것이 우리 모두에게 곧 분명해질 것이라고 나는 믿는다: "무슨 일이 일어나고 있는지를 내가 일찍이 알았고, 오래 전에 350 같은 일을 시작했더라면 좋았을 텐데. 우리는 오래 전에 대중운동을 필요로 했었다."[36] 신앙인들로서—우리가 하느님을 창조주로 그리고 예수를 구세주로 확신하여—우리는 우리가 하느님의 피조물들에게 이미 저지른 것과 지금도 하고 있는 짓의 공포를 대면해야 한다. 그렇게 하면, 우리들 가운데 많은 사람들이 시민불복종의 비폭력적 직접 행동들에 참여하라는 양심의 부름을 받아들일 것이다.[37] 그뿐만이

36) Stephenson, *What We're Fighting for Now is Each Other,* p. 71, McKibben is referring to the organization of climate activists 350.org which he founded in 2008.

37) See Climate Disobedience Center website, http://www.climatedisobe

아니라, 우리는 또한 우리가 세계의 중심이 아니라는 욥(Job)의 급진적인 주장에 의해 변화될 것이다.[38] 그날이 오면, 우리는 개인주의는 좋은 삶의 열쇠가 아니라고—공동체가 열쇠라고—선언한 웬델 베리의 지혜를 환영할 것이다.

그룹 토론과 성찰을 위한 질문들

1. 물질적 성장의 강조로부터 탄력성에로의 전환에 대한 몇 가지 사례들을 이 장에서 다루었다. 당신은 어떤 다른 사례들을—특히 당신의 이웃이나 지역으로부터—나눌 수 있는가? 당신의 교회가 어떻게 이 영역에서 당신의 공동체에 지도력을 발휘할 수 있는가?
2. 한 노인 교인이 주택담보 상환을 못해 주택의 저당을 되찾지 못하는 것을 허용하지 않은 교회의 이야기에 대한 당신의 대응을 서로 나누어보라. 그 노인과 같은 처지에 있는 사람을 위해 안전한 장소가 되기 위해서 회중은 어떤 단계를 채택해야 할까?
3. 프란체스코 교황이 발전에 대한 우리의 이해를 재정의하자고 요청한 것에 당신은 놀랐는가? 프란체스코 교황의 칙령 『찬미받으소서』(*Laudato Si'* 한국천주교주교회의, 2015)에 대한 논의를 함께하기 위해 지역 카톨릭 교회에 가 볼 것을 고려해보라.
4. '종교간 힘과 빛"(Interfaith Power and Light) 웹사이트에 가서 그들의 다음 번 사건(설교, 지구의 날 등)에 대한 계획을 알아보라. 그 자료들을 다운로드(Down-load)해서 당신의 회중이 어떻게 참여할 것

---

dience.org.

38) Stephenson, *What We're Fighting for Now is Each Other*, p. 71.

인가를 계획해보라.

5. 당신의 회중은 기증받은 유산을 갖고 있나? 만일 그렇다면, 그 재산을 조사해보라. 만일 어떤 화석연료 회사의 주식이 있다면, 투자철회 운동에 대해 알아보고, 재단 이사들과 (혹은 그 기증유산을 관리하는 사람들과) 상의해보라.
6. 시민불복종에 대한 토론 모임을 소집해보라. 시민불복종 운동을 해본 사람을—당신의 회중으로부터 혹은 다른 회중으로부터—초청하라. 그들 가슴 속에 어떤 평가라도 서로 나눌 수 있는 안전한 대화를 하도록 준비하라.

6장

예배는 자유로 나아가는 길

예배에서 일어나는 것이 그 참가자들이 시간을 살아가는 방법을 형성한다. — 윌리스 젠킨스[1)]

그들이 갖고 있던 영은 일련의 적응 연습을 통해서 희망하는 미래에 나타날 것으로 기대되는 공동체의 영이었다.
— 래리 라스무센, 초기 기독교인들에 대한 논의에서[2)]

63명의 우리들이 워싱턴 DC에 있는 감옥의 중앙부 감방들에서 사흘 낮과 이틀 밤을 보내고 난 몇 주일 뒤, 빌 매키븐(Bill McKibben)은 『크리스천 센추리』(*Christian Century*) 잡지에 글을 썼다(2011년 10월 3일자). 이 감리교회 주일학교 교사가 교회 세계와 더불어 나눈 이야기는 2011년 8월, 두 주간에 걸쳐서 백악관 앞에 모인 미국 전역에서 온 1253명의 사람들이 체포된 사연이었다. 우리는 젊은 그룹이 아

---

1) Willis Jenkins, *The Future of Ethics: Sustainability, Social Justice, and Religious Creativity* (Washington, DC: Georgetown Press, 2013), p. 311.

2) Larry Rasmussen discusses the first Christians in his chapter "Shaping Communities" found in *Practicing Our Faith,* Dorothy C. Bass, ed. (San Francisso: Jossey-Bass, 1997), p. 130.

니었다. 우리의 평균 나이는 대략 미국의 교회에 출석하는 사람들의 평균 연령과 같았고, 미국의 교회 출석자들 평균과 마찬가지로, 우리들은 급진적인 사람들이 아니었다. 우리들 대부분은 이전에 체포된 적이 없었다. 빌은 나중에 쓰기를,[3] 감옥에 투옥된 것이 어렵기는 했지만, 그렇다고 세상의 끝은 아니었다. 우리들 1253명 모두는 세상 끝 날이 어떠할지를 알고 있었다. 그것이 바로 무엇보다도 우리가 감옥에 간 이유였다.

우리는 기적을 바라면서 왔다. 주일날 아침에 교회에 나오는 많은 사람들과 마찬가지로, 우리는 빌이 말한 대로 "참을 수 없는 사랑"으로 가득 차 있었다. 만일 우리가 하느님의 피조물들에 대한 우리의 사랑을 증언하는 데 우리의 몸을 사용하여 우리의 가치들을 기꺼이 구체화하면, 오바마 대통령이 그의 약속을 지킬 것인가?("석유의 폭력을 끝낼 때가 되었다.") 수십 년 동안 미국이 본 가장 큰 비폭력 시민불복종 행동이 오바마 대통령으로 하여금 키스톤(Keystone XL) 송유관 건설할 계획을 철회하도록 할 수도 있을 것인가?

그것은 종교 의식적인 행동으로 계획된 것은 아니었는데, 우리들의 집단적인 경험 속으로 종교 의식("사람들의 작업")이 들어왔다. 잘 들어보라, 남자들 구역에 수감된 우리들 가운데 40명이 광범위한 종교적 확신을 대표했는데, 우리들 가운데 많은 사람들은 종교에 연관되지 않은 사람들이었다. 그러나 감방의 사정없는 거친 분위기 속에 차가운 스텐리스 철판 위에 누워서, 끝도 없는 밤이 지나고 나자, 우리들 모두는 어떤 영적인 원기회복이 필요하게 되었다. 최선으로 집

3) Bill McKibben, *Oil and Honey: The Education of an Unlikely Activist* (New York: Times Books, 2013), p. 34.

작해보니, 주일날 아침이었다(우리들의 시계, 전화기, 허리띠, 구두끈들, 결혼반지들, 그리고 지갑들도 모두 압수되었었다).

빌이 초대와 응답의 "그럼요, 주님"(Certainly, Lord) 하는 흑인영가를 부르기 시작하자, 이내 우리들 거의 모두가 목소리를 높였다. 시민권 운동을 하는 동안 양심의 사람들이 수없이 영가를 불렀듯이, 빌은 가사를 우리의 경우에 맞도록 바꾸었다. "감옥에 가본 적이 있는가?/ 그럼요, 주님" "수갑을 차본 적이 있는가?/ 그럼요, 주님" "다시 또 할 텐가?/ 그럼요, 주님, 그럼요, 주님, 그럼요, 그럼요, 주님."

그리고는 설교가 있었다. 합창이 끝나자, 빌은 거스 스페스(Gus Speth)에게 한 말씀 해달라고 초청했다. 『타임 매거진』(*Time Magazine*)은 거스 스페스를 "궁극적 내부자"라고 소개한 적이 있었다. 그는 카터(Carter) 행정부의 환경위원회 위원장으로 봉사했고, 국방위원회 국가 자원국을 창설하는 것을 도왔고, 국제 발전을 위한 유엔의 가장 큰 프로그램을 이끌었고, 예일대학교의 임업과 환경연구학교 학장으로 봉사했다. 거스는 자신이 쓰고 있던 책 『가능한 나라 미국』(*America the Possible*)에 대한 30분 길이의 긴 평가를 했는데, 이것을 설교로 받아들인 사람이 나 하나뿐이라고는 생각하지 않는다. 그것은 내가 일찍이 들어본 어떤 설교 못지않은 감동적인 것이었다.

나는 2011년 8월 19일에 우리가 체포당한 몇 시간 뒤, 종교 의식의 렌즈를 통해 이 행동을 보기 시작했다. 백악관 앞길은 미국 국립공원 경찰에 의해 감시되기 때문에, 우리는 무더위(섭씨 41도) 속에 꽉 채워진 운반차량 속으로 떠밀어 넣어져, 아나코스시아(Anacostia)에 있는 미국 공원경찰서로 실려 갔다. 우리가 도착하자, 그들은 우리를 잔디 위에 앉혔고(아스팔트는 너무 뜨거웠다), 우리의 손에는 여전히 수갑에 채워져 있었다. 열기와 습도는 참으로 무자비했다.

몇 시간 뒤에, 두 명의 경찰관이 우리들 향해 다가왔다. 하나는 미식축구의 중앙 수비수처럼 거대한 몸집을 지녔는데, 양손에 각각 30갈론 정도, 매우 무거운 물체를 담은 쓰레기 자루를 들고 있었고, 일부러 우리를 향해 똑바로 걸어왔다. 나는 뜨거운 태양 볕에 그을리고, 내 성직자 셔츠는 온통 땀으로 흠씬 젖어 있었고 책상다리로 앉아 있었는데, 내 손목들과 어깨들은 고통으로 소리를 지르고 있었기에, 나는 무엇을 기대할지 몰랐다. 한 경찰관은 쓰레기 자루를 내가 있는 몇 피트 앞에 내려놓았고, 다른 경찰관은 자루 속에서 물 한 병을 꺼내와서 내게 말하기를, "신부님, 당신의 사람들 무리에게 마실 것을 주시지요"라고 했다.

비록 내가 성직 안수를 받은 지 31년이 지났지만, 그 다음 반시간 동안에 치른 것보다 더욱 감동적인 성례전의 순간을 일찍이 경험한 적이 없었다. 경찰관은 내 손목의 수갑을 풀어주어서 나의 고통을 해소해 주었다. 그제야 비로소 나는 용감한 동료들 각각에 다가가서 물을 좀 드시겠느냐고 물어볼 특권을 가졌다. 그러겠다고 대답한 사람들에게 나는 그들의 머리를 뒤로 젖히고 입을 벌리라고 했다. 일부러 천천히, 조심스럽게, 종교 의식적인 반복을 하면서, 나는 각 사람에게 차례로 다가가서 모든 살아있는 존재들에게 필수적인 회복의 선물, 즉 물을 제공했다. 찌는 듯한 더위와 손목을 파고드는 수갑의 고통 가운데서도, 이들 낯선 자들이 이 은혜로 가득 찬 순간에 내게 표현한 감사는 내가 결코 잊을 수 없는 것이었다.

빌 매키븐은 『크리스천 센추리』에 기고한 글의 마무리를 초대하는 말로 맺었다: 워싱턴 DC로 오셔서, 백악관 둘레를 돌고 있는 수천 명의 다른 사람들과 함께 참여해주세요. 2012년의 대통령 선거보다 정확히 1년 전에, 우리는 오바마 대통령에게 키스톤(Keystone XL) 송유관 건설을 취소해서 그의 약속을 지키라고 요구했다. 이 행동을 한 날은 2011년 11월 6일이었고, 그날은 일요일이었다. 그래서 빌은 덧붙여 말하기를, "나는 그날 당신들이 교회를 가지 말고 워싱턴 DC에 오라고 말하는 것은 아닙니다만, 그러나..."라고 했다.

빌의 초청을 읽고 난 뒤에, 내가 감독하는 360개 교회들에 나는 전자우편으로—약간 비틀어서—나의 초대장을 보냈다. 나는 할 수 있는 사람들에게는 워싱턴으로 대표를 파견해달라고 했고, 백악관을 둘러싼 거리들에서 예배를 소집하라고 요청했다. 물론 그 행동은 교회 예배당에서 거행하는 예배만큼 거룩할 것이었다.

어느 정도면 충분할까? 교회 안에서 기후에 대해 말하기

이 책을 읽고 있는 많은 기독교인들과 담임목사들은 이 책의 진의에 공감할 것이다. 그러나 각 회중들이 다룰 질문은 이것이다: 교회 안에서 기후에 대한 이야기를 얼마나 많이 하면 충분할 것인가? 혹은, 더욱 자주 묻는 질문은, 교회 안에서 얼마나 많이 기후에 대한 이야기를 하면 너무 많이 하는 것일까? 다음 장에서 나는 설교의 영역에서 그런 질문을 어떻게 다룰 것인가에 대해 생각해볼 것이다. 여기에서는 나는 예배에만 초점을 맞추고자 한다.

교회에서 얼마나 기도를 하면 충분할까? 얼마나 많은 감사를 드려야 하나? 얼마나 많은 눈물을 흘리면 충분할까? 얼마나 많은 기쁨을 누려야 하나? 이런 질문을 하는 사람을 나는 들어본 적이 없다.

그러나 전체 초점이 기도하기, 혹은 감사드리기, 혹은 탄식이나 기쁨에 집중된 많은 예배를 인도하거나 참석해본 적은 있다. 이런 예배들은 모두 잘 받아들여졌는데, 왜냐하면 참석한 회중들이 그런 것들이 적절하고도 잘 어울린다고 경험했기 때문이었다.

우리가 하느님이 모든 생명을 주시는 분—원천—이심을 믿는다면, 그리고 우리가 알고 있는 생명의 토대라는 것이—지금과 무한한 미래에—위험한 지경에 처해 있다는 것이 참말이라면, 그럼 우리가 하느님과 연결될 때마다 이런 위기에 대해 상당한 주의를 집중하는 것이 적절하지 않겠는가?

1960년대 초반에 남부에 있는 흑인교회들에서, 얼마나 자주 예배나 기도회, 혹은 노래에서 시민 권리들에 초점을 맞추었다고 생각하는가? 1963년이 되기까지—일찌감치 적응한 사람들도 있었고, 뒤늦게 따라온 사람들도 있어서—무엇이 적절한 것인지를 각 회중과 담임목사가 분별하는 동안, 남부지역의 대부분의 흑인 교회들에서는 시민 권리들과 그 이름으로 일어난 운동이 예배 경험의 중심에 있었다. 뒤돌아보면 이는 자연스럽고 적절했으며 명백한 것으로 보인다.

우리의 후손들은 오늘날의 교회를 어떻게 뒤돌아볼 것인가? 인류가 일찍이 직면했던 가장 큰 도덕적 도전에 대해 오늘날의 교회가 주목하지 않은 것을 그들은 어떻게 설명할 것인가? 나는 윤리학자인 윌리스 젠킨스(Willis Jenkins)가 "세대와 세대 사이의 의무에 대한 신학적 윤리의 침묵"에 대해[4] 언급하면서 이런 중대한 질문에 대응한 것을 읽어보라고 높이 추천하고자 한다.

앞으로 나오는 것에서, 나는 이 책의 내용과 일관되고 잘 표현하

4) Jenkins, *The Future of Ethics,* p. 316.

는 예배에 대한 몇 가지 창의적인 접근을 제시할 것이다. 나는 또한 이 책에 실린 적절한 예배에 대한 수많은 다른 자료들도 추천한다.

모든 교회 예배에서 첫 번째 알림

교회나 회당이나 혹은 사원에서 드리는 모든 예배에서 처음 알리는 소식이 만일 다음과 같은 것들이라면 어떨 것인가?

> 매주일에 늘 하듯이, 지난 주간에 국회의원들이나 백악관에 접촉해서 지구 행성이 지속가능하도록 하는 새로운 법령을 주창하도록 요구한 분들이 계시면, 그 자리에서 일어서서 우리의 박수를 받아주십시오... 감사합니다, 그리고 여러분들 가운데 더 많은 분들이 다음 주일에 자리에서 일어서시기를 희망합니다.[5]

만일 우리가 오늘날의 과학적 현실들과 내가 3장에서 지적한 신학적 안내를 받아들이면, 회중들이 매주 이런 종교 의식과 영적인 실천을 충분히 사용하지 않으리라고 나는 상상할 수가 없다. 이제, 당신은 이렇게 생각할 수도 있겠다. "이건 우리 회중에서는 할 수가 없어. 사람들은 그걸 당파적 분열을 만들어낸다고 볼 거야." 하느님의 피조

---

5) Note: 나는 많은 복음주의자들이 이것을 지원할지 의심한다. See the 2010 post by Dr. Russell Moore. Dean of the School of Theology at Southern Baptist Theological Seminary, "An Evangelical Crusade To Go Green With God." Forum on Religion and Ecology, June 27, 2010, accessed September 18, 2017, http://fore.research.yale.edu/news/item/an-evangelical-crusade-to-go-green-with-god/.

세계를 보전하자고 주창하는 것을 어떻게 하느님의 이름으로 당파적이라고 이해할 수가 있단 말인가? 그리고 하느님의 이름을 걸고 말하는데, 하느님의 피조세계가 탈취당하고 또 하나의 이데올로기 분쟁으로 되는 것을 교회가 왜 허락해야 하는가?

우리가 기도하는 것을 영적인 실천이라고 이해한다면, 공동의 선을—하느님의 피조물이라는 선물을 보호하는 것을 포함하여—보전하는 것도 또한 그렇게 이해해야 한다. 기독교인으로서 우리는—우리가 지구를 약탈하고 기업의 이익을 위한 특권을 무시함으로써가 아니라, 우리의 몸들을 경계선에 둠으로써 좋은 소식(the Good News, 福音)을 선포하도록 부름을 받았다. 이런 주장을 하는 영적인 실천이 화석연료를 위한 로비(압력단체)의 영향을 능가할 만큼 충분히 강력하게 되면, 이 나라의 환경정책들이 변화될 것이다.

그렇다—이것을 당신의 회중에서 처음 알림으로 만드는 것은 정치적이다—그러나 그게 결코 당파적이 될 수는 없다. “정치적”이란 것은 행정부가 사회를 형성하는 방식이고, “당파적”이란 사회의 한 부분의 가치들에 초점을 맞춘 일방적인 것을 뜻한다. 특히 지금 기후변화가 우리 모두에게 영향을 주니까, 우리 회중들의 각 사람이 그런 구별을 이해해야만 하는 것이다.

매주일 반복할 증언들을 초대하라

여러 세기 동안 목회자들은 예배 시간에 치유와 기도의 능력을 중심으로 하는 증언들을 해주기를 초청해왔다. 당신의 일요일 예배에 최근에 하느님의 피조세계를 유지하도록 돕는 행동을 한 어떤 사람의

90초 증언을 추가한다고 상상해보자. 이런 증언들을 당신의 교회 웹사이트에 실어 나열한다고 상상해보자.

간일 홍수가 덮친 텍사스 주 휴스턴 주민들, 콜로라도의 불에 탄 도시들의 시민들, 그리고 서부 텍사스의 바싹 마른 농토들에 사는 사람들에게 그들의 담임목사들이 언젠가 그들이 모두 기후난민들이 될 것을—우리 모두도 그렇게 될 수도 있는 것을—인정하도록 미리 준비를 했었다고 상상해보자. 홍수, 불, 그리고 가뭄의 희생자들이 즉각 워싱턴 DC로 몰려가서 아직 태어나지 않은 세대들을 대신해서 열정적으로, 그리고 사정없이 입법 조치를 하도록 주창하여, 그들의 손자손녀들이—혹은 우리의 손자손녀들이—환경재앙을 덜 당하도록 한다고 상상해보자. 이런 형태의 증언은 매주일 증언에 의해 준비된 회중들로부터 일어날 수 있는 것이다.

나는 이것이 "거대한 요청"임을 알고 있다. 그러나 내가 복음서들을 읽어보니, 예수는 "거대한 요청"을 멀리하지 않으셨던 것으로 보인다. 만일 홍수가 빠지고 난 뒤에, 혹은 농작물들을 갈아엎어버린 뒤에, 여러 교단의 회중들이 정치적 운동을 주창하기로 준비되었다면, 그런 초교파적 기독교인들의 증언의 힘이 어떨지 상상해보라. 나는 "부흥운동"을 생각하고 있다. 개인적인 죄와 구원에 초점을 맞추기보다는, 그런 에큐메니칼 부흥운동은 이들 기후난민들로 하여금 자신들의 슬픔과 절망을 바꾸어 다음 세대를 위해서 지치지 않는 기독교인들의 입법 운동으로 전환하도록 감동을 줄 것이다. 코네티컷 주 뉴타운(Newtown)의 용감한 많은 시민들이 이런 종류의 헌신을 증명했다. 그들은 제자도가 요구하는 것의 모델이 되었다.

친숙한 예배의식을 변혁하여 새로운 것을 만들기

1970년대와 1980년대에 남아프리카의 교회들은 인종차별정책을 끝내는 데 가장 중요한 역할을 했다. 많은 가족들은 정치적 변화의 필요성을 선언하기 위해서 그들의 사랑하는 이들을 위한 장례의식을 다시 구성하기로 선택했다. 이런 가족들이 그렇게 하기 위해서 무엇을 해야 했는지 상상해 보라. 그들은 자신들의 개인적인 고난이 더 큰 고난의 일부임을 인정했다. 1960년대 초기에 시민 권리 운동을 하는 동안에도 똑같은 일이 일어났다. "자유를 위한 투쟁의 여름"(Freedom Summer)에 초점을 맞춘 "미국의 경험"(American Experience)이라는 PBS(Public Broadcasting Station: 미국공영방송—역자주)의 최근 프로그램은 살해당한 세 명의 투표권 행동가들 장례식에서 행한 설교의 일부를 다룬 것이다. 남아있던 개인적인 슬픔이 정치적 변화를 향한 긴급하며 타협이 없는 외침 속으로 흘러들어갔다.

환경적인 인종차별, 여섯 번째의 대멸종, 시리아의 전쟁, 매 5년마다 다가온 "100년 만의 홍수들," 식량부족과 기근, 해수면의 상승, 수압식 파쇄에 의한 지하수 대수층(帶水層)의 오염, 바닷물의 산성화, 생태계 파괴—이런 불의들 가운데 어느 것도 자연 질서의 일부인 것은 하나도 없다. 하느님이 교회를 불러서 불의를 다루도록 요청하시기 때문에, 하느님은 교회를 불러서 기후변화의 불의를 다루도록 요청하신다. 남아프리카의 인종차별정책, 미국에서 흑인들에게 시민권과 투표권을 거부한 것들에서처럼, 교회는 그 친숙한 종교의식을 변화시켜 이들 불의를 지적하고, 사람들로 하여금 함께 행동에 나서자고 촉진하도록 할 수 있고 또 해야만 한다.

당신과 당신의 회중은 굴러갈 바퀴를 다시 발명할 필요는 없다. 효과적인 자료들이 이 책의 맨 뒤에 있는 참고도서들과 웹사이트에 있다. 가장 감동적인 것들 가운데 하나는 2016년 4월 "그걸 땅 아래 묻어두어라"에 초점을 맞춘 일요일을 위해 만들어진 예배의식 자료다(http://april2016.uccpages.org/). 이 18페이지에 걸친 자료 모음의 맨 끝에, 보스턴에 있는 올드사우스 교회(Old South Church, UCC)의 목사들은 몇 가지 "조직을 만든 사람들을 축복"하기 위한 이런 신선한 서론을 제공했다.

> 정치적 조직은 모세로 하여금 파라오와 대결하라고 하느님께서 부르신 것에 뿌리를 두고 있는, 하느님이 강복하신 본질적인 사역이다. 화석연료를 지나치게 많이 사용한 것 때문에 생겨난 전 지구적 위기에 직면해서, 조직을 하는 것은 복음서 속에 선포된 희망의 증언에 대한 가장 효과적이고도 분명한 길의 하나다. 이런 축복들은 조직하는 것에 참여한 기독교인들을 높여주고 존중하며, 목회로 돌본다는 뜻이다. 축복들은 집집마다 찾아가서 투표자들을 접촉하는 축복, 전화로 모금을 하는 축복, 저항운동 지도자들을 위한 축복 등으로 구분된다. 이런 축복들은 훈련 뒤에, 일반적 예배 중에, 혹은 공동체가 당신들 가운데서 조직하는 이들을 치하하기에 알맞은 시간의 아무 때나 사용될 수 있다.

또 다른 훌륭한 종교의식 자료들은 "녹색신앙"(http://www.greenfaith.org/), "종교간 힘과 빛"(http://www.interfaithpowerandlight.org/), "샬롬센터"(http://theshalomcenter.org/prayer-service-because-earth-reallymatters)에서 찾아볼 수 있다.

기독교 전통에서 상대적으로 덜 발전된 신학적 자료는 성도의 교제 혹은 "구름 같은 증인들"(히브리서 12:1)에 대한 우리의 이해가 있다. 만일 우리의 삶에 의미를 주는 이야기들이란 권력과 지배의 유혹을 거절하고 그 대신에 모든 피조물들에 대한 그리스도의 주님 되심(Christ's Lordship)을 증언했던 성인들과 순교자들에 의해 우리들에게 전해진 것이라면 어쩔 것인가?6) 이런 방식으로 예배는 우리들로 하여금 세대와 세대 사이의 상호의존성 의식을 높여주고 우리로 하여금 행동에 나서도록 감동을 준다.

기후에 대한 부흥집회를 조직하고 주관하기

기후변화가 우리들로 하여금 여기에는 우리가 모두 해당된다는 것을 인정하도록 강요하는 까닭에, 그것이 당신과 당신의 회중에게 마을 혹은 지역에 있는 다른 교회들과 함께 나와서 당신의 공동체에 공통의 증언을 할 기회를 제공한다. 많은 교회들이 그런 범 교단간의 예배를 개최했을 뿐만 아니라, 많은 예배당들이 범 종교간 예배를 위해 함께 나왔다.

2013년 4월에 뉴잉글랜드 지역 환경 목회(NEREM = New England Regional Environmental Ministries)가 보스턴 중심가에서 "기후 부흥집회"(Climate Revival)를7) 열었을 때, 뉴잉글랜드 지역 22개 교단(성공

---

6) See Jenkins, *The Future of Ethics*, p. 298.

7) Video appearances by Archbishop Desmond Tutu and Bill McKibben, along with a video of Katharine Jefferts Schori, the Presiding Bishop of the Episcopal Church, preaching at Trinity Church in Copley Square, can be

회, 루터란, UCC, 정교회, 미국침례교회, 장로교회 등)의 지도자들이 두 교단의 국가 대표들과 함께 모였다. 600여 명의 사람들이 집회에 참여했는데, 여기서 그에 앞서 12일 전에 일어났던 보스턴 마라톤에서 폭탄 테러 사건으로 사망했거나 부상당한 사람들을 추모했다. 이 사건은 마을이나 도시에서 기후 활동을 인도하는 모델이 되었다.

모든 피조물을 포함하는 예배

여섯 번째 대멸종의 시대에 살면서, 우리는 하느님께서 홍수 뒤에 계약을 맺은 것은 노아와 그의 가족들뿐만 아니라 살아있는 모든 피조물들 및 장차 태어날 것들과도 맺은 것이었음을 기억할 필요가 있다. 그러나 윤리학자 윌리스 젠킨스(Willis Jenkins)는 이렇게 지적한다.

> 생물 다양성이 손실되는 시대에, 정규적인 예배에서 인간이 아닌 피조물들이 출현하지 않는 것은 기독교인들로 하여금 윌슨(E. O. Wilson)이 말한 "우리의 후손들이 우리를 용서할 것 같지 않은 어리석음"을 잊어버리게 하는 것이다. 생물학적인 것들이 사라지는 가운데서, 다른 피조물들이 없는 예배드리기는 예배 회중들로 하여금 피조물들을 소멸시키는 힘에 대해 무관심하게 만든다.[8)]

---

viewed at http://www.macucc.org/climaterevivaldenominationalleaderssignsharedstatement. 거기에서 당신은 "Lazarus, Come Out: A Shared Statement of Hope in the Face of Climate Change"가 20여 명이 넘는 교단 지도자들이 서명한 것을 발견할 것이다.

8) Jenkins, *The Future of Ethics*, p. 313.

『짐승들에게 물어보라: 다윈과 사랑의 하느님』(*Ask the Beasts: Darwin and the God of Love*)[9]라는 책에서 저자인 엘리자베스 존슨(Elizabeth A. Johnson)은 우주적 구원에서 동물들을 (그리고 식물들도) 배제한 기독교 신학자들이 한 주장들의 역사를 검토하고 비판했다. 기후변화는 모든 피조물들에게 해악을 끼치기 때문에, 기독교의 역사적 인간중심주의는 존슨과 폴 샌트마이어(Paul Santmire)가 제공하는 그런 종류의 비판을 필요로 한다.[10] 일요일 아침에 예배를 드리는 모든 사람들은 우리의 실내 모임들이 인간중심적 초점을 고치는 데 도움이 될 수 있을지, 그리고 실외에서 좀 더 자주 예배를 드릴 수 있을지에 대해 심사숙고해 보아야 한다.

목사 안수 선서와 인류세에 새로운 생명

압도적인 다수의 신학자들과 윤리학자들과 더불어, 나는 이미 교회가 기후재앙에 직면하여 세대와 세대 사이의 의무와, 어떻게 희망을 길러낼 수 있는지에 대해서는 침묵하고 있음을 지적했다. 교회는 목사 안수 과정의 선서를 갱신함으로써 이런 못 본체 넘기기를 바로잡을 수 있을 것이다.

가령 안수 예비자들이 그녀/그의 배우자가 출산을 기다리고 있다고 하고, 그 안수 예비자가 하는 설교에 최소한 모든 피조물들과 미래 세대들과 하느님의 계약에 대해 말하는 것을 목사 안수 선서에 덧붙

---

9) Eizabeth A. Johnson, *Ask the Beasts: Darwin and the God of Love* (Londdon: Bloomsberry, 2014), p. 228.

10) Paul Santmire, *The Travail of Nature: The Ambiguous Promise of Christian Theology* (Minneapolis: Fortress, 1985).

인다면 어떨까? 혹은 회중들 가운데서 한 아기가 태어날 때마다, 담임목사의 그 다음 주 설교는 세대와 세대 사이의 책임들에 대한 것을 설교하기로 하는 것이다. (평균연령이 40세 이하인 상당한 규모의 회중들에게는, 이런 것이 세대와 세대 사이의 상호의존성이 설교의 정규적인 제목이 되게 할 수도 있다. 나쁜 생각이 아니다!)

만일 교인 가운데 한 사람이 임신 중이면 본인—혹은 그 배우자가—윤리학자 레이첼 무어스(Rachel Muers)가 제기한 다음과 같은 질문에 대해 간단한 응답을 한 달에 한 번씩 2분 동안의 증언으로 공유하기로 한다면 어떨까?

> **위협을 받고 있는 세상에서, "우리가 아기들을 낳고 기른다는 것은 도대체 무엇을 뜻하는가?"[11]**

이런 증언을 준비하기 위해서 교회는 "사랑하는 내일이여"(Dear Tomorrow)[12] 같은 자료—사람들이 그들의 친구들 및 가족들과 왜 그들이 기후변화에 대해 염려하는지를 이야기로 만들고 공유하는 토론회—에 관심을 돌릴 수도 있다. 혹은 회중들이 『자연의 종말의 도래: 도전받은 지구 행성 위에서 살아가야 할 세대』(*Coming of Age at the End of Nature: A Generation Faces Living on a Challenged Planet*)[13]를

---

11) Rachel Muers, "Pushing the Limit: Theology and the Responsibility to Future Generations," *Studies in Christian Ethics*, 16(2) (2003). Jenkins cites other articles from Muers in *The Future of Ethics*, footnote 66 on p. 320.

12) See Dear Tomorrow website, http://www.deartomorrow.org/en/home/.

13) Julie Dunlap and Susan A. Cohen, eds. *Coming of Age at the End of Nature: A Generation Faces Living on a Challenged Planet* (San Antonio: Trinity University Press, 2016).

읽어볼 수도 있는데, 이 책은 천년왕국설을 믿는 사람들의 수필들을 모은 책인데 우리 모두가 생각해 볼 만한 것이다.

지구가 성사(성례전)라면, 우린 그걸 어떻게 취급할까?[14)]

래리 라스무쎈(Larry Rasmussen)은 그의 걸작 『지구를 공경하는 신앙』(*Earth-honoring Faith*)의 중간쯤에서 도발적인 질문을 던진다. 일찍이 2000년에 시애틀의 알렉스 브루넷(Alex Brunett) 대주교는 위험에 처한 컬럼비아 강 유역을 "성사(성례전)적 공유지"(sacramental Commons)라고 언급했다. 그보다 9년 전인 1991년에 미국의 카톨릭 주교회의에서 『지구를 새롭게: 카톨릭 교회의 사회적 훈령의 빛에서 본 생각과 행동에로 초대』(*Renewing the Earth: An Invitation to Reflection and Action in Light of Catholic Social Teaching*)를 발표했다.[15)] 거기에서 그들은 말하기를, "우리는 자손들과 아직 태어나지 않은 미래 세대들을 위해서 지구 행성을 보호하고 보전하도록 마음을 바꿀 필요가 있다"고 했다. 우리의 마음을 변화시킬 힘은 "성사적인 우주 자체" 안에 있다고 주교들은 주장했다.

라스무쎈은 더 나아가서 이런 "성사적 우주라는 비전"을 이슬람, 불교, 동방정교회의 가르침에 연결시키면서, 우리들 대부분이 상상하는 것보다 훨씬 보편적인 전통들을 우리들에게 상기시킨다. "이런 전통들에서는 종교 의식의 집행은 우주 공동체와 피조물들의 구원을 위

---

14) Rasmussen, *Earth-honoring Faith,* p. 257.

15) US Catholic Bishops, *Renewing the Earth: An Invitation to Reflection and Action in the Light of Catholic Social Teaching* (Washington, DC: US Conference of Catholic Bishops, November 14, 1991).

한 드라마를 재현하는 것이다."[16] 성공회 대주교인 윌리엄 템플(William Temple)이 이런 견해를 공유했고, 아메리칸 인디언들은 자연 세계의 거룩함을 오래 동안 인정해서 결코 잊지 않았다는 것을 내 친구 마가레트 벌리트-조나스 목사(the Rev. Dr. Margaret Bullitt-Jonas)가 내게 상기시켜주었다.

이런 논의에 더 이상의 탐구가 필요한지 나는 잘 모르겠다. 세계의 종교들이 지구를 존중하는 여러 다른 방식들을 인정하기에, 나는 어떤 종교인—모든 종교인 각자—이 지구를 존중하고 싶어 하는 방식을 높여줄 시간이 아닌가 생각한다. 우리를 구별하는 것이 그 무엇이든 (믿음들, 실천들, 문화, 태어난 국가, 나이 등) 우리는 공통의 관심사, 공통의 도덕적 의무, 그리고 공통의 성사적 행위를 나누고 있다. 만일 일상적인 종교 의식이 우리들에게 모든 생명의 근원을 생각나게 해주고, 하느님의 피조물들의 균형을 회복하려는 우리의 확신을 갱신시켜준다면 어떨까? 그런 선서는 개인이 사적으로 말할 수도 있지만, 행동에 옮기는 데는 오직 다른 사람들과 연대해서만 할 수 있다면 어쩔 것인가?

나는 2014년 여름에 라스무쎈의 책을 읽고 난 뒤에 이런 생각을 발전시키기 시작했다. 2014년 11월에는 예일대학교 신학대학원에서 거행된 토마스 베리(Thomas Berry) 탄생 100주년을 축하하는 기념식에서 라스무쎈과 내가 함께 강연을 하게 되었는데, 우리는 사적으로 그런 선도적인 행사에 대한 공통의 열정을 서로 나누었다. 그리고 2016년 4월에는 나의 귀한 친구이며 UCC 목사인 안드레아 아이바지안(Andrea Ayvazian)이 지구의 날에 "우리는 자신들의 것이 아니다"

16) Rasmussen, *Earth-holnoring Faith,* p. 263.

(We Are Not Our Own)란 설교를 했는데, 거기에서 그녀는 주장하기를 "아마도 현재 UCC에 의해 인정되고 있는 기존의 두 가지 성사인 세례와 성찬식에 더하여 세 번째 성례전을 추가할 때가 되었다"라고 했다. 피조물들을 구원하라는 하느님의 부르심을 예식화하고자 하면서, 그녀는 흙의 성사(the Sacrament of Dirt)를 제안해서, 우리들로 하여금 흙은 거룩하며 우리는 흙과 먼지로 만들어졌고, 결국에는 그런 상태로 돌아갈 것임을 일깨워준다. 그런 성사는 "우리는 무엇보다도 우리가 사랑하고 존중하고 보호해야 할 땅의 피조물임"을 생각나게 할 것이다.

그와 동시에, 나는 교회들이 일요일 예배에서 "그걸 땅 아래에 묻어두라"는 주제에 초점을 맞추도록 전국적인 선도적 행사를 전개하는 것을 돕고 있었다. 이런 선도적 행사를 계획하는 가운데, 나는 만일 "그걸 땅 아래에 묻어두라"는 것(즉 석탄, 가스, 석유를 그것들이 소속된 곳인 땅 아래에)이 교회들의 의해서—그리고 아마도 다른 신앙전통들에 의해서—성사적인 행동으로 인정될 수 있을지 의심했다. 화석연료를 땅 아래에 묻어두는 것은 모든 살아있는 것들의 거룩함을 존중하는 우리의 헌신을 물리적으로 대표하는 것이 될 것이다. 이런 성사를 위한 종교의식은 다양할 것인데—마치 현재의 기독교 성사들의 표현에 다양함이 있는 것처럼—그러나 이 경우에는 심지어 더욱 그러하다. 이런 성사의 가능한 "표현"은—혹은 달리 말해서, 피조물의 거룩함의 표현들은—이런 것들을 포함할 것이다: 태양 발전판 설치하기, 자동차를 타는 대신에 걷기, 석탄 운반 기차를 막아 세우기 등등. 이런 것들의 각각은 이런 행동들 모두의 근본적인 통일성을 인정하는 예식화된 기도문들을 말함으로써 실행할 수도 있다. 신앙의 공동체들은 예배 인도자로 하여금 다음과 같이 질문을 하게 함으로써 이런 종교예식의 개인적인 표현들과 연결될 수 있다: 우리들 가운데 누가 지난 주간에 "그걸 땅 아래 묻어두라"는 성사적 행동을 실천했습니까? 사람들은 각각의 설명에 대해, 하나씩 응답할 수도 있고, 회중은 통성으로 강력한 동의를 할 수도 있다.

이런 것은 도발적인 제안이지만, 이것이 끄는 힘을 얻게 될 것을 상상해보라. 만일 그런 개인적이며 공동체적인 영성 훈련이 독특한 회중과 다양한 신앙들에게 지구를 치유하기 위한 통일적인 헌신을 제공할 것을 상상해보라.

예배를 익숙하게 길들이지 않기

빈센트 하딩(Vincent Harding)은 미국 의회가 마틴 루터 킹 목사(Martin Luther King Jr.)를 기념하는 연방 공휴일을 제정할까봐 오히려 염려했다. 하딩 교수는 사회 활동가요, 흠잡을 데 없는 학자이며 반전 평화주의자로서, 킹 박사의 가까운 조력자였다. 하딩은 킹 박사의 가장 유명한 연설들 가운데 하나를 썼다. 그것은 "베트남을 넘어서"(Beyond Vietnam)와 "침묵을 깰 때"(A Time to Break the Silence)라고 알려진 연설문이었다.[17] 킹 박사는 뉴욕에 있는 리버사이드 교회에서 1967년 4월 4일에 이 연설을 해서 미국을 흔들었다. 그러나 그는 또한 그의 가장 헌신적인 조력자들도 흔들었다. 그들 대부분은 킹 박사

17) Martin Luther King Jr., "Beyond Vietnam—A Time to Break the Silence" (sermon delivered at Riverside Church, New York City, April 4, 1967), accessed September 18, 2017, http://www.americanrhetoric.com/speeches/mlkatimetobreaksilence.htm.

에게 그의 증언을 민권운동에만 제한해서 초점을 맞추도록 요구했다. 그러나 킹 박사가 한 유명한 말은 "나는 내 양심을 분리할 수가 없소"였다—그리고 생애 마지막이 된 해에 그는 주장하기를, 인종차별주의, 극도의 물질주의, 그리고 군사주의라는 거대한 3중의 대적과의 투쟁은 따로 따로 분리할 수가 없다고 했다. 하딩도 이런 연결들을 보고 있음을 알고서, 킹 박사는 "참된 가치의 혁명"을 하라고 미국에 요구하면서 하딩에게 도움을 청했다. 킹 박사는 이런 양심의 부름에 호소한 뒤 정확히 1년이 지나서—청소부들의 파업을 지원하기 위해 멤피스에 머무는 동안에—암살되었다.

비록 수백만 명의 미국인들이 킹 박사의 생일을 연방 공휴일로 만들자는 것을 충분히 지지했지만, 빈센트 하딩은 망설이고 있었다. 레이건 대통령이 공휴일 제정 명령서에 서명을 하기 12일 전에, 하딩은 애틀랜타 신문에 그의 염려를 다음과 같이 투고했다.[18)]

> 우리가 너무도 자주 예수에게 한 것과 똑같이 마틴 루터 킹 목사에게 하는 것은 매우 위험하다. 즉, 그를 벽 위에 높이 세우고는 그를 거기에 두고 우리는 떠나서, 그의 탄생일을 공휴일로 삼고 물건들을 사들이는 데 열광하거나 그를 길들이는 데 사용한다. 즉 그가 우리에게 요구하는 것 대신에, 그를 우리가 원하는 것으로 만들어버린다.

나는 사랑과 진리가 이 땅 위에서 가장 강력한 힘들이라고 믿는

---

18) Harding은 1983년 10월 23일, 조지아 애틀랜타에서 "The Black Church, the Third World, and the Peace"라는 제목으로 연설했는데, 그의 연설의 발췌본이 *Sojourner* 잡지에 (1984년 10월)에 실렸다. accessed September 1, 2017, http://sojo.net/magazine/october-1984/struggle-and-transformation.

다. 종교가—그 최선에서는—신앙인들을 세상 속에 드러내서, 평화롭게 공정한 세상을 만드는 데 봉사하도록 진리를 증언함으로써 사랑을 구현하도록 함께 행동하게 한다고 나는 믿는다. 만일 우리가 예배 경험을 어떤 특정한 건물과 특수한 시간에 한 차례나 두 차례로 제한한다면, 우리는 우리의 소명을 이룰 수가 없을 것이다.

빈센트 하딩의 염려에 더하여, 나는 우리가 예배를 익숙하게 길들여서 그 변혁의 힘을 속박할 위험이 있다고 염려한다. 나는 또한 기후위기를 극복하는 데 필요한 모든 것을 하느님이 우리에게 주셨다고 믿는다. 그러나 그렇게 하기 위해서는, 우리가 예배를 익숙하게 길들이지 말아야 한다.

윌리엄 바버(William J. Barber II) 목사가 그 길을 인도하고 있다. 2013년 이래로 "도덕적 월요일 운동"(Moral Monday Movement)은 "성령이 건물을 떠나셨다"고 선언하고 거리로 나섰다. 민권운동과 마찬가지로, 도덕적 월요일 운동은 노래, 예식, 의식, 운동, 설교, 기도, 그리고 축하 등에 의해 진척되었다. 민권운동처럼 도덕적 월요일 운동도 가치들, 비전, 양심, 확신, 그리고 용기를 공유하는 동지들을 옹호했다. 2016-2017년에 바버 목사는 다른 세 명의 예언자적 종교 지도자들과 함께 "부흥: 가치들의 도덕적 혁명을 위한 시대"(The Revival: Time for a Moral Revolution of Values)"19)를 시작했다. 그들의 전국적인 순회는 지역에서 초청하는 그룹들과 협조하면서, "침해 수리"(Repairs of the Breach), "큰 주제 연구소"(Drum Major Institute), "국가 목회 치유"(Healing of the Nations Ministries), 오번 신학교(Auburn Seminary), "카

---

19) See "The Revival: Time for a Moral Revolution of Values" website http://www.moralrevival.org/.

이로스 센터"(Kairos Center), "새뮤얼 드윗 대의원회"(Samuel DeWitt Proctor Conference), "최저임금 15달러 투쟁 본부"(Fight for $15), "중도 프로젝트"(Middle Project) 등의 지원과 승인을 얻은 협력 사업이었다.

바버 목사의 증언, 즉 세상의 빛이 되기 위해 예배를 거리로 가져온 빛나는 방법과 이런 가치들을 공유하는 세속적 동지들을 위한 자석 노릇을 한 증언은 피조물들을 보호하고 회복하라는 하느님의 부르심에 교회가 어떻게 응답할 수 있는가에 대한 모델이 되었다.

예배 의식을 거리로, 송유관으로, 철길로 끌고 나가기

화석연료를 위한 사회 기반시설의 확장을 저지하기 위한 공공의 종교의식에 내가 처음 참가한 것은 2016년 5월 25일이었다.[20] 여러 달 동안 보스턴 지역 주민들과 기후 행동가들이 스펙트라 에너지(Spectra Energy)가 웨스트 록스베리 래터랄 송유관(West Roxbury Lateral pipeline)을 설치하는 것에 항의를 해오고 있었다. 건설현장에서 멀지 않은 곳에 집회를 위해 100여 명의 사람들이 모이면서 아침은 시작되었다. 그 집회는 여러 종교의 성직자들이 인도했고, 노래 부르기, 선창과 응답, 성경읽기, 설교, 기도 순서를 포함했다. 그리고는 회중

---

20) Alexis Sachedev, "Religious Leaders Arrested in Protest of Controversial Natural Gas Pipeline," *Metro USA*, May 25, 2016, accessed September 18, 2017, http://www.metro.us/boston/religious-leaders-arrested-in-protest-of-controversial-natural-gas-pipeline/zsJpay—DZD7s2dnUYimns; Tiffany Vail, "Antal Among 15 Clergy Arrested at Pipeline Protest," Massachusetts Conference UCC, May 25, 2016, accessed September 18, 2017, http://www.macucc.org/newsedetail/antal-among-16-clergy-arrested-at-pipeline-protest-4882568; see also Clergy Climate Action Website, http://www.clergyclimateaction.org/.

들이 건설현장으로 행진하여 그곳에서 15명의 다른 성직자들과 내가 포장도로 위에 앉아서, 길 복판에 파낸 1.8m 깊이의 고랑에 발들을 뻗어 흔들고 있었다. 우리들은 다양한 그룹이어서, 미국침례교인, 불교인, 성공회교인, 힌두교인, 유태교인, 장로교인, UCC교인, 유니버설리스트 등등으로 구성되어 있었다. 우리들은 계속해서 노래하고, 성경을 인용하고, 설교하고, 기도하다가, 마침내 경찰관들이 우리를 일으켜 세우고, 하나하나 등 뒤로 손에 수갑을 채웠다. 수송차량에 꽉 채운 뒤에, 우리는 경찰서로 연행되어 거기에서 조사를 받았다.

한 달 뒤에, 유니온 신학교에 있는 "지구윤리 센터"(Center for Earth Ethics)의 지도자이자 앨 고어(Al Gore) 전 부통령의 딸이기도 한, 카레나 고어(Karenna Gore)가 다른 22명과 더불어 같은 장소에서 비슷한 거리 예식을 행하는 데 참여했다.[21] 건설현장에 도착한 뒤, 12명의 성직자들이 기후변화의 희생자들을 위한 집단적 장례식을 거행하여, 송덕(eulogy), 기도, 그리고 추모의 순서들을 진행했다. 장례예식을 끝낸 뒤에 몇 명의 성직자들은 깊은 고랑 옆에 누워 건설공사를 막았다. 다른 사람들은 고랑에 내려가 드러누워서 마치 관들 속에 있는 것처럼 했다. 그들을 체포한 것은 상당히 언론의 주목을 끌었다.

집단 매장을 환기시킨 이런 비폭력적 행동은 그 몇 주 전에 로이터 통신이 파키스탄의 한 무덤 파는 사람을 인터뷰한 것에서 영감을 얻은 것이었다.[22] 그 무덤 파는 사람은 최근에 1300명도 넘는 사람

---

21) "Al Gore's daughter Karenna arrested in Boston," *New York Times Women in the World,* June 30, 2016, accessed September 18, 2017, http://www.nytimes.com/womenintheworld/2016/06/30/al-gores-daughter-karenna-arrested-in-boston/.

22) Yiming Woo, "Pakistan Diggs Mass Graves as Heat Waves Looms,"

들이 죽음을 당한 뜨거운 열파(熱波)가 다시 닥쳐올 것을 예상하고, 미리 3백 명을 위한 무덤을 판 것이었다.

이 이야기에 감동되어, 기후 행동가이자 유니테리언 유니버설리스트(Unitarian Universalist)인 팀 데크리스토퍼(Tim DeChristopher)가 이런 "파묻혀 죽음"의 모임을 조직했다. 이것은 팀이 2008년에 정부의 석유와 가스 경매에서 구매자로 가장하여 행사를 방해한 후 처음 행한 시민불복종 행사였다. 팀의 용감하고도 예언자적인 증언 이야기는 다큐멘터리 "입찰인 70"(*Bidder 70*)에 실렸다. 그는 연방교도소에서 21개월 복역하고 출소한 뒤에 하버드대학교 신학대학원에 등록했다.

보스턴 시에서 저항이 진행되고 있는 동안, 스탠딩 로크(Standing Rock)에서는 물 보호자들이 다코타 통과 송유관 건설에 저항하면서 역량을 모으고 있었다. 2014년 9월에는 스탠딩 로크 인디언 부족 시의원인 데이브 아취앰볼트(Dave Archambault II)가 다코타 통과 송유관 대표자들에게 인디언 부족은 이 건설계획을 지지하지 않겠다고 통보했다. 2016년 여름에는 여러 부족들을 대표하는 물 보호자들 외에도 그들의 증언에 연대를 표시하는 다른 수백 명들이 가담했다. 그들의 끈질기며 기도하는 비폭력적 증언은 물대포, 최루탄, 그리고 사람을 무는 개들의 공격을 당했다.

2016년 11월 초에는 물 보호자들과의 연대를 표시하는 5백 명이 넘는 성직자들이 전국에서 몰려와 스탠딩 로크 모임에 참가했다.[23]

Reuter's Video, May 20, 2016, accessed September 18, 2017, http://www.reuters.com/video/2016/05/20/pakistan-diggs-mass-graves-as-heat-wave-l?videold=

23) Carol Kuruvilla, "Standing Rock Protestors Burn Documents That Justified Indigenous Oppression," *Huffington Post,* November 4, 2016, accessed September 18, 2017, http://www.huffingtonpost.com/entry/interfaith-

그들의 예배는 찬송가, 성경, 설교, 기도를 포함했다. 그들의 고백은 15세기의 미국 식민주의와 원주민 억압을 정당화한 일련의 종교문서들인 "발견의 원리"(Doctrine of Discovery) 종이를 불태우는 형태로 진행되었다. 당시의 교황이 발표한 법령은 기독교로 개종하지 않겠다는 토착민들을 노예로 만들거나 죽이는 것을 너그럽게 못 본 체했다.

신앙인들에게 스탠딩 로크에 모이자고 또 다른 초청이 나온 것은 2016년 12월 4일이었다. 사설 경비원들과의 대결이 점차 증폭되었기에, 그리고 스탠딩 로크의 야영시설이 곧 강제철거될 예정이란 위협 때문에, 수천 명의 참전용사들이 주말에 몰려와서 몸에 보호장구를 입고 가스 마스크를 쓰고 "인간 방패" 역할을 하겠다고 알려왔다. 나의 친구이자 동역자인 마가레트 벌리트-조나스 목사는 최소한 30개 신앙전통들을 대표하는 신앙인들과 함께 여러 시간 걸린 혹독하게 추운 기도회에 참여했다. 그녀가 자신의 경험을 감동적으로 설명한 것은 나중에 다른 송유관 시설에서 가질 또 다른 미래의 예배에 안내 역할을 할 수 있을 심오한 증언과 통찰을 주었다.24)

2011년 11월 6일, 워싱턴 DC에서 키스톤(Keystone XL) 송유관 항의 집회의 일부로 거리에서 예배를 소집하면서 내가 수백 회중들에게 대표자들을 보내달라고 요청했을 때는 아무도 응답하지 않았었다. 그러나 6년 뒤에, 2017년 7월 3일, UCC 전국총회가 "모든 화석연료 기반시설 확장에 저항하고 모든 공동체들이 접근할 수 있는 재생 가

---

c ergy-dapl-doctrine-of-discovery-us-581cb86ac406aac6248d92f.

24) Margarett Bullitt-Jonas, "Standing Rock Protestors Burn Document That Justified Indigenous Oppression," *Huffington Post,* November 4, 2016, accessed September 18, 2017, http://revivingcreation.org/standing-rock-good-tidings-of-great-joy/.

능 에너지의 새로운 자원을 요구"하는 헌신을 포함한 성명서를 채택했다. 그로부터 3주일도 되지 않아, 매사추세츠 힝햄(Hingham)의 거리 구석에서 두 명의 지역 UCC 목사와 한 명의 침례교 목사가 인접한 마을 노스 웨이무스(North Waymouth)에 7700마력짜리 수압파쇄 가스 압축시설을 지으려는 엔브리지(Enbridge: Spectra Energy 의 새로운 이름)의 계획에 항거하기 위해 매주 한차례씩의 기도모임을 소집했다.[25]

그보다 며칠 전에는 뉴잉글랜드 퀘이커들과 동료 여행자들이 60마일 기후 순례여행을 마쳤다.[26] 그들은 포트무스(Portmouth)에 있는 뉴햄프셔 주의 두 개 석탄화력 발전소의 하나인 쉴러 스테이션(Schiller Station)에서 그들의 순례를 시작했다. 여행하는 동안 그들은 교회 바닥에서 잠을 잤고, UCC 성명서를 배우면서 용기를 유지했다. 그들의 순례행진이 뉴햄프셔 주 보우(Bow)에 있는 매리맥(Merrimack) 석탄화력발전소에 도착하자, 그들은 발전소 정문 앞에서 예배를 드렸다. 그들 가운데 13명이 석탄을 발전소에 수송하는 철로 위에 천막을 쳤다. 별이 빛나는 아름다운 밤이 지나고, 그들은 일요일 아침예배를 드렸다. 에버쏘스(Eversource: 발전소 소유자)의 임원들과 철도경찰들이 몇 차례 그들을 방문했지만, 공공의 소요를 일으키지 않으려고, 그들 보고 떠나라고 요구하지는 않았다.

---

25) Tiffany Vail, "Prayer: The Missing Ingredient in a Fight for the Environment," Massachusetts Conference UCC, July 19, 2017, accessed September 18, 2017, http://www.macucc.org/newsedetail/prayer-the-missing-ingredient-in-a-flight-for-the-environment-8794043.

26) Jay O'Hara, "Quaters Blocking Bow Coal Plant Break Camp After 24 Hours," Climate Pilgrimage Website, July 16, 2017, accessed September 18, 2017, http://climatepilgrimage.org/press-releaseb-quakers-blockading-bow-coal-plant-break-camp-after-24-hours/.

2017년 7월 9일에 펜실베이니아 주의 시골 랭커스터(Lancaster) 카운티에서 한 무리의 수녀들이 새로운 채플을 세웠다.[27] 그 채플은 한 개의 제단과 한 개의 설교단과 수녀들이 소유하고 있는 땅의 들판에 놓인 8개의 긴 의자들로 구성되었다. 그 특별한 장소가 선택된 것은 "대서양 일출"(Atlantic Sunrise)이라고 부르는 시설 계획에 예정된 천연가스 수송파이프가 건설될 예정 경로에 그 자리가 놓여 있었기 때문이었다. 이 수녀들은 "그리스도의 보혈 흠숭회"(Adorer of the Blood of Christ)라는 수녀회에 소속되어 있었다. 2005년에 그 수녀회는 자기들이 초안을 낸 생태정의 원칙에 따라 사업거래를 하기로 합의를 보았다. 그들의 "땅에 대한 윤리"는 브라질의 수력발전 개발에 항거하고 과테말라에서 금광을 채굴하는 데 반대하도록 총회 결의를 촉진했다. 윌리엄스(Williams) 회사는 이제는 토지 수용권(eminent domain)을 이용해서 펜실베이니아에서 그들의 땅을 강점하려고 위협했다. 많은 관찰자들은 스탠딩 로크에서 본 저항과 비슷한 것들을 보았다. 만일 판사가 윌리엄스 회사로 하여금 토지를 강점하도록 허락한다면, 수녀들은 상고할 것이고, 송유관 반대 랭커스터 조직과 연대한 활동가들이 윌리엄스 회사가 채플을 파괴하지 못하도록 24시간 기도회를 시작할 준비를 할 것이다.

네브래스카 주의 선량한 사람들은 여러 해 동안, 키스톤(Keystone XL) 송유관 건설 계획에 반대해오고 있다. 농부들과 환경주의자들의

---

27) Julie Zauzmer, "Catholic Nuns in Pa. Build a Chapel to Block the Path of a Gas Pipeline Planned for their Property," *Washington Post*, July 16, 2017, accessed September 18, 2017, http://www.washingtonpost.com/local/social-issues/catholic-nuns-in-pa-build-a-chapel-to-block-the-path-of-a-proposed-gas-pipeline/2017/07/16/0096e7ce-6a3c-11e7-96ab-5f3814ob38cc-story.html?tid=ss-mail&utm-term=.0c2b3525ecc0.

인상적인 제휴가 "대담한 네브래스카"(Bold Nebraska)를 구성하기 위해 결합했다. 그들의 새로운 대책은 만일에 그 송유관이 승인될 경우에 토지 수용권으로 강점될 예정된 경로를 따라 땅 위에 태양 발전판들을 설치하는 것이었다.[28] 몇 년 전에 나는 네브래스카 주에 있는 모든 UCC 교회들의 연차모임을 위한 주제 강사로 초대받았다. 주최측에서는 나의 기후변화에 대한 메시지가 어떻게 받아들여질지 확신하지 못했다. 청중들의 절반이 넘는 사람들이 농부들인 것을 알았기에, 나는 내 강연을 시작하면서 "당신들 가운데 얼마나 많은 분들이 스스로를 농부라고 생각하십니까?" 하고 질문을 했다. 대략 4분의 3 정도가 손을 드는 것을 보고, 나는 "만일 내가 당신들은 과학자들입니다 라고 해도 괜찮겠습니까? 왜냐하면 성공적인 농부들은 매일 과학에서 배우기 때문이지요"라고 했다. 그들은 박수로 응답했고, 그리하여 우리는 아주 좋은 이틀 동안의 대화를 나눌 수 있었다.

여러 해 동안 점차 많은 교단들과 회중들이 창조절기(Season of Creation)에 참여해왔는데, 9월 1일부터 성 프란체스코의 날(St. Francis of Assisi Day: 10월 4일 세계 동물의 날—역자주)까지 회중들에게는 창조에 근거한 성경봉독이 제공된다. 조직하는 사람들은 회중들이 종교 의식과 행동에 참여하는 것을 환영한다. 그들의 웹사이트에서[29] 당신은 예배자료들과 바르톨로메오 총대주교(Patriarch Bartholomew)와 카톨릭 교황 프란체스코(Pope Francis)의 성명서 및 활동가 빌 매키븐이 인도하는 기도회를 발견할 수 있을 것이다. UCC의 생태정의 신학자 피터

28) Mark Hefflinger, "SOLAR XL: Resisting Keystone XL By Building Clean Energy in the Pipeline's Path" Bold Nebraska Website, July 6, 2017, accessed September 18, 2017, http://boldnebraska.org/solarxl.

29) Season of Creation Website, http://seasonofcreation.org/.

소오텔(Peter Sawtell)은 당신의 회중들에게 행동을 안내해줄 짧고도 도움이 될 자료를 썼다.[30] 피터 소오텔의 조직인 "생태정의 목회"(Eco-Justice Ministries)는 이 새롭고 더욱 활동적인 창조절기(Season of Creation)의 동반자다.

이런 사례가 분명히 알려주는 바는 화석연료 회사들이 지구를 훼손하기 위해 필요한 사회적 인가를 취소하는 데 교회가 결정적 역할을 할 수 있다는 것이다. 그런 예언자적인 증언은 매우 중요하다. 수압파쇄 채광법이 천연가스를 점점 더 싸고 쉽게 얻을 수 있게 만들어서, 화석연료 회사들은 새로운 송유관들을 건설해야 한다고 주장하면서, 수백 개의 송유관들이 전국에서 작동중이다. 동시에 태양과 바람으로 생산하는 에너지 비용이 계속 하강하고 있어서, 많은 곳에서는 이제 천연가스 비용과 서로 맞서게 되었다. 미국의 송유관 연결망에 천연가스 파이프라인을 새로 추가해야 한다는 것은 마치 구리로 만든 전화선을 탄자니아, 케냐, 가아나, 세네갈, 나이지리아, 남아프리카의 마을마다 시설해야 한다고 생각하는 것만큼이나 이해가 되지 않는다. (뉴스 속보: 이들 아프리카의 국가들에 사는 대부분의 사람들도 이미 휴대용 전화기들을 갖고 있다!)[31] 그러나 토지 소유자들이나 시골마을에선 이런 계략에 빠져, 송유관 개발자들에게 부동산을 팔기 쉽다.

교회들이 공공의 증언이란 행동을 통해서, 가스회사들이 새로운

30) Peter Sawtell, "Act and Pray in the Season of Creation," Eco-Justice Note, July 28, 2017, accessed September 18, 2017, http://www.eco-justice.org/E-170728.asp.

31) Damon Beres, "In Parts Of Africa, Cell Phones Are Everywhere And Landliness Barely Exist," *Huffinton Post*, April 30, 2015, accessed September 18, 2017, http://www.huffingtonpost.com/2015/04/20/africa-phone-study-n-7081868.html.

화석연료 기반시설을 건설하기가 어렵고 비싸게 만들도록, 주민들에게 교육을 제공하고 의식을 높여줌으로써 필요한 개입을 할 수 있다. 만일 우리가 위와 같은 사례들을 백배 증가시키면, 우리는 이 지구 위에서 삶을 번성케 하는 데 필요한 깨끗한 에너지 경제로 신속히 전환하는 것을 확실하게 도와줄 수 있다.

결론

이 장의 처음에서 나는 지적하기를, 기후변화 행동가들은—심지어 비폭력 직접행동에 나선 우리들도—급진적인 사람들이 아니라고 했다. 빌 매키븐이 지적하듯이, 진짜로 급진적인 사람들은 그들의 주식 소유자들의 현재 세대를 위해 돈을 벌어주기 위해서는 하느님의 피조물들을 기꺼이 훼손하는 석유, 석탄, 가스회사들이다. "아무도 그것보다 더 급진적인 짓을 한 자들은 없다."32) 그러나 분명히 이 장에서 언급한 공적인 종교 의식, 저항, 그리고 평화로운 시민불복종 행동들은 깊은 의미에서는 급진적이긴 하다. 각각의 경우에 우리는 우리와 함께 존재의 뿌리로 돌아가자고 초청하는데, 왜냐하면 급진적(radical)으로 되기 위해서는 우리의 뿌리들로 되돌아가야 하기 때문이다. 이런 행동들 속에서 우리는 몸들을 사용해서 하느님의 피조물에 대한 사랑을 증언함으로써 우리의 가치들을 구체화하기에, 나는 이보다 더 신실한 행동을 상상할 수 없다.

32) McKibben, *Oil and Honey,* p. 44.

그룹 토론과 성찰을 위한 질문들

1. 생명을 위한 물에 대한 당신의 의존을 설명하는 개인적인 경험을 당신의 그룹과 나누어 보라.
2. 길거리에서 예배를 드리는 것을 고려해보자는 제안에 대한 당신의 응답은 무엇인가? 어떤 이유로든 그런 예배에 당신이 참여해본 적이 있는가?
3. 각 교회에서 처음 알림의 시간에 관한 제안을 만일 당신의 회중이 소개한다면, 그들은 어떻게 응답할 것인지 그룹 안의 각 사람이 서로 나누어보라. 다른 사람들이 응답하는 것에 대해 당신의 생각으로 평가하지 말라. 각 사람으로 하여금 자신들의 말을 하도록 하라.
4. 당신 그룹의 누군가로 하여금 코네티컷의 뉴타운(Newtown) 부모들의—특히 워싱턴 DC의 국회에서 증언하기 위해 그들의 슬픈 사연을 가져온 사람들의—응답을 연구하도록 하라. 이 장에서 제안한 대로, 기후변화와 연관된 태풍, 홍수, 화재를 겪은 뒤에 당신의 회중이 어떻게 증언을 준비할 것인가?
5. 당신의 회중은 여기에 다시 프린트 된 "조직을 만든 사람들을 축복하기"를 어떻게 이용할 것인가?
6. 만일 당신이 예배에서 애완동물과 아마도 다른 동물들을 포함해본 경험이 있으면, 당신의 그룹과 나누어보라. 이것이 당신의 회중에게도 가능한가?
7. "사랑하는 내일이여"(Dear Tomorrow)를 웹사이트에서 찾아보고, 당신의 회중이 어떻게 그들의 과제를 당신의 삶의 일부가 되도록 할지를 생각해 보라.

8. 당신의 그룹과 함께 윌리엄 바버 목사의 많은 유튜브(Youtube) 녹화물들 가운데 하나를 시청해보라. 당신과 당신의 회중에게 어떤 새로운 가능성이 떠오르는가?
9. 당신의 토론 그룹으로 하여금 교회 영화 관람의 밤을 준비하여 다큐멘터리 영화 "입찰인 70"(*Bidder 70*)을 함께 관람하고 이야기를 나누어 보라.
10. 당신의 교회에서 15km 이내에 화석연료 송유관을 건설할 어떤 계획이 있나 조사해보라. 만일 있다면, 이 장에서 한 이야기들을 되새겨보고, 당신이 살고 있는 지역에서 송유관에 대한 염려를 하고 있는 다른 사람들을 접촉해 보라.

7장

예언자적인 설교

두려움에서 자유롭게 되는 강단

예언자들의 소명은 상상력의 목회를 생생하게 지켜내는 것, 생각할 수 있는 유일한 것이라고 왕이 강요하는 것에 대한 대안을 미래에 계속 제안하고 떠올리는 것이다. — 월터 브루그만[1)]

이 장은 설교에 대한 것으로 설교자들을 위한 것이지만, 어떻게 보다 효과적으로 기후변화에 대한 정보를 전달하는가에 관심이 있는 신앙인이면 누구든 이 부분을 읽어나가면서 얻는 것이 있을 것이다.

기후변화에 대해 설교하도록 부름 받음

설교가 중요하다! 이것이 바로 나의 첫 생각이었다. 설교가 중요

1) Walter Brueggemann, *The Prophetic Imagination* (Minneapolis, MN: Fortress Press, 1978), p. 40.

하다는 말은 2017년 그리스도연합교회(UCC) 전국 총회를 위해 기후변화에 대한 비상사태 결의안을 초안하도록 내가 초대받았을 때 처음 쓴 말이었다.[2] 기후변화는 도덕적 현안이며, 예언자적인 설교가 중요하며, 또한 하느님께서 교회가 하라고 부르시는 것이다.

그렇다. 설교가 중요하다! 윌리엄 코핀(William Sloane Coffin Jr.) 목사의 설교를 처음엔 예일대학교 채플에서, 나중에는 뉴욕시의 리버사이드 교회에서 들어온 여러 해 동안, 나는 20세기의 가장 좋은 예언자적인 설교를 들을 수 있었다. 몇 년 동안 나는 예일대신학부에서 헨리 나우웬(Henri Nowen)의 조교 노릇을 했다. 수십 년 동안 사귐을 통해, 나는 헨리 나우웬이 수백 명의 사람들에게 행한 설교의 치유와 동기부여의 영향을 직접 보고 들었다. 우리가 오늘날을 위한 하느님의 말씀을 열어보면, 그 말씀은 우리의 마음을 열어주고, 경이와 용기를 주는 새로운 가능성들로 우리를 초대한다.

지난 12년 동안 내가 이 진리를 살아내려고 노력한 한 가지 방법은 매사추세츠 주에 있는 800명이 넘는 UCC 목사들에게 기후변화에 대해 설교하도록 격려해온 것이었다. 2006년 이래로 목사들의 여러 모임들에서, 나는 그들이 얼마나 정기적으로 기후변화에 대해 설교하느냐고 물었다. 처음 몇 년 동안에는 한 사람도 손을 드는 것을 별로 보지 못했다. 최근 몇 년 동안에는 그 응답이 좀 더 고무적이었다. 최소한 매달마다 한 번은 기후에 대해 설교해야 한다고 말하기 시작했다. 여기에 이르자 그들은 마치 내가 머리를 두 개 갖고 있어서 신학교에서 배운 것을 모두 잊어버린 것처럼 나를 바라보았다. 그래서 나는 그들에게 말하기를, 만일 우리 목사들이 이런 정도의 지도력과 동

2) 이 책의 서문이 결의안과 그 배경 이야기를 제공한다.

기부여를 제공하지 않으면, 10년 후나 길어보았자 15년 후에는, 매번 설교에서 우리가 포기한 세계에 대한 슬픔과 상실에 대해서 설교하게 될 것이라고 말했다.

이런 대화를 몇 차례 나눈 뒤에, 이런 말이 목사들에게 준 심각한 충격 때문에 나는 놀랐다. 기후변화에 대한 그들의 깨달음이 증가하면서, 프란체스코 교황의 회칙 『찬미받으소서』(*Laudato Si'*)의 중심에 있는 진리, 그리고 바르톨로메오 총대주교가 수십 년 동안 말해온 진리를 목사들이 이해하기 시작했다: 즉 기후변화는 인류가 일찍이 직면해온 가장 큰 도덕적 도전이다.

그런 깨달음은 사명이 된다. 교회들과 공동체들에서 지도자들이, 만일 우리가 거주할 만하며 다스릴 만한 세계를 유지하기를 원한다면, 과학이 말하는 우리가 꼭 해야만 할 변화를 만들기 위해서, 인류를 인도할 도덕적 조건들을 창조하는 데 그들의 중요한 역할을 목사들이 인식하는 것이다. 설교자들이 이전에 노예제도 폐지를 주창했던 것만큼 충분히 이런 도덕적, 영적, 경제적, 그리고 문화적인 도전에 대해 종교 지도자들이 나서지 않고서 과연 이런 "위대한 전환"을 인류가 어떻게 성취할 수 있을지 나로서는 상상할 수가 없다.

왜 기후변화에 대한 설교가 중요한가?

기후변화에 대한 설교가 중요한 데는 서로 긴장을 일으키는 두 가지 주요한 이유가 있다. 첫째, 기후변화에 대해 설교하는 것이 중요한 것은 사람들이 그걸 듣고 싶어 하기 때문이다. 둘째, 기후변화에 대해 설교하는 것이 중요한 것은 그걸 다루기 위해서 행동에 나설 필요가 있음을 사람들이 알고 있기 때문이다.

사람들이 기후변화에 대해서—특히 교회 안에서—듣기를 원하지 않는 데는 많은 이유들이 있다. 몇 가지만 들어보자: 매일을 살아가는 것만도 이미 충분히 어렵고 힘들다. 교회는 나에게 휴식과 기운을 북돋아주고, 다음 주간을 위해 나를 재충전해주어야 한다. 기후변화가 나에게 영향을 주어선 안 된다. 그건 다른 어떤 사람의 문제다. 그 도전이 너무도 엄청나다. 내가 그걸 어찌 할 길이 없으니, 왜 내가 그것에 대해 생각해야 한단 말인가? 나는 영감을 받기 위해서 교회에 오는 것이지, 우울하게 되려고 오는 게 아니다. 기후변화는 정치적인 현안이다. 정치는 교회에 속한 것이 아니다. 이런 불평들에도 불구하고, 어떤 수준에서는 대부분의 사람들이 이 세계에 뭔가 매우 잘못되었음을 인정한다. 대부분의 교인들은 우리에게 닥친 재앙에 대해서는 인간의 행동에 그 일차적 책임이 있고, 그래서 인간이 그것에 대처할 책임도 있음을 인정한다.

회중들 모두가 알고 있으나 아무도 그것에 대해 말하고 싶어 하지 않는 것, 즉 교회 역사 안에 포함된 중대하고 꼴사나운 "비밀"을 지닌 교회를 섬겨본 목사라면 누구에게나 이런 긴장은 잘 알려진 것들이다. 그런 "비밀"은 현재 혹은 이전의 직원일 수도 있고, 교회 재정에 관한 것이나, 여러 해 전에 일어났던 교회 안의 해결되지 않은 "싸움"이거나, 그 밖의 여러 가지 어떤 일일 수도 있다. 만일 그런 회중이 치유되려면, 그 "비밀"은 폭로되어야 하고 맞서야 하며, 처리되어야 한다. 이런 과정이 잘 다루어지면, 회중은 새로운 환희와 자유로 축복될 것이다.

대다수 교회들에서는 기후변화가 이런 종류의 "비밀"이다. 최근에 행해진 여론조사를 인용하면서 이 점을 지적해보자. 예일대학교에서 행한 2015년 여론조사에 의하면,[3] 미국인 투표권자의 3분의 2가 지구온난화는 진행되고 있다고 생각하지만, 미국인들의 3분의 2는 그 문제를 전혀 논의하지 않거나 혹은 아주 드물게 논의한다고 한다.

만일 교회가 하는 일이 하느님의 사랑과 정의를 실현하는 것이라면, 기후변화는 다른 모든 사회정의 문제를 증폭시키기 때문에, 사람들이 기후변화의 현실을 직시하고, 하느님이 창조하신 선물을 보호하라는 하느님의 부르심에 응답하는 환경 조건을 만드는 것은 교회에 내려진 사명이다. 기후변화에 대하여 정기적으로 설교함으로써, 담임목사들은 회중들로 하여금 그들의 두려움, 슬픔, 공포, 그리고 무기력의 느낌들을 서로 나누게 한다. 그런 염려들을 지적하고 공유하면서, 교인들은 서로에게 용기를 주는 연대와 행동할 능력을 제공하기 시작할 수 있다. 만일 교회가 모이는 사람들에게 희망을 주는 곳이라면, 그곳은 사람들로 하여금 그들이 참으로 마음속에 지닌 것을—그들을 밤에 잠 못 자고 일어나 앉게 만드는 두려움과 염려를—서로 나누기에 충분히 안전한 장소가 되어야 한다. 감동적이며 취약한 증언을 제공하는 설교는 회중들이 듣고 그들의 가장 깊은 두려움과 희망을 나눌 수 있는 안전한 장소를 마련하는 데 중요한 역할을 할 수 있다.

기후변화에 대한 설교가 왜 중요한지에 대한 또 다른 이유는 2014년에 행한 "종교, 가치, 그리고 기후변화에 대한 조사"에서 나온

---

3) A. Leiserowitz, E. Maibach, C. Roser-Renouf, G. Feinberg, and S. Rosenthal, "Climate Change in the American Mind: October 2015," Yale University and George Mason University, New Haven, CT: Yale Program on Climate Change Communication, accessed September 18, 2017, http://climatecommunication.yale.edu/more-americans-perceive-harm-from-global-warming-survey-finds/.

다.[4] 그에 따르면 기후변화에 대한 설교를 (비록 가끔씩이라도) 들은 사람들은 기후변화가 현실인 것을 보다 더 잘 받아들임을 보여준다. 이에 더하여, 그들의 목사가 적어도 가끔씩 기후변화에 대해 말한다고 한 미국인들은 기후변화 관심 지표에서 더 높게 기록한다. 적어도 가끔씩이라도 기후변화에 대해 그들의 성직자 지도자들에게서 이야기를 들은 적이 있는 미국인의 10명 가운데 6명 이상은 매우(38%) 혹은 어느 정도(24%) 기후변화에 관해 관심이 있다고 한다.

그 조사는 또한 폭로하기를 백인들의 주요 개신교회에서 예배하는 사람들은, 그 가운데 단지 10%만이 그들의 목사가 "자주" 기후변화에 대해 말한다고 보고하고, 20%는 그들의 담임목사가 "때로는" 기후변화에 대해 말한다고 보고한다. 미국 흑인들의 개신교와 히스패닉 가톨릭 회중에서는, 그들의 담임 성직자들이 기후변화에 대해 훨씬 더 자주 말한다고 한다. 효과적인 설교는 회중들에게 그들로 하여금 성경본문에서 의미를 발견하고 이해하도록 허락하는 틀을 제공하거나, 사회정의 문제에 의해 감동하여 이에 참여하게 한다고 지적하는 것이 중요하다.[5] 때때로 예외적인 설교는 듣는 자들로 하여금 진퇴양난의 궁지나 혹은 그녀/그가 애를 먹고 있는 문제를 다시 구성하

---

4) Daniel Cox, Ph.D, Juhem Navarro-Rivera, and Robert P. Jones, Ph.D, "Believers, Sympathizers, and Skeptics: Why Americans are Conflicted about Climate Change, Environmental Policy, and Science," Findings from PRRI/AAR Religion, Values, and Climate Change Survey, November 21, 2014, accessed September 18, 2017, http://publicreligion.org/research/2014/11/believers-sympathizers-skeptics-americans-conflicted-climate-change-environmental-policy-science/.

5) 기후변화에 대한 설교를 위한 좋은 안내와 훌륭한 논의는, see Leah D. Schade, *Creation-Crisis Preaching—Ecology, Theology, and the Pulpit* (St. Louis: Chalice, 2015), pp. 32, 42.

도록 도와준다.

윌리엄 슬로언 코핀(William Sloane Coffin Jr.) 목사는 여러 기회에 수천 명의 사람들에게 이렇게 했는데, 비록 그의 설교 가운데서 그의 아들 알렉스(Alex)가 죽은 뒤에 한 설교보다 더 큰 충격을 준 것은 없지만 말이다.[6] 그의 아들이 죽었을 때 "우리의 모든 가슴들 가운데서 하느님의 가슴이 제일 먼저 무너졌다"고 하는 그의 증언은 수백만 명의 사람들에게 자신들의 삶 속에서 슬픔을 이해하는 새로운 틀을 제공했다. 그 설교에서 그는 슬퍼하는 사람들이 자주 듣는 상투적인 말을 거부했다. "그건 하느님의 뜻입니다"라는 것이 그런 구절의 하나다—마치 사랑하는 하느님이 그의 아들의 죽음을 의도하고 계획하기라도 한 듯한 그런 표현이다. 이 설교가 즉시 그의 모든 설교들 가운데서 가장 잘 알려진 설교가 된 것은 바로 신앙인들 가운데서 상실과 비극을 이해할 새로운 틀에 대한 심오한 갈망을 나타낸다.

우리가 아는 대로의 삶은 그냥 유지될 수 없음이 매일 더욱 분명해지기에, 보통사람들은 그들 자신들과 자손들의 삶을 이해할 새로운 틀을 필요로 한다. 이런 현실은 실존적인 위협과 사회적 행동에로 나서라는 부름을 뜻한다. 설교자들은 그들의 회중들에게 개인적인 삶과 회중으로 공동체로서 함께하는 삶을 다시 방향 설정하도록 하느님께서 어떻게 부르시는지에 대해 새로 틀을 허락할 관점들을 제공해주어야 한다.

잠시 다음을 참조하라. "기후 증언"(http://www. climatewitness.org/).

---

6) William Sloan Coffin, *The Collected Sermons of William Sloan Coffin—The Riverside Years*, Vol. 2 (Louisville: Westminster John Knox Press, 2005), p. 3.

프란체스코 교황의 회칙 『찬미받으소서』(*Laudato Si'*)는 수천의 교회들을 기후위기로 "깨워 일으켰고" 프란체스코 효과(Francis Effect)란 새로운 말을 만들어냈다. 프란체스코 효과는 "뉴잉글랜드 지역 환경목회"(NEREM)와 연결된 뉴잉글랜드 교회들에 촉구하여 2015년 가을에 기후변화에 대해 설교하도록 약속하게 했다. 그들은 이것을 새로운 각성(New Awakening)이라고 했다. 그 웹사이트는 감동적인 자료들로 가득 차 있다.

이것을 위해 교회가 탄생했다

내가 1980년에 목사 안수를 받은 뒤로 "나 이거 해야 돼!"라고 엄청 감사한 생각을 얼마나 많이 했던지 이루 셀 수가 없다. 담임목사들이 그들 교회 공동체 사람들의 개인적인 삶의 형성을 도와주었을 뿐만 아니라, 회중들이 그 안에 위치한 공동체에 방향을 제시하도록 돕는다. 이것은 참으로 귀한 사명이다.

보통 때에는 그것이면 충분하고도 남지만, 그러나 지금은 보통의 시대가 아니다. 오늘날 성직자는 생명 자체의 지속이 위험에 처한 시대에 그들이 부름 받은 바를 살아가야 한다. 이에 관해서는 과학적 논쟁이 필요 없다. 2014년에 세계에서 가장 큰 과학자 기관인 "과학 발전을 위한 미국 연합"(American Association for the Advancement of Science)은 12만 1천명의 회원을 갖고 있는데, "우리가 알고 있는 것"(What We Know)[7]이라는 논문을 출판했다. 이 문서가 분명히 말하

7) "What We Know," American Association for the Advancement of Science (AAAS), accessed September 18, 2017, http://whatweknow.aaas.org/.

고 있는 것은 다음과 같다.

* 기후변화는 지금 일어나고 있다.
* 기후변화는 대체로 인간들에 의해 발생되었다.
* 기후변화는 최근 수십 년 동안 악화되었고, 점점 더 빠른 속도로 악화될 것이다.
* 인간은 그것에 대처하기 위해 거의 아무것도 하지 않고 있다.

만일 우리가 하는 모든 것이 정상적으로 계속되어, 매일의 행동을 변화 없이 실행하면, 인간들이 항상 알아온 이 지구 위의 생명은 끝날 것이다. 2007년 이래로, 나는 이렇게 말했다: 기후변화의 가장 황폐화시키는 영향에 대해서, 이를 예견(foresee)한 첫 번째 세대요, 이를 앞질러 저지(forestall)할 마지막 세대가 우리들이다.

새로운 도덕적 시대가 시작되었고, 우리 세대는 하느님의 피조물을 보호할 도덕적 의무를 지니고 있다는 UCC의 선언에, 어떤 종류의 교회 구조에서도—작은 채플에서 초대형교회까지, 지역 회중에서부터 국가적 종단에까지, 그들의 신앙 체계와 전통이 아무리 서로 다를지라도—함께 참여할 때가 바로 지금(NOW)이다.

빌 매키븐이 2007년에 내게 말했듯이, 참으로 교회가 태어난 것은 바로 이 기회를 위해서다. 거의 모든 사회변혁에서 종교지도자들과 그들의 회중들이 결정적 역할을 한 것을 기억하는 것이 중요하다.

* 천년의 기간 동안, 노예를 소유하는 것은 정상으로 여겨졌다.—1701년에 보스턴에 있는 올드사우스 교회(Old South Church)의 사

무엘 세월(Samuel Sewall) 목사가 처음으로 반노예 팸플릿을 써서, 노예폐지 운동(Abolitionist Movement)을 시작하기 전까지는.

* 수 세기 동안, 설교단에서 성경을 해석하는 것은 백인 남자에게만 허락된 것이 정상으로 여겨졌다.—회중 교회가 르무엘 헤인즈(Lemuel Haynes)와 앙트와네트 브라운(Antoinette Brown = Blackwell)을 목사로 안수하기 전까지는.
* 히틀러(Hitler)에 반대할 기독교 지도자들을 준비하고자 독일 핑켄발데(Finkenwalde)에서 디트리히 본회퍼(Dietrich Bonhoeffer) 목사가 한 무리의 신학생들을 훈련시킨 것을 역사는 영원히 기억할 것이다. 본회퍼의 설교들은, 히틀러가 침묵시킬 수 없었던 다른 목사들의 목소리와 함께, 계속해서 영감을 불러일으킨다.8)
* 마틴 루터 킹(Martin Luther King Jr.) 목사는 국가의 열망을 바꾸어서 정의를 향한 우주의 도덕적인 호(弧, arc)를 굽히는 것을 도왔다.
* 데스몬드 투투(Desmond Tutu) 대주교는 모든 남아프리카 사람들의 존엄과 평등이 법률로 문서화될 때까지 몇 명의 성직자들에게 영감을 주어 함께 일했다.

이런 종교 지도자들의 설교는 교회들로 하여금 그들의 시간과 장소를 재구성하게 만들었다. 그들의 명확성과 그들이 한 행동들은 즉시로 인기를 얻고 성공적인 것은 아니었다. 대부분의 회중들은 그들

---

8) 목사들이 그들의 회중들과 공동체들에게 감동을 주어 하느님의 피조물이란 위대한 선물을 보전하도록 그들의 삶을 다시 방향설정하게 하라는 하느님의 부르심에 응답하려고 노력하면서, 그들이 용기와 동기부여를 얻으려면 다음을 읽어보라: Dean G. Stroud, ed., Preaching in Hitler's Shadow: *Sermons of Resistance in the Third Reich* (Grand Rapids, MI: Eerdmans, 2013).

이 언제나 해온 것을 그대로 지켰다. 대부분의 목사들은 자신들의 신분, 직업, 혹은 아마도 자신들의 생명을 위험스럽게 만들 수도 있는 도덕적 비판을 하는 대신에, 자신들을 둘러싸고 있는 교인들의 직접적인 필요에만 주의를 기울이는 것을 선택했다. 그들은 수십 년 동안, 그리고 아마도 이전의 수 세기 동안 해온 것과 대체로 거의 똑같은 지도력을 계속 제공했다.

그러나 교회의 역사와 수 세기에 걸친 증언들을 깊이 생각해보면, 예수를 따르는 자들이라는 것이 정말 무엇을 뜻하는지에 대한 실례로 우리는 과연 누구를 거론할 것인가? 오늘날의 세계에서 우리의 사명에 대해—그리고 우리의 설교에 대해—이것은 무엇이라고 말하는가? 기후에 의한 불의, 환경에 대한 인종차별, 제6의 대멸종사태, 그리고 더 많은 것들이 우리 세대에 달려 있기에, 지금은 교회가 예언자적인 증언의 오랜 역사를 기꺼이 받아들여야 할 때다. 우리의 계약을 성취하는 것과 지구 위에서 생명의 계속이 그것에 달려 있다.

목사들은 가슴을 준비해야만 한다

만일 화석연료에 의존하는 사회의 집착을 깨도록 하느님께서 목사들을 부르신다면, 만일 미래 세대들을 위해 행동에 나서도록 미국의 양심에 소환장을 내라고 하느님께서 목사들을 부르신다면, (마틴 루터 킹이 말하듯이), 그럼 우리들은 우선 가슴(heart)을 준비해야 한다. 목사들이 많은 효과적인 접근방식들을 택하겠지만, 나는 두 가지를 들어 올리고자 한다.

첫 번째는 경이로움을 계발하는 것이다. 아마도 이것을 하는 최선의 방법은 에머슨(Emerson)과 소로(Thoreau)가 모두 실현했던 것, 즉 "우리는 아름다움에 흠뻑 젖어 있다"는 것을 기꺼이 받아들이는 것이다. 자연의 아름다움은 계속해서 말로는 표현할 수 없는 감사함을 내게서 이끌어낸다. 내가 의식이란 선물을 받았고, 그뿐만 아니라 이제 그토록 말할 수 없이 다양한 아름다움으로 나를 둘러싸서, 내 가슴 속에 있는 감사함을 말로 이루 표현할 수 없으니, 도대체 어찌된 일인가? 레이첼 카슨(Rachel Carson)이 오래 전에 말했듯이, "지구의 아름다움을 명상하는 사람들은 생명이 지속되는 한 이어질 (아름다움이 지닌) 힘이 비축된 것을 발견한다."

당신이 아직 해보지 않았다면, 우리들에게 내리신 하느님의 위대한 선물인 피조세계의 아름다움을 명상하고 감상함으로써 경이감을 계발하기로 오늘 헌신하라. 기후변화의 거대한 도전을 맞이하는 것이 우리 세대에 떨어졌기 때문에, 우리는 하느님의 위대한 선물인 삼라만상을 꾸준히 받아들여서 그 아름다움을 감상하고 명상해야 한다.

두 번째로 우리의 가슴을 준비할 방법은 우리의 상상력을 기르는 것이다. 시작하기에 좋은 곳은 메리 올리버(Mary Oliver)의 시와 웬델 베리(Wendell Berry)의 수필, 그리고 월터 브루그만(Walter Brueggemann)의 저서, 『예언적인 상상력』(*The Prophetic Imagination,* 김기철 역)을 읽는 것이다. 우리의 가슴은 무엇이 가능한지를 알고 있다.

* 더욱 아름다운 세계—그렇다!
* 더욱 균형 잡힌 삶의 방식—그렇다!
* 살아있는 모든 것들과 장차 태어날 것들과의 더욱 깊은 연결—그렇다!

* 그리고 불가능할 것처럼 보이는 것을 성취하기에 충분한 상상력
—그렇다!

이런 두 가지 훈련, 즉 경이감을 계발하고, 상상력을 양육하는 훈련을 함으로써, 하느님의 예언적인 말씀을 신실하게 선포하도록 우리의 가슴을 준비할 뿐만 아니라, 예언자적인 설교에 본질적인 것, 즉 우리가 희망을 확장시킨다는 것을 성취한다,

용기를 기르기 — "두려워하지 말라"

우리는 가슴을 준비하는 것을 통해 용기를 기른다. 1970년대에 헨리 나우웬(Henri Nouwen)이 강의했던 영성 교실을 방문한 데이비드 스텐들-라스트(David Steindl-Rast) 수사로부터 나는 이것을 배웠다. 그는 우리들에게 "용기"(courage)라는 영어 단어는 "가슴"(cuer)이란 프랑스 단어에서 왔다고 알려주었다.[9] 하느님이 생명을 주시고, 생명을 유지시켜 주시는 창조의 선물에 대한 감사와 사랑을 가지고 우리의 가슴을 더 많이 확대할수록, 우리의 가슴은 두려움을 극복할 용기로 더 많이 채워질 것이다.

대부분의 목사들이 예언자적인 말들을 하라는 하느님의 부르심을 들으면서 경험하는 두려움은 당연하다. 목사들은 "어떤 이유에서든, 사람들은 예언자적인 설교를 다른 것들보다 더 크게 듣는다고 이해한

---

9) David Whyte 시인은 David Steindl-Rast 수사와 대화를 하면서 용기에 대한 이런 이해를 탐색했는데, 이는 다음에서 찾아보라: http://www.gratefulness.org/resource/crossing-unknown-sea/.

다. 당신이 목회적 설교를 열 번 하고 예언자적인 설교를 한 번 하면, 가장 크게 들린 설교는 예언자적인 설교다."[10]

이런 두려움을 극복하게 하는 것은 무엇인가? 성심성의를 다한 용기다—사랑과 감사에 뿌리를 둔 용기다. 예수는 이런 활기로 말한다. 사실 예수의 가장 공통적인 교훈은 "두려워 말라!"였다. 헨리 나우웬은 이렇게 말한다: 예수는 우리를 두려움의 집으로부터 사랑의 집으로 나아가라고 초대한다. 예수는 우리의 두려움을 전적으로 이해하기에, 그는 두려움이 궁극적인 힘을 갖고 있지 않음을 보여준다. 사랑만이 남는다.

내 생애의 소명은 인간의 가장 큰 두려움을 다루는 것이었다. 즉, 우리 생명의 지속성이—피조세계 자체의 지속성이—위험에 빠졌다. 우리가 함께 일한 여러 해 동안, 또한 우리가 서로 교환한 여러 편지들 속에서, 그 어느 누구보다도 헨리는 나의 소명을 형성하는 데 도움을 주었다. 헨리가 내게 보낸 편지들 가운데서 이런 가슴 벅찬 용기에 대해 언급한 것들을 몇 개 살펴보자. 처음 것은 신디 샤논(Cindy Shannon)과 내가 약혼을 한 바로 뒤에 헨리가 보낸 편지다.

> 사랑은 두려움을 몰아낸다. 그리고 우리가 두려움에서 자유롭게 되면 우리는 얼마나 강력한가! 나는 당신들 둘 다에서 두려움으로부터 점차 커지는 자유를 느끼며, 그리고 산을 움직일 수 있는 사랑에 당신들이 점점 가까워지는 것을 알고 있다.[11]

---

10) Prof. Leonora Tubbs Tisdale, "Speaking Truth in Love: Strategies for Prophetic Preaching," *Reflections* (Winter 2006), 42.

11) Henri J. M. Nouwen, *Love, Henri: Letters on the Spiritual Life* (New York: Convergent Books, 2016), p. 59.

사랑이 어떻게 두려움을 극복하고 용기를 제공하는지를 말하면서, 헨리는 1982년 10월 30일에 이 편지를 보내왔다—이는 그가 니카라과를 방문하기 6개월 전이고, 중앙아메리카에서 전쟁에 반대하는 전국적인 강연 여행을 떠나기 1년 전이었다.

> 내가 또한 발견한 것은, 오직 교회를 깊이 사랑하는 사람이라야 평화를 만드는 수준의 모험을 감행할 수 있다는 것이다. 오직 당신이 사랑에 빠졌을 때라야 비로소 당신은 생명을 걸 수 있을 뿐이다.[12)]

중앙아메리카에서 미국이 벌인 전쟁을 반대하여 미국 전역에 6개월간 강연 여행을 한 끝에 지쳤지만, 헨리는 신디와 내게 편지를 보내고, 기도의 본질적인 역할에 대해서, 그리고 우리를 그리스도에 연결함으로써, 기도가 우리를 어떻게 용감하게 만들 것인지를 이렇게 말했다.

> 이런 내적인 평화를 당신들의 가장 우선순위에 두도록 명심하라. 나는 당신들에게 말하는 것만큼 내게도 이렇게 말한다. 우리가 그리스도의 평화를 비추면 우리는 평화를 만드는 사람들이고 또한 우리의 평화를 위한 행동들이 이런 내적인 평화를 증언할 수 있다. 그러나 내적인 평화가 없이는 우리의 행동들은 쉽사리 전쟁과 파괴의 힘의 수단들이 될 수 있다... 기도가 우리의 첫 번째 관심이 되어야 한다. 기도가 없이는 심지어 우리의 "좋은 분주함"도 파괴로 이어질 것이다. 만일 내가 나의 강연/설교 여행에서 배운 것이 있다면, 당신들

---

12) Nouwen, *Love, Henri,* p. 78.

> 과 나누고 싶은 이런 새로 발견한 통찰이다... 다음 말을 잊지 말라. "세상에서는 어려움이 있을 것이다. 그러나 용감하라. 내가 세상을 이겨냈노라!"[13]

희망을 제공하라 — 우리는 이야기를 변경하도록 부름을 받았다.

예언자적인 설교는 현상유지(status quo)에 대한 비판을 포함해야 한다. 그러나 만일 설교자가 하는 모든 것이 고작 권력 당국자들에 대한 비난이라면, 그건 충분치 못하다. 예언자적인 설교는 희망을 제공해야 한다. 희망은 진리의 맥락에서 제공되어야 한다.

희망은 속임수에서는 결코 나올 수 없다. 우리가 실재를 대면하고 난 뒤에야 희망에 도달한다. 목사들은 종종 해답이 없는 압도적인 현실들에 대해 설교단에서 솔직하게 말하기를 주저한다. 그러나 윌리엄 코핀은 다음과 같은 관점을 제공한다.

> 청중석에 앉아 있는 사람들은 우리가 생각하는 것보다 고통스러운 진실들에 대해 훨씬 더 잘 준비되어 있다. 그들이 설교자에게 원하는 것은 그들의 경험 속에 있는 지식의 의식 수준을 높여주는 것이다.[14]

희망으로 나아가는 길에서, 목사들이 "교인들의 경험 속에 있는 지식의 의식 수준을 높여주면," 그들은 퀴블러-로스(Kuebler-Ross)의

---

13) Nouwen, *Love, Henri,* pp. 87-88

14) William Sloan Coffin, *A Passion for the Possible: A Message to US Churches* (Louisville: Westminster/John Knox Press, 1993), p. 88

슬픔의 다섯 단계들—거부, 분노, 흥정, 우울, 용납—을 유념하고 잘 받아들인다.

기후변화에 대해서라면, 피조물들에 대해 진행 중인 파괴에 대한 우리의 슬픔을 인정할 필요가 있다. 오직 그렇게 해서만 우리는 희망의 메시지를 받아들일 수 있다. 예언자적인 설교는 이런 기후위기의 시대에 우리의 영혼을 위한 강력한 치료약이 될 수 있고 또 되어야 한다. 많은 강한 치료제와 치료처럼, 그것은 처음에는 우리들에게 불쾌한 느낌, 녹초가 되고 지치고 기가 질린 기분을 남길 수도 있다. 그러나 예언자적인 설교는 우리의 활기를 띠워줄 수 있는 강장제가 되어, 희망을 발견하게 인도한다.

이런 것을 모두 함께 해나가기 위해, 모든 설교는 사람들로 하여금 그들이 살아가는 이야기를 이해하도록 돕는다. 예언자적인 설교는 현재 상황을 비판하고, 그들 자신의 삶을 검토하도록 사람들을 초대한다. 우리는 권력자들을 고발하고 (예를 들어, 화석연료 회사들, 2017년에 시작된 환경보호국의 해체), 기후위기에서 우리들이 공범이 된 것(예를 들어, 비행기, 육식, 화석연료 회사들의 주식을 보유함 등)을 고백할 필요가 있다. 예언자적 설교는 화해를 위한 자기검토와 올바른 분노를 요청한다. 예언자적 설교는 그런 두 가지 충동과 협조하여 개인으로 하여금 자신의 개인적 이야기를 변화시키도록 촉구하고, 회중들로 하여금 인간이 어떻게 피조물들과 관계되는지에 대한 이야기를 변경하도록 함께 일할 에너지를 활성화한다. 그 안에 복음이 있어서, 그 결과로 약속, 가능성, 그리고 희망의 삶에 이른다.

기후변화에 대한 설교의 신학적 토대

기후변화에 대해 설교하기로 새롭게 확신을 갖게 된 목사는 누구든지, 이 제목에 대해 설교할 신학적 접근방식에 대한 철저한 재검토를 제공하는 수많은 책들을 참조할 수 있다.

격렬한 이데올로기 분열에 의해 지배되는 현장에서 속도를 내는 것은 위협적이다. 이게 바로 내가 네 가지 신학적 주춧돌들에 초점을 맞추는 것이 큰 가치가 있다고 생각하는 이유의 하나다.

첫째, 하느님과 우리의 계약은 영원한 계약이다. 하느님은 오직 우리들만 돌보시는 것이 아니다. 하느님은 모든 미래 세대들과 모든 살아 있는 피조물들과도 계약을 맺으신다(창세기 9:12). 모든 성경은 이 진리에 대한 증언이다.

둘째, 우리는 신약성경과 히브리성경의 가장 기초적인 도덕 교훈들—모든 세계종교의 핵심에 있는 도덕 교훈들—을 심각하게 여겨야 한다. 즉 우리는 이웃을 자신처럼 사랑하라고 부름 받았다는 교훈이다. 그리고 이 새로운 지구 E-a-a-r-t-h(빌 매키븐이 일부러 틀린 철자로 표기한 것) 위에서, 우리는 오늘날 우리 집 옆에 사는 사람들과 마찬가지로 미래 세대들도 이웃으로 인정해야 한다. 나는 이것을 황금률 2.0이라고 말했다. 이것에 대해선 3장에서 더 많이 나와 있다.

셋째, 우리는 "땅은 주님의 것"(시편 24)이고, 우리는 청지기들로서 미래 세대들을 위해서 지구(땅)가 우리에게 위임된 것임을 인식해야 한다. 8장은 이런 중요한 인식을 열어 보인다.

넷째, 너무도 많은 우리의 설교는 개인 구원에만 초점을 맞춘다. 진실을 말하자면, 성경은 개인 구원보다도 집단적 구원에 대해 훨씬 더 많이 말하고 있다. 그러니 우리의 설교는 그 점을 반영해야 한다. 모든 생명—다른 인간의 생명뿐만 아니라 다른 피조물들의 생명—은 서로 의존됨을 특징으로 한다. 모든 살아 있는 것들의 삶은 공통의 운명으로 함께 묶여 있다. 교회는 개인 구원에 주목하듯이 집단 구원에도 많은 신학적 주의를 기울일 필요가 있다. 이것에 대해선 3장에서 더 많은 것을 볼 수 있다.

기후변화에 대한 설교 — 열 가지 고려 사항들

나는 설교를 통해 기후위기에 접근하기 위해 열 가지 고려할 사항들을 제공하고자 한다. 이런 고려 사항들의 많은 것을 나는 조지 마샬(George Marshall)이 지은 그의 탁월한 책(*Don't Even Think About It: Why Our Brains Are Wired To Ignore Climate Change*)[15]에서 제공한 통찰들에서 이끌어왔다. 이들 고려 사항들은 에코아메리카(ecoAmerica)에서 발간한 『신앙과 기후에 대해 말합시다: 지도자들을 위한 가이드』(*Let's Talk Faith and Climate: Communication Guidance for Faith Leaders*)에서도 확인된다.[16]

---

15) Jim Pierobon, "Why Communicating About Climate Change Is So Difficult: It's 'The Elephant We're All Inside Of,'" review of *Don't Even Think About It: Why Our Brains Are Wired To Ignore Climate Change*, by George Marshall, *Huffington Post*, February 5, 2015, accessed September 18, 2017, http://www.huffingtonpost.com/jim-pierbon/why-communicating-

16) "Let's Talk Faith and Climate Communication Guidance for Faith Leaders," ecoAmerica, 2016, accessed September 18, 2017, https://ecoamerica.org/wp-content/uploads/2017/03/ea-lets-talk-faith-and-climate-web-2.pdf.

1. 과학, 두려움, 혹은 헤드라인(제목)으로 시작하지 말라.

그 대신에 당신 자신에게 이렇게 물어보는 것으로 시작하라: 당신의 회중의 집단적인 이야기는 무엇인가? 그들의 사회적 정체성은 무엇인가? 그들의 공통적인, 깊이 지닌 가치들은 무엇인가? 그들이 가장 소중히 여기는 것은 무엇인가? 그리고 이런 가치들이 우리가 태어난 창조질서와 어떻게 연결되는가?... 그리고 이런 가치들이 기후변화에 의한 무질서와 단절로 어떻게 도전받는가? 조사 연구에 의하면 사람들의 핵심적 가치들에 건네는 감동을 일으키는 정서적 이야기가 합리적인 과학 데이터(자료)보다 더 큰 영향을 준다고 한다.

2. 우리의 상식과는 반대로 상반되는 감정을 인정하는 것이 좋다.

이 두 번째 고려 사항은 직관에 반대될 것도 같다. 당신이 알고 있는 것을 모든 사람도 다 안다고 가정하지 말고, 당신이 염려하는 것을 다른 사람들도 같은 방식으로 염려한다고도 가정하지 말라. 사람들은 다양한 우선순위를 갖고 있다. "어떤 사람들은 기후변화에 대해 매우 큰 관심을 갖고 있고, 다른 사람들은 덜 갖고 있다"라는 단순한 말이 회중의 각 사람을 초대하여, 남은 설교 부분에서 당신이 그들을 어디로 데려가든, 당신과 동행하게 만들 것이다.

3. 한 가지 사실만 인용하고, 과학의 한 묶음을 인용하지 말라.[17]

---

17) Climate Nexus' Daily Hot News reported on January 30, 2015: "American Public Doesn't Get Science: There are major discrepancies between public opinion and scientific consensus on issues like climate change, evolution. GMOs, and vaccines, a new study by Pew Research Center finds. Despite

과학에 대해 너무 많이 강조하면 반발을 살 우려가 있음을 조심하라. 2014년, 2015년, 그리고 2016년이 역사상 가장 뜨거운 해였다고 과학자들이 보고했을 때 그게 무슨 뜻인지를 설명하는 것은 도움이 안 된다. 그렇다고 사실들을 인용하고 언급하는 것을 피해야 된다는 뜻은 아니다. 80%의 미국인들이 기후가 변하고 있음을 인정하는데, 예를 들어, 뉴잉글랜드 지역의 극심한 날씨들이 최근 몇 해 동안 70% 증가했다고 지적하는 것은 사람들의 경험과 연결된다. 너무 상세한 것들에 모두를 사로잡히게 하지 말라. 당신이 사람들에게 분명한 연구 보고를 전달하는 동안 메신저로 산꼭대기에 머물러 있어라. 게다가 설교를 듣는 사람들에게 가장 많은 영향을 주는 것은 자료들(데이터)이 아니라 도덕적 설명과 이미지다.18)

4. 간단히 하라.

수십 년 동안—어쩌면 수 세기 동안—신학교에서 설교학 강의 교실에선 이렇게 가르쳐왔다. 즉 당신이 그들에게 무엇을 말하려고

having a high level of respect and appreciation for science, the public disagreed with scientists by 20% or more on eight of 13 surveyed issues, including a 50–87% split between the public and scientists on the validity of human-caused climate change. A large majority of the scientists criticized the education system, and 84% said that public ignorance of science was a major problem." See Seth Borenstein, "Poll Shows Giant Gap Between What Public, Scientist Think." AP News , January 30, 2015, accessed September 13, 2017, https://apnews.com/db5d16d790cc446885b4bf991df5707e/poll-shows-giant-gap-between-what-public-scientists-think.

18) Heather Smith, "Want Everyone Else to Buy Into Environmentalism? Never Say 'Earth'." Interview of David Fenton of Fenton Communications, Grist (March 12, 2014), accessed September 18, 2017, http://grist.org/climate-energy/want-everyone-else-to-buy-into-environmentalism-never-say-earth/.

하는지를 말해주어라. 당신이 이미 그들에게 말했던 것을 다시 말해주어라! 말해주어라! 기후과학이나 이데올로기 논쟁의 복잡함 속에 빠지지 말라. 펜톤 정보통신 연구소(Fenton Communications)의 데이비드 펜톤이 말하듯이, "오직 간단한 것만이 효과가 있다!"[19)]

5. 황금률이 하라는 대로 하라.

(모든 세계종교들의 중심에 황금률이 있는 데는 그만한 이유가 있다!) 다시 말해서, 우리가 **함께 공유하는** 인간임을 인정하도록 사람들을 초대하는 이야기를 제공하라. 우리들의 상호간 이해관계(흥미)를 해설하는 이야기를 해주어라—예를 들어, 사람과 모든 생물들은 같은 공기를 숨 쉰다! 응답들이나 해결책 등을 논의할 때는, 상호협동을 강조할 것을 명심하라. 기후변화의 도전에 관해서는, 아무도 알리바이(변명)를 댈 수가 없다—우리 모두는 문자 그대로 여기에선 함께 있다.

6. 예수가 가장 자주하신 권고를 받아들이라: "두려워 말라!"

지금은 기후변화에 관해 우리 사회에서 널리 퍼진 이야기는 두려움, 부인, 그리고 우리의 책임을 받아들이지 않으려함을 조장한다. 예수가 그의 주변 사람들이 지닌 두려움을 다룬 것에서 당신은 어떤 통찰을 얻었는가? 그렇게 두려운 시대에 살면서, 그럼에도 불구하고 예수는 그런 두려움을 다루면서, 끝없이 다시 또 다시 용기를 고취했다는 사실로부터 당신은 어떤 격려를 얻는가? 억제되지 않

19) Smith, "Want Everyone Else to Buy Into Environmentalism? Never Say 'Earth'."

는 두려움, 탐욕, 그리고 성장에 의해 혼란에 빠진 세계 상황에서, 신앙의 지도자로서 당신은 내면 깊숙이 들어가서, 무엇이 하느님의 복음인가를 당신 자신에게 물어보라. 그리고 그것에 대해서 설교하라.

7. 당신의 회중을 인도하여 지금(NOW)이 바로 행동할 때임을 인식하게 하라.

물론 당장 위협을 하는 것 같지 않은 문제에 대해 행동에 나서도록 촉구하는 것은 상당히 도전적이다. 대부분의 상황들에서처럼, 최종기한이 없으면 사람들은 자기 자신들의 시간표를 만들어내고 행동을 무한정 연기한다. 그들은 정보를 알려준 것에는 감사하고, 별로 많이 할 수 없음에 대해 약간의 죄책감을 느끼지만, 그러나 더 이상의 행동을 하지는 않는다. 기후변화에 대해서라면, 이 책의 다른 곳에서 보였던 대로, 당신의 회중이 지금 당장 택할 행동에는 여러 종류가 있다. 하비(Harvey), 어마(Irma), 마리아(Maria) 같은 극심한 태풍이 닥치면, 우리는 기후변화와의 연결을 지적할 수 있고,[20] 즉각적 행동에 나서서, 가령 재난 구조를 위한 노력들을 지원하고, 건전하고 현명한 기후정책을 입안하라고 정치적 주창에 헌신하기를 다시 새롭게 한다.

---

20) David Abel, "Global Warming to Make Powerful Hurricanes More Likely, Scientists Say," *Boston Globe*, September 6, 2017, accessed September 18, 2017, http://www.bostonglobe.com/metro/2017/09/05/global-warming-make-powerful-hurricanes-more-likely-scientists-say/Q31UW6iKuGEKypTOD22sGL/story.html?event=event12.

8. 기후에 대한 설교를 지역적, 개인적, 즉각적, 그리고 돌연한 것으로 만들라.

이는 우리의 두뇌 구조에 관한 것이다. 사람의 두뇌 구조는 멀리 있어서 아직 닥치지 않은 혹은 추상적인 위협들을 다루기엔 잘 맞지 않게 되어 있다. 이에 관해 내가 본 것들 가운데서 가장 좋은 사례는 2017년 지구의 날에 이안 홀랜드(Ian Holland) 목사가 그의 성직자 가운 위에 오렌지 색 구명(救命) 자켓을 입고 설교하는 모습의 비메오(Vimeo)였다.[21] 이안 홀랜드 목사는 해수면이 상승하여 홍수로 뒤덮인 도로를 지적하면서 설교를 자기 방식으로 만들었다. 그는 이 도로 주변에 살거나 이 도로를 거쳐서 출퇴근하는 사람들은 손을 들어보라고 요청했다. 그것은 미래를 매우 현실감 있게 만들었다. 회중 가운데 많은 사람들이 자기 장소에 갇혀서 교회에 오는 대신에 자기들끼리 서로 즐겁게 지내게 될 것이라고 그가 예언을 해서 사람들을 웃기는 능력을 훌륭히 빛냈다.

9. 당신의 도덕적 지도력을 성직자의 하나로서 주장하라.

대체로 성직자들은 그들의 회중들에게 존경과 신뢰를 받고 있고, 조사 연구한 바에 의하면, 청중들은 그들이 존경하고 신뢰하는 누군가가 전하는 메시지를 더욱 잘 받아들인다. 우리들은 성직자들이니까, 이미 보편적으로 알려진 해결책들을 받아들이면서, 즉각 행동에 나서야 할 우리 세대의 도덕적 의무를 말하는 것이 중요하다.

---

21) Vimeo of the Rev. Ian Holland preaching while wearing a life preserver over his robe: https://vimeo.com/215718245.

10. 모두에게 보다 신실하고 희망적인 삶으로 인도하라.

기후변화의 현실을 당면해서 어떻게 살아야 할 것인가를 회중들이 깨닫도록 도와주어야 한다. 기후위기를 맞는 것이 우리의 삶의 질을 감소시키지는 않을 것이다. 정말은, 우리가 성령의 인도하심에 응답하고, 우리 자신들의 삶을—그리고 그 안에서 우리가 살아가고 있는 사회를—매일의 기후변화에 대해서 보다 정의롭고, 사랑하고, 공정하고, 생명을 유지하는 것으로 만들려고 하면서, 우리의 삶은 보다 목표가 있고 신실한 것이 될 것이다. 사업가들은 매일같이 기후변화에 대한 새로운 대응과 해결책들을 발명하고 있다. 신앙 공동체의 지도자로서, 우리가 태어났던 세계와는 점차 단절되어가는 세계에서 신실하고 희망적으로 살아갈 새로운 방법을 제공하는 것은 우리들의 과제다.

몇 가지 이런 고려 사항들은 우리가 예언자적인 설교를 하도록 부름을 받는 어떤 때에도 해당된다. 그렇다 치고, 나는 기후과학자이며 복음주의 기독교인인 캐더린 헤이호우 박사(Dr. Katherine Hayhoe)가 제공한 "엘리베이터 연설"을 서로 나누고자 한다.[22] 비록 그녀는 기후과학자이지만, 헤이호우 박사는 과학으로 시작하지 않는다. 그녀가 말을 거는 사람이 함께 공유하는 가치들을 확인하면서 그녀는 시작한다. 그리고는 이렇게 말한다.

---

22) Phil Plait, "The Climate Change Elevator Pitch," Slate's Bad Astronomy Blog, February 2, 2015, accessed September 18, 2017, http://www.slate.com/blogs/bad-astronomy/2015/02/02/climate-change-elevator-pitch-video-series.html.

> 기후변화는 우리가 모두 염려하는 것에 개입한다. 우리는 기후변화가 인간들에 의해 생긴 것임을 알고 있다. 우리는 그게 이곳에서, 그리고 전 세계 곳곳에서 진행되는 것을 알고 있다. 우리는 그게 우리 모두가 염려하는 것에 영향을 줄 것임을 알고 있다. 이곳에서, 그리고 전 세계 곳곳에서 보다 좋은 미래를 우리 자신들에게 주기 위해서 사람들이 하고 있는 일들이 있다.

나는 우리들 각각이, 설교자이든 아니든, 우리 자신들의 "엘리베이터 연설"을 만들어 내기를 희망한다. 그 연설은 우리가 함께 공유하는 가치들과 우리가 할 수 있는 긍정적인 행동들을 지적한다. 만일 우리가 효과적이기를 원한다면, 우리는 사람들을 초대하고 지원해야 할 필요가 있다. 내가 믿고 있는 두 가지를 서로 나누면서 결론을 내기로 하자.

첫째로 교회, 회당, 사원, 성전 등은 잠자고 있는 거인이다—그래서 미래 세대들이 우리를 흔들어 깨워내려고 할 것이다. 그걸 기독교적인 말로 표현하면—비록 그게 모든 신앙 관점에 해당될 것이지만—우리가 자신들만을 위해 교회가 되라고 부름을 받지 않았음을 받아들일 필요가 있다. 우리는 다른 사람들을 위한 교회가 되라고 부름을 받았다—코이노니아(*Koinonia*). 그리고 우리가 생명을 내어줄 가장 중요한 "타인들"은 변화하는 세계에 의해서 가장 심하게 얻어맞은 사람들, 즉 취약한 가난뱅이들과 미래 세대들이다.

둘째로 우리는 우주의 도덕적 호(弧, arc)를 정의를 향해 휘게 만들 능력을 갖고 있다. 만일 신앙인들이 지금 이 순간이 얼마나 결정적인지를 안다면—만일 종교는 사실상 피조세계가 온전히 소유하고 있는 도조적인 것임을 우리가 깨닫는다면—만일 우리가 사회변혁의 방향뿐만 아니라 속도도 영향을 줄 수 있음을 깨닫는다면, 우리들은 또한 화석연료 산업이 "늘 하던 대로 사업"을 하기 위해서 필요로 하는 사회적 인가(허용)를 취소할 수 있다는 것도 깨닫게 될 것이다. 일단 우리가 그것을 성취하고 나면, 보다 더 생명을 유지시켜주는 삶의 방식을 창조할 기회를 얻기 위해서 사회는 무서운 속력으로 움직여 나갈 것이다.

그룹 토론과 성찰을 위한 질문들

1. 기후변화는 마치 회중들 모두가 알고 있으나 아무도 그것에 대해 말하고 싶어 하지 않는, 중대하고 꼴사나운 "비밀"인 것 같다는 주장을 논의해보라. 이 책을 읽고 토론해보는 것에 더하여, 기후변화를 직접 다루기 위해 당신의 회중은 무엇을 할 것 같은가?
2. 교회가 중대한 역할을 했던 중요한 역사적 사회적 변혁의 목록을 재검토해보라. 대부분의 경우에, 그런 변혁에 대해 반대했던 교회들도 있었다. 기후변화에 관해서, 당신의 교회는 어느 편에 서기를 원하는지 토론해보라.
3. "청중석에 앉아 있는 대부분의 사람들은 우리가 생각하는 것보다 고통스러운 진실들에 대해 훨씬 더 잘 준비되어 있다"고 한 윌리엄 슬로안 코핀 목사의 말은 맞는가?
4. 기후변화에 대한 설교를 위한 네 가지 신학적인 주춧돌들 이외에, 다른 어떤 것들이 떠오르는가?
5. 기후변화에 대한 설교를 위한 열 가지 고려 사항을 재검토하라. 어

떤 것이 당신을 놀라게 했는가? 당신이 첨가하고 싶은 다른 것이 있는가?

8장

함께 증언하기

공동체 행동이 우리를 두려움에서 해방시킨다

우리는 이제 내일이 오늘이라는 사실에 직면한다. 우리는 지금의 치열한 긴급성과 대면해 있다. 인생과 역사의 이런 어려운 문제를 열어젖히면서, 너무 늦은 감이 있다... 여러 문명들의 빛바랜 뼈다귀들과 뒤엉킨 잔류물들 위에 이런 애처로운 말이 쓰여 있다: "너무 늦었다."
— 마틴 루터 킹 목사[1]

내가 처음 시작한 소명은 아니다

2013년에 제이 오하라(Jay O'Hara)와 켄 워드(Ken Ward)가 매사추세츠 주 폴 강(Fall River)에 있는 브레이톤 포인트(Brayton Point) 화력발전소 근처에서 바다가재(lobster) 잡이 보트를 타고 나갔다. 그 보트의 이름은 "헨리 데이비드"(Henry David T.)였다. 그들은 석탄을 실어

---

1) Martin Luther King Jr., "A Time to Break the Silence," in *A Testament of Hope: The Essential Writings of Martin Luther King, Jr.*, ed. James M. Washington (San Francisco: Harper & Row, 1986), p. 243.

나르는 4만 톤 급 거대 수송선을 저지하기에 딱 좋은 장소에 닻을 내렸다. 하루인가 이틀 동안, 그들은 브레이톤 포인트 화력발전소에 탱커(수송선)가 도착하지 못하도록 막았다. 결국 그들은 체포되었고, 음모, 평화 교란, 그리고 몇 가지 위반으로 기소되었다. 16개월 뒤에 그들의 재판이 시작되었다. 그들은 배심원 재판을 주장했고, 불가피성 방어 변론을 준비했다. 수십 명의 다른 지지자들과 더불어 나는 세계적인 기후전문가 제임스 핸슨(James Hansen)의 모두발언을 듣기 위해 법정으로 비집고 들어갔다.

이 소송에 적용된 불가피성 방어변론은 기후변화의 위험성이, 제이와 켄이 공공의 이익을 위해 택한 비폭력 위법행위보다 더 크다고 주장했다. 일반시민을 보호할 법률의 (법률 집행관들도) 실패에 주의를 환기시키기 위해서, 그들은 불가피성의 이유를 들어 무죄를 주장하기로 계획했다. 다른 몇몇 법적 소송에서, 핵무기들에 의해 일어날 가능한 결과들과 위험에 주의를 끌기 위한 시민불복종 행동을 한 활동가들의 석방이란 결과를 불가피성 방어 변론이 만들어냈다. 오하라와 워드(O'Hara and Ward)의 재판은 기후변화를 중심으로 한 시민불복종운동에 대해 벌인 첫 번째 불가피성 방어 변론이었다.

종종 일어나는 것이지만, 오하라와 워드의 재판 시작 시간은 지연되었고, 그래서 떠도는 말들을 듣기 시작했다. 판사가 법정에 들어서자, 지방검사보가 그와 이야기를 시작했고, 판사는 선언했다.

* 음모에 대한 기소는 기각되었다.
* 다른 범죄 기소는 시민 기소로 강등되었다.
* 피고인들이 법정과 경찰에 합리적인 비용을 지불하기로 합의했다

천둥 같은 박수 소리가 잦아들자, 지방검사가 5분 뒤에 법정 앞에서 즉흥적인 기자회견을 하겠다는 말들이 돌았다. 그가 무슨 말을 할 것인지 아무도 몰랐다.

샘 서터(Sam Sutter)는 지방검사처럼 보였는데, 그러나 말은 아버지 같이 했다. 그는 활동가처럼 말했다. 그리고 그의 팔 아래에는 "롤링 스톤"(*Rolling Stone*) 잡지가 끼어 있었고, 그 표지에는 빌 매키븐(Bill McKibben)의 "화석연료 저항"(The Fossil Fuel Resistance)이란 글이 실려 있었다.[2] 매사추세츠의 브리스톨(Bristol) 카운티의 시민들에게 경찰 비용은 피고인들이 지불할 것임을 확신하게 하고나서, 그는 "브리스톨 카운티의 어린이들과 그 이상을 마음에 두고서" 자신의 결단을 내렸다고 말했다. "기후변화는 우리 지구 행성이 일찍이 맞은 가장 근심스러운 위기들의 하나입니다. 나의 겸손한 생각에는, 이 문제에 대한 경찰의 지도력은 상당히 부족하다고 봅니다"라고 그는 말했다. 환호 소리들이 터져 나오자, 그는 한 가지를 더 말했다.

> 브리스톨 카운티의 지방검찰청 사무실에서 이 문제에 대해 지도력을 발휘할 헌신을 상징하는 합의에 도달할 수 있었음을 나는 매우 기뻐하는 바입니다... 기후변화는 우리 지구 행성이 일찍이 맞은 가장 근심스러운 위기들의 하나입니다. 그 증거는 압도적이며 계속 악화되고 있는 중입니다. 그래서 오늘 우리는 브리스톨 카운티 지방검찰청 사무실에서 입장을 확고히 했습니다.[3]

---

2) Bill McKibben, "The Fossil Fuel Resistence," Rolling Stone (April 11, 2013), accessed September 18, 2017, http://www.rollingstone.com/politics/news/the-fossil-fuel-resistence-20130411.

3) 이 획기적인 날에 대한 감동적인 설명은 다음을 참조: Stephenson, *What We're*

군중들이 박수를 치고 환호 소리를 지른 뒤에, 나는 울었다. 나는 언론기자들이 붐비게 빠져나가기를 기다린 뒤에 지방검사 서터(DS Sutter)와 말할 순간을 갖게 되었다. 나는 그에게 말하기를 내게는 그가 자신을 위한 불가피성 방어 변론을 행사한 것처럼 보였다고 했다—즉, 기후변화의 공포가 너무도 임박해서, 지방검사로서 그 나름의 새로운 행동과 혁신이 불가피했다. 그는 눈에 웃음을 지으며 대답했다, "맞아요, 바로 그래요!" 나는 말하기를 그가 기후위기가 닥친 세계라는 상황 속에서 지방검사들은 새로운 소명을 받아들여야 한다고 선언하는 것 같았다고 했다. 또 다시 그는 충심으로 동의했다.

그가 걸어서 사라진 뒤에, 나는 마틴 루터(Martin Luther)가 1521년 독일의 보름스 의회(Diet of Worms)에서 "여기에 내가 서 있습니다. 나는 달리는 어찌 할 수 없습니다. 하느님이시여 나를 도우소서"라고 불가피성에 대한 이해를 불러일으킨 것을 생각했다.

2006년에 UCC 이사회의 매사추세츠 회의가 그들의 인터뷰를 마치고 내게 회장과 진행을 맡도록 했을 때, 나는 그들에게 말했다. "딱 한 가지만 더 요청합니다—내가 나의 시간의 적어도 10%를 기후를 위한 정의운동에 사용하도록 지원해 주십시오." 이어진 침묵 속에서, 나는 그들 가운데 몇 명이 내게 묻고 있음을 상상했다. "거의 400여 개의 교회들과 800명의 성직자들을 감독하는 것에 대해 이 양반이 이해를 못하고 있는 것이 뭐지? 이것만 해도 이미 커다란 일(BIG JOB)인데 말이야!!!" 이어진 대화에서 분명해진 것은 그들이 전적으로 놀라지는 않았다는 것이다. 결국 기후변화는 나의 열정이었다. 그러나 그게 핵심은 아니었다. 기후위기의 긴급성과 중대성이 우리의 소명을

Fighting for Now is Each Other, pp. 211-15.

어떻게 살아낼 것인가에 대해 중대한 조정을 하도록 고려해야만 한다는 것을 우리가 인식하는 데 동참해줄 것을 나는 그들에게 요청하고 있었던 것이다. 우리가 토론을 마친 뒤에, 그들은 100% 나를 지지했고, 이제 이사회의 전적인 뒷받침을 얻어 나는 내 시간의 25% 가량을 기후문제에 사용하고 있다.

최근에 나는 아이비리그(Ivy League: Harvard, Yale, Princeton, Columbia, Pennsylvania, Brown, Cornell, Dartmouth 등 북동부 명문대—역자주) 비즈니스 스쿨 학생들 몇 명과 저녁식사를 했다. 나는 그들에게 질문을 하나 했다. 고지식하게도 나는 묻기를 기후변화가 그들의 학업과 전반적인 학교 사명에 어떻게 등장했느냐고 했다. 기후변화에 의해 제기된 비즈니스와의 밀접한 관계에 초점을 맞춘 상당한 연구를 "기술 활용 관리 프로그램"(Technology and Operations Management Program)에서 하고 있다고 그들은 대답했다. 인간이 일찍이 당면했던 "모든 사악한 문제들" 가운데서, 기후변화가 가장 도발적이라고 그들은 모두 동의했다. 그런 진지한 반응을 보는 것에 기뻐서, 나는 좀 더 깊은 반응을 바라면서 이렇게 말했다.

> 당신들은 세계에서 가장 최고로 명석한 비즈니스 스쿨의 학생들입니다. 기후위기의 세계에서 만일 당신들이 체계적인 지도력을 제공하도록 훈련되지 않으면, 누가 우리 경제를 새로운 방향으로 이끌어갈 것입니까? 현재 세대의 투자자들에게 보상하는 것으로부터 다중세대의 책임들로 경제체제를 전환하도록 어떤 비즈니스 지도자들이 도와줄 것입니까? 다음 세대의 비즈니스 거물(mogul)들 가운데서 누가 인간의 번영뿐만 아니라 모든 피조물들의 회복을 존중하는 경제

> 를 세우도록 도울 것인가요? 만일 이런 도전과 이런 이상들을 위한 준비가 하버드 비즈니스 스쿨 교과 과정의 가령 25%가 안 된다면, 우리나라는 어떻게 경제체제의 변화를 과학이 말하는 대로 필요한 만큼 만들 수가 있겠습니까?

교회에 좀 더 잘 맞는 말을 사용하자면, 이것은 HBS의 소명에 대한 대화였다. 우리의 직업이나 소명이 무엇이든, 우리들 각자는 비슷한 질문을 할 필요가 있다. 우리에게 가까이 있는 사람들과 공동체들을 도우면서 또 미래 세대 인간들을 보호하고 생물다양성을 보전하라는 우리의 소명을 성취할 길을 발견해야 한다. 가장 강력한 기관들의 맨 꼭대기 지도자들이 이런 질문들에 대한 대답을 살아내도록 하면, 또 만일 우리가 이런 도전에 집단적 자료처리(crowd-source)를 하면, 인류는 보다 재빠르게 적응을 할 수 있을 것이다.

증언이란 무엇인가?

증언(witness)은 그들이 보고 들은 것의 진실을 공공의 장소에서 말하는 것이다. 이런 견해를 법정에서 빌려와서, 히브리성경과 신약성경의 저자들은 신실한 사람들에게 신실한 증언자로 살아가고 목소리를 내어 말하라고 임무를 부여한다. 하느님의 사람들은 하느님의 진정성을 증언할 증인들로 호출된 것이라고 이사야는 주장한다(43:10). 예수는 주 하느님(Lord God)의 "신실한 증언자"로 지칭된다(계 1:5). 자신이 보고 들은 바를 증언하도록 선택되었다고 말한 바울처럼(행 22:14-16), 베드로와 요한도 예수의 부활에 대해 말했다고 해서 체포되었다. 그 이튿날 기소되어, 그들은 말하기를 "우리는 보고 들은 바를 말하지 않을 수 없습니다"라고 했다(행 4:20).

증언에 대한 그의 탁월한 책에서, 톰 롱(Tom Long)은 증언에 대해 이렇게 말한다.

> 기독교인들은 자신들이 모든 법정 가운데서 가장 큰 법정, 시대적인 재판에 참여하고 있다고 이해한다. 논쟁되고 있는 것은 바로 실재 자체의 본성이며, 그리고 모든 것이 관건이다.[4)]

증언은 흔히 공동체를 위해 행해지며, 종종 다른 것들과 함께 다루어진다. 그것은 우리가 말로(이것도 또한 증언이라고 불러야 될 것인데) 전하는 진리만 포함하는 것이 아니라, 우리의 몸들로 감당하는 진리도 포함한다. 현대의 표현으로는 "나서기"(showing up)도 증언의 일종이다. 우리들의 말과 몸으로 증언을 하는 것에 더해서, 우리에게 주어진 모든 다른 선물들—우리들의 시간에서 재정적 소유까지—을 사용하는 방법도 증언을 구성한다.

우리에게 주어진 선물들을 가지고 우리가 무엇을 하는가—우리의 재물을 가지고 무엇을 하는가—하는 것이 중요하다. 많은 목회자들은 다음과 같은 이야기를 회중들과 나누면서 이 점을 지적한다. 즉 우리가 죽어서 천국 문에 도달하여 베드로 성인을 만나면, 그는 우리의 은행거래 기록부(checkbook)와 약속이행 기록부(appointment book)을 펼쳐놓고, 딱 한 가지 질문만 할 것이다: 이 두 가지 기록들이 당신이

---

4) Thomas G. Long, *Testimony: Talking Ourselves into Being Christian* (San Francisco: Jossey-Bass, 2004), pp. 28-29.

기독교인이라는 것을 확신시키기에 충분한 증언이 되는가?

2017년 4월 22일에, 수만 명의 과학자들이 기후변화에 대한 진실을 증언하기 위해 자신들의 말, 몸, 시간, 그리고 전문성을 사용했다. 이것이 필요했던 것은 (세계적인 석유 재벌들과 자동차 제조회사들이) 지난 수십 년간 기후변화에 대한 과학적 발견들의 진실에 대해 의문을 제기하기 위해 거의 무제한으로 재정적 정치적 자원들을 쏟아부었기 때문이다. 다른 정치적 상황에서는 과학을 부인하는 자들의 책략들은 선전이라고 불렀을 것이다. 미국에서는 사람들이 자신들의 목표를 진척시키기—회사들의 주식 소유자들에게 이익을 주기—위해서 진실을 왜곡하는 것이 허용된다. 과학의 부패와 기후변화에 대한 부인을 선동하는 것에 항거하기 위해서, 과학자들이 전 세계의 모든 곳에서 600 차례나 행진하기 위해 모였다. 그들은 "도그마가 아니라 데이터!"를 요구하면서 진실을 위한 증언을 하기 위해 그들의 자유를 사용했다. 앞으로 나올 책에서, 나오미 오레스케스(Naomi Oreskes)는 기후위기의 세계에서, 과학자들은 자신들의 가치들을 공개적으로 말할 도덕적 의무를 지닌다고 주장할 것이다.

증언의 마지막 사례에는 이런 요소들이 많이 결합되어 있다. 2010년 이래로 조엘 클레멘트(Joel Clement)는 미국 내무부에서 정책분석실의 지도자로 일했는데, 과학자로서 또한 "정책 일벌레"로서 그가 한 일은 기후변화에 초점을 맞추는 일이었다. 2013년에 그는 북극지방에서 기후 온난화가 지구상의 어느 곳에서보다도 빨리 진행되고 있음을 경고하는 논문을 썼다. 2016년 4월에는 클레멘트의 경고를 확인하듯이, 해수면 상승 때문에 알라스카 주의 쉬시마르에프(Shishmaref) 섬의 공동체가 거주지 이동을 투표로 결정했다. 트럼프 행정부의 첫 달에, 클레멘트는 알라스카 원주민 공동체들에게 기후변화가 주는 위험들에 대하여 공개적으로 경고했다. 그리고 2017년 6월 15일, 클레멘트는 미국 내무부의 회계사무실에 기후와는 관계없는 일자리로 전보되었다. 다른 할 일들 가운데서, 클레멘트는 화석연료 회사들로부터 발행된 광구 채광권들을 집계하는 일을 했다. 2017년 7월 19일에 클레멘트는 새로운 형태의 증언을 했다. 그는 미국의 특별위원회(Special Counsel) 사무국에 고소장과 정보공개 소송을 접수시켰다. 그는 주장하기를 그가 새로 전보된 것은 미국 시민들의 건강과 안전에 대한 위협을 공개한 것에 대한 보복이었다고, 그래서 그는 주장하기를 연방정부 고용인 자격으로서, 그는 내부 고발자(Whistle blower) 보호 법령과 내무 고발자 보호 장려 법령에 의해 보복당하지 않도록 보호되어야 한다고 했다.5)

시민불복종을 기독교 제자도의 규범적 표현으로 삼기

2011년 8월, 내가 워싱턴 DC의 중앙 감방에서 풀려나온 뒤에, 매사추세츠 주에 있는 UCC 교회들 가운데 나의 목회지로 되돌아왔을 때, 나는 많은 긍정적인 피드백(반응)을 받았다. 많은 사람들이 나의 증언에 대해 감사를 표시했고, 내가 한 일에 대해 자랑스럽다고 말했다. 많은 사람들은 또한 말하기를, 그런 일을 하는 것은 상상도 못했

---

5) Joel Clement, "I'm a Scientist. I'm Blowing the Whistle on the Trump Administration," *Washington Post*, July 19, 2017, accessed September 18, 2017, https://www.washingtonpost.com/opinions/im-a-scientist-the-trump-administration-reassigned-me-for-speaking-up-about-climate-change/2017/07/19/389b8dce-6b12-11e7-9c15-177740635e83-story.html?utm- term=.367a9221982a.

다고 했다. 뭔가 불법적인 것을 의도적으로 행사하는 것은 너무도 겁나고, 너무도 위협적이고, 너무도 생각조차 할 수 없다는 것이었다.

그 해 가을 늦게, 내가 돌보는 교회들의 한 곳에서 남자들 그룹이 그들의 매월 모임에 나를 초청해서 나의 경험에 대해 말해달라고 했다. 그들은 이건 "기록을 남기지 않는" 대화가 될 것임을 내게 확신시켰다. 그들 모두가 내가 한 행동에 대하여 동의하는 것은 아니지만, 그러나 그들은 모두 나의 양심과 용기를 존중했다. 그들은 진짜 이야기를 듣기를 원했고 내게 질문하고 싶어 했다. 그건 우리 모두에게 깊이 감동적인 대화였다. 그들에게 가장 흥미를 끈 것은 어떻게 내가 자유를 포기했느냐는 것이었다. 그들 가운데 많은 사람들이 그런 일을 상상조차 못했다. 그들을 가장 놀라게 한 것은, 내가 갈라디아에 있는 기독교인들에게 보낸 사도 바울의 편지에서 짧게 인용하면서 한 나의 대답이었다: "자유를 위해서 그리스도께서 우리를 자유롭게 해 주셨다"(갈 5:1). 나는 그들에게 말했다: 보람 있는 일을 위해 감옥에 가겠다고 결심하고 하느님의 부르심과 나의 양심의 부름을 따랐을 때보다 더 자유로움을 느꼈던 적은 내 생애에 일찍이 없었다. 내가 경험한 자유는 하느님의 목표에 맞춰 결심하고 행동함으로써 느낀 자유였다. 내가 그들에게 던진 다음 질문은, 당신들은 왜 그런 경험을 해보지 않는가, 혹은 왜 그런 부름을 이미 받은 사람들이 아직 응답을 하지 않았느냐 하는 것이었다. 이 질문은 이들 반성적인 사람들만이 아니라 나 자신에게서도 떠나지 않는 것이었다.

그 경험이 나로 하여금 도발적인 표현을 사용하게 만들었다. 즉 "시민불복종을 기독교 제자도의 규범적인 표현으로 만들자."는 것이다. 수천 명의 사람들이 시민불복종의 영적인 훈련에 기꺼이 참여하지 않고서는 과학이 꼭 해야 한다고 말하는 변화를 사회가 이룰 수 없다고 판단했기 때문이다. 역사를 통해 중대한 사회적 변화는 오직 미국의 양심이 깨어나고 그 운동에 초점을 맞출 때에만 일어났다. 각각의 경우에—노예제도 철폐, 여성 참정권, 시민 권리 운동, 투표권, 성소수자(LGBTQIA+) 권리들에—시민불복종 운동이 가장 중요한 역할을 했다.

그러나 "규범적이라고?" 우리 사회와 교회의 많은 사람들이 헨리 데이비드 소로(Henry David Thoreau), 마하트마 간디(Mahatma Gandhi), 도르씨 데이(Dorothy Day), 랍비 아브라함 조슈아 헤셸(Rabbi Abraham Joshua Herschel), 마틴 루터 킹 목사(the Rev. Dr. Martin Luther King Jr.), 하원의원 존 루이스(Congressman John Lewis), 댄 베리건 신부(Father Dan Berrigan) 등을 칭송하는데, 우리는 그들과 그들의 반복되는 시민불복종의 공적인 행동들을 예외적인 행동이라고 본다. 우리는 그들의 도덕적 용기를 칭송하지만, 그러나 대다수의 우리들은 그걸 저만큼 멀리 두고자 한다.

그래서 나는 2017년 7월 4일 UCC 전국총회에서, 이것을 시험해 보기로 했다. 700명의 대의원들과 몇 천 명의 방문자들은 하루 전에 97%의 대의원들이, UCC 회중들은 무엇보다도 "화석연료 사회 기반 시설의 모든 확장을 반대"한다는 결의안을 투표로 채택했음을 잘 알고 있었다. 내가 1분 동안 "발언"을 하러 마이크 앞에 서자, 사람들은 그 결의안에 대해 내가 뭔가를 말할 것으로 예상하고 있었다. 나는 그들이 예상했을 것과는 좀 다르게 말했다. 나는 이렇게 말하기 시작했다.

> 그리스도연합교회(UCC)가 시민불복종을 기독교 제자도의 규범적인 표현으로 삼을 때가 되었습니다. 만일 여러분이 비폭력적 시민불복종 운동에 참여해본 적이 있으면, 일어설 수 있으신 분은 한 번 자리에서 일어서 주십시오... 고맙습니다! 그리고 우리가 지난 번 전국 총회를 한 이후로, 비폭력적 시민불복종 운동에 참여해보신 적이 있는 분은, 그대로 서 계십시오... 고맙습니다!

내가 확신하는 것은, 대략 30% 정도의 대의원들이 일어섰고, 그리고 최소한 그들 가운데 절반은 계속 서 있는 것을 보고, 그 회의장에서 놀란 사람이 나 혼자만은 아니었으리라. 숨을 고르고, 계속해서 이렇게 말했다.

> 오늘은 7월 4일입니다. 우리나라가 시민불복종 운동에 의해서 탄생한 날입니다. 예수의 증언은 비폭력적이었고, 로마제국은 그것을 불법으로 간주했습니다. 존 디어(John Dear) 신부가 말하듯이, 부활은 전적으로 법과 "권력자들"의 범위 밖에 있었습니다. 간디(Gadhi)는 예수를 "아마도 역사상 알려진 가장 능동적인 저항자"였다고 말했습니다. 스탠딩 로크(Standing Rock) 말고도, 전국에서 화석연료 기반시설을 확장하는 것에 대해 저항할 기회가 있는 곳은 몇 곳이 더 있습니다. 하느님께서는 시민불복종을 기독교 제자도의 규범적 표현으로 삼으라고 여러분을 부르시고 계시는지요?

우리가 이룩해야 할 변화는 너무 중요한 가치가 있어서, 긴 도덕적 호(弧,arc)를 정의를 향해서 기울어지게 만들려면 제한된 숫자의 양심적인 사람들보다 더 많은 사람들을 필요로 할 것이라고 나는 믿는다. 우리의 경제체제, 회사와 정치체제들, 우리의 생활방식들과 열망들은 물질적 성장에 대한 지속 불가능한 기대와 결속되어 있다. 2백년 등안, 이런 맹목적 헌신을 강요하는 제도(Juggernaut)는 화석연료에 의해서 힘을 얻어왔다. 만일 우리가 이런 고르디우스(Gordius)의 매듭(알렉산더 대왕이 칼로 잘라버렸다는 전설—역자주)을 풀려면—만일 우리가 이런 관성(慣性)을 극복하려면—신앙과 양심으로 동기를 부여받은 보통사람들이 정기적으로 "늘 하던 대로의 사업"을 중단하고, 우리가 어디로 가고 있는지, 그리고 보다 좋은 길을 제공하고 있는지에 주의를 집중해야 한다.

두려움을 촉매로 삼아 사랑과 감사로 돌파하기

시민불복종과 그 밖의 다른 형태의 증언을 고려할 때, 사람들은 사랑이 그들의 가장 강력한 동기라고 말했다. 즉 하느님을 사랑하기, 자연을 사랑하기, 아름다움을 사랑하기, 그들의 어린이들을 사랑하기, 모든 다양성을 지닌 피조물들과 식물들을 사랑하기, 모든 살아 있는 것들에게 우리가 번성하기 위해 필요로 하는 모든 것들을 제공해주는 이 지구 행성의 불가능한 방식을 사랑하기 등등이다. 거듭거듭 내가 보아온 것은 한 사람이 이런저런 방식들로 피조물을 사랑할 때, 그리고 한 사람이 그가 사랑한 모든 것을 인간이 위태롭게 만들고, 멸종시키고, 광범위하게 위협해 왔음을 대면할 때, 증언을 하라는 요청에 응답할 용기가 생겨난다.

증언을 하는 사람들 가운데 또 다른 강력한 힘은 감사다. 즉 생명이 주어진 것에 대한 감사, 하느님의 창조와 그것이 자기의 삶을 길러주는 모든 방식들에 대한 감사, 친구들이나 사랑하는 사람들이 제공한 지원에 대한 감사, 시간 자체의 선물은 물론 지금 이 특정한 순간에 대한 감사, 내부로부터 신비스럽게 나오는 꿈들과 열망들에 대한 감사 등이다.

내가 이 장을 쓰고 있는데, 『뉴욕』(*New York*) 잡지에 실린 한 논문이 전염병처럼 논쟁의 폭풍에 불을 질렀다. 출판한 지 단 2주일이 지나자, "거주 불가능한 지구"(The Uninhabitable Earth)란 논문은 출판 역사상 가장 많이 읽힌 논문이 되었다.[6] 고작 7천 단어들 속에서, 데이비드 월레스-웰스(David Wallace-Wells)는 만일 인류가 과학이 반드시 해야 된다고 말하는 극적인 변화를 이루지 못하면 무슨 일이 일어날 것인지를 묘사한다. 그건 정말 읽기에도 끔찍하다. 그 논문이 공포를 덮어 가리지 않았다는 사실이 바로 수백만 명의 사람들이 그것을 읽었던 이유들의 가운데 하나다.

많은 저명한 기후과학자들은 재빨리 이에 대해 응답했고, 월레스-웰스가 과학을 오해했다고 지적했다. 이것이 바로 논쟁의 중요한 부분이다. 또 다른 비판은 펜스테이트 대학(Penn State University)의 기후학자 마이클 만(Michael Mann)에 의한 것이 대표적이다. "기후변화는 우리가 지금 대처해야만 할 심각한 도전임은 분명하다. 특히 그것이 파멸과 희망 없음의 마비시키는 담론을 조장할 때에는, 그것을 지나치게 많이 말할 필요가 없다."[7]

---

6) Wallace-Wells, "The Uninhabitable Earth."

7) Michael Mann, Susan Joy Hassol, and Tom Toles, "Doomsday Scenarios Are as Harmful as Climate Change Denial," *Washington Post,* July 12, 2017, accessed September 18, 2017, https://www.washingtonpost.com/opinions/

우리가 사랑하는 것들이 파괴될 것이라는 두려움은 행동을 위한 강력한 촉매(觸媒)다. 만일 우리가 아직은 멀리 떨어져 있으리라고 여겼던 결과들이 곧 임박했다는 것을 알고 나면 그 두려움은 증폭된다. 논문과 논쟁 모두에서 탁월한 분석을 한 제이슨 마크(Jason Mark)는 『시에라 매거진』(*Sierra Magazine*)에서 "월레스-웰스의 수필은 사람들을 안심 상태에서 흔들어 깨우려고 고안한 계산된 도발이다"라고 썼다.[8] 레이첼 카슨(Rachel Carson)이 그녀의 책 『침묵의 봄』(*Silent Spring*)을 "내일을 위한 우화(寓話)"로 시작했음을 마크는 우리들에게 알려주었는데, 그 우화에서는 10여 가지 정도의 환경 재앙들이 집중된 상상의 마을을 그려낸다. "침묵의 봄"에 대한 두려움이 환경운동의 시작을 위한 핵심적 동기였다는 점에는 아무도 반론을 제기하지 않을 것이다.

그러나 사람은 관계를 지속하고 장기간에 걸친 변화와 지속적인 헌신을 하려면 두려움 이상의 것을 필요로 한다. 두려움은 효과적인 촉매 역할을 할 수 있다. 그러나 변화를 위한 가장 강력한 동기 부여자와 유지자는 사랑과 감사다.

---

doomsday-scenarios-are-as-harmful-as-climate-change-denial/2017/07/12/880ed002-6714-11e7-a1d7-9a32c91c6f40-story.html?utm-term=.36a3ed015eff.

8) Jason Mark, "Fear Factor: A Defense of NEW YORK's Climate Doom Cover Story," *Sierra Magazine* (July 14, 2017), accessed September 18, 2017, https://sierraclub.org/sierra/fear-factor-defense-new-yorks-climate-doom-cover-story.

투자 철회: 피조물들을 파괴하는 사회적 인허가를 취소하기

2012년 8월에 빌 매키븐은 기후변화와 싸우기 위해서 새로운 전선(前線)을 개설했다. 그때까지는 환경운동이 주로 소비자 편에 끼치는 영향에 초점을 맞추어왔다. 그 결과로 강조점의 대부분은 재활용(recycling), 재사용(reusing), 그리고 소비 줄이기(reducing)에 맞추어졌다.

매키븐이 개인들과 기관들에게 화석연료 회사들에 투자한 것을 철회하라고 요구했을 때, 그는 기후변화의 공급자에게 세계가 주목하자고 초점을 맞추기 시작했다. 투자 철회 운동의 목표는 두 가지 현실에 대해 대중의 깨달음을 증진시키려는 것이었다. 실제적 관점에서 보면, 알려진 화석연료 매장량의 80%(대략 20조 달러 가치)는 지하에 묻힌 채로 둘 필요가 있을 것이다. 도덕적 관점에서 보면, 투자 철회 운동은 화석연료 회사들이 지구를 파괴함으로써 투자자들을 위한 돈을 만드는 "늘 하던 대로 사업"을 계속하기 위해 필요한 사회적 인허가를 해지(철회)하는 것이다.

빌 매키븐은 우리의 재산을 가지고 무엇을 하는가가 중요하다는 사실에 대해서 개인들과 기관들이 기꺼이 공개적으로 전개할 운동을 제시했다. 주식을 소유하는 것은 단지 돈을 벌려는 것만이 아니다. 미국 경제체제에 대한 핵심적 확신은 소유권은 책임성과 똑같다는 것이다. 주식을 소유함으로써 우리는 그 회사의 활동을 승인하는 것이다. 약 200개의 회사가 화석연료를 채굴하고 수송하고 정유하고 판매하는 일에 주로 책임이 있는 것으로 알려졌다.

오해하지 마시라: 투자 철회는 물의를 일으키는 것이다. 남아프리카 공화국과 사업을 하는 회사들로부터 투자 철회를 하는 운동이 그

나라의 인종차별(apartheid) 관행을 뒤엎는 데 성공한 전략적 요체라고 많은 사람들이(넬슨 만델라를 포함하여) 믿었지만, 어떤 역사가들은 그런 주장을 거부한다.

환경에 따라서는, 그런 논쟁(물의)은 여러 가지 방식들로 나타났다. 교회나 다른 비영리 단체의 재정적 자산을 투자하는 데 책임을 진 사람들은 그들의 할 일이 교회를 위해 가장 이익이 남는 방식으로 투자를 하는 것이었다고 흔히 말한다. 그러나 이들 투자자들 대부분은 윤리적 투자를 위한 지침(예컨대, 총포, 주류, 담배 등에 대한 투자 금지)에 의해서 이미 제한을 받고 있었다. 교회의 윤리적 헌신을 위해 화석연료 회사들도 똑같은 관점에서 보아야 한다고 주장을 했을 때, 투자자들은 종종 말하기를 화석연료 회사들로부터 투자 철회를 하는 것은 간단히 말해서 비실제적이라고 했다. 화석연료 회사들이 관여하지 않은 기금(fund)은 없었다. 2015년에 이르러서는 그것이 변화하고 있었고, 많은 주요 투자회사들이 화석연료와 무관한 기금을 제공함으로써 수요에 대응했다. 예를 들면, 2014년 11월에 UCC의 연합교회기금(United Church Funds)은 화석연료 이후의 기금(Beyond Fossil Fuel Fund)을 시작했는데, 이는 교단에 관계없이, 어떤 교회 기관도 기금으로 이용할 수 있는 것이었다.

또 다른 비판은 주장하기를, 어떤 투자 기관소유의 자산 총체(portfolio)에서 화석연료 보유주식을 완전히 제거하는 것은 거의 불가능하다고 한다. 이렇게 다그쳐 오면, 나는 항상 대답하기를 "완전한 것을 좋은 것의 원수로 만들지 말라"고 했다. 증언의 대부분 형태가 그렇듯이, 도덕적 순결성이 목표는 아니다. 목표는 우리의 세계 안에서 현재의 "늘 하던 대로 사업"이 부도덕하고 받아들일 수 없다고 간

주되는 상황을 만들어 내는 것이다.

최종적인 비판은 주장하기를, 만일 당신이 어느 회사에 영향을 주고 싶으면, 당신은 그 회사의 주식 소유자로서 회사의 정책을 변경하도록 노력해야 할 것이라고 한다. 문제는 주식 소유자의 주장으로 회사의 핵심 사업을 변경할 수는 없다는 것이다. 주식 소유자들의 주장으로 인해 애플(Apple) 회사로 하여금 중국에서 더 많은 인도적인 노동 실현을 이룩할 수는 있지만, 그러나 석탄회사로 하여금 석탄 채광을 중지시킬 수는 없다. 더군다나 기후변화의 현안에 대해서는, 주식 소유자들의 주장이 성공한 적은 한 번도 없었다.

그러나 말은 그렇게 했지만, 2017년 5월에 화석연료 산업 전체를 뒤흔든 충격이 왔다. 엑손 모빌(ExxonMobil)에서 주주들의 62.3%가 투표를 통해, 거대 석유회사들에게 기후변화가 그 수지결산에 어떻게 영향을 줄지에 대한 보다 상세한 평가 판단을 포함하도록 요구했다. 그런 투표를 한 적이 전에는 없었다. 블랙로크(BlackRock), 밴가드(Vanguard), 스테이트 스트리트(StateStreet)를 포함한 주요 주식 보유자들에 의해 주도된 것으로 생각되었다.

투자 철회에 대한 마지막 지적은 투자 철회 운동이 시작된 이후 5년도 채 안 되어, 5조 달러가 넘는 투자기금이 화석연료 주식을 팔았다고 "뉴욕타임스"(*New York Times*)는 보도했다.[9] 더 이상 화석연료 주식을 포함하지 않는 5조 달러 투자기금은 좋은 출발이다—이는

---

9) John Schwartz, "Investment Funds Worth Trillions Are Dropping Fossil Fuel Stocks," *New York Times*, December 12, 2016, accessed September 9, 2017, http://mobile.nytimes.com/2016/12/12/science/investment-funds-worth-trillions-are-dropping-fossil-fuel-stocks.html?emc=edit-tnt-20161213&nlid=37530612&tntemail0=y&-r=0referer=.

투자 철회 운동이 이들 회사들이 늘 하던 대로 사업을 하는 데 필요한 도덕적 인허가를 철회하려는 그 목표에 상당한 진보를 하고 있다는 표지다.

수탁자의 책임에 대한 새로운 과제

신앙인들로서 우리의 선조들은 (은행과 같은) "수탁자"(fiduciary), "수탁자의 책임성"(fiduciary responsibility)이라는 것을 소개한 책임이 있다. 그것은 미래에 신앙을 지키는 것과 관계가 있다. 수탁자에 대한 일반적인 이해가 회사의 지도자들로 하여금, 그들이 하는 모든 것은 그 회사의 주식 소유자들에게 단기적인 화폐 이익을 극대화하는 것일 때, 도덕적인 (그리고 법적인) 유리한 입장을 주장하게 한다. 여러 세기 동안 교회는 수탁자의 책임성에 대한 사회적 이해를 해석할 배타적인 권리를 법적인 투자의 세계에 양보해왔다. 그러나 투자자가 다음 4분기에 최대 재정 이익을 확신함으로써—투자 자본이 투자자의 가정을 파괴하는 것으로 끝날 것이란 사실을 무시하면서—그/그녀의 수탁자의 의무에 대해 만족하게 생각하는 것은 미친 짓이자 범죄행위다.

만일 여러 신앙 지도자들이, 금융계에서 저명한 위치를 맡고 있는 평신도 지도자들과 더불어, 수탁자의 책임성을 다스리는 현재의 법들의 부적절함에 주의를 했다면 그 영향이 어땠을까? 만일 화석연료 산업이 늘 하던 대로 사업을 계속한다면, 수탁자 법령이 알려진 세대와 세대 사이의 결과를 고려하지 못한 실패를 만일 이들 지도자들이 비난하면 무슨 일이 일어날지 상상해보자.

2014년 9월 29일에 하버드대학교 법학대학원에서 보스턴 카본 위험 포럼(Boston Carbon Risk Forum)에 모인 수탁자들에게 한 강연에서 전 증권거래위원이었던 베비스 롱스트레트(Bevis Longstreth)가 수탁자의 책임성에 대해 중요한 질문들을 제기한 것을 듣고 나는 전율을 느꼈다.10) 그의 강연의 결론은 2013년 11월 3일에 나온 그의 논문에서 쓴 것과 비슷했다.11) 거기에서 그는 오직 금융적 차원에만 근거해서 연금 기금으로부터의 투자 철회를 주장했다. 그는 명백히 "전 지구적 긴급성, 도덕성, 공인된 목적 혹은 다른 가치 있는 근거들에 의거해서 논쟁을 진전시킬" 책임은 다른 사람들에게 남겼다.

간단히 말해서, 그는 결론을 맺기를, 예상되는 투자 철회가 알려지지 않은 단기적 결과를 갖고 있지만, "화석연료 회사들은 장기적으로는 나쁜 투자처들임이 증명될 것이고, 따라서 이런 결과를 예상하고, 장기적으로 이런 결과가 강화될 가능성이 시장에서 흔해지기 전에 기부금의 장기적 주식 소유회사들에서 제거되어야 한다"고 했다.

이것을 나 자신의 말로 표현해보자면, 만일 화석연료 회사들이 계속 성공하면, 우리의 지구는 우리가 알아왔던 삶을 더 이상 뒷받침해 줄 수 없을 것이다. 바로 이것 때문에 화석연료 회사들은 (나중이 아니라 좀 더 빨리) 나쁜 투자처들이 될 것이다. 이것을 인정한다면, 화

10) Bevis Longstreth, "Homer Describing Big Oil: 'Lung-Choking, Ocean-Poisoning, Species-Sickening Pitiless Scourge of Humanity'" (paper presented at the Boston Carbon Risk Forum at Harvard Law School on September 29, 2014 and posted on *Huffington Post*, http://www.huffington post. com/bevis-longstreth/homer-describing-big-oil-b-5909420.html).

11) Bevis Longstreth, "The Financial Case for Divestment of Fossil Fuel Companies by Endowment Fiduciaries," *Huffington Post*, November 2, 2013, accessed September 18, 2017, http://www.huffingonpost.com/bevis-longstreth/the-financial-case-for-di-b-4203910.html.

석연료 회사들에 장기 투자를 계속 유지하는 것은 수탁자 신용에 대해 무책임한 것이다.

그 사건 뒤에 이어진 대화에서, 나는 이런 문제를 제기하는 것에 대한 법적인 판례가 생각났다. 1978년 뉴욕시는 파산될 형편이었다. 뉴욕시의 파산을 막고 근로자들의 일자리를 회복하기 위해 뉴욕시의 근로자 연금 기금은 그 자산의 대략 33%를 "정크 본드"(Junk bonds: 배당률은 높으나 위험부담이 큰 채권—역자주)에 투자했다. 일부 기금 참여자들은 뉴욕시 근로자 연금 기금이 위험한 투자를 해서 수탁자 책임의 실패를 일으킬 것을 염려한 소송을 걸었는데, 그 소송은 기각되었다. 일부의 사람들에게는 당시에 위험한 투자로 보였지만, 뉴욕시와 근로자들을 구원한 장기적인 결과를 내었던 것이다.

3장에서 나는 수천 년 동안 종교적으로 이해되어왔던 황금률(Golden Rule)이 제한적이라서 다시 새롭게 할 필요가 있다고 주장했다. "다른 사람들에게도"에서 "다른 사람들"(others)에 미래 세대들을 포함시킬 필요가 있다는 말이다. 같은 장에서, 나는 시장자본주의의 한계를 강조했다. 우리가 당장의 물질적 획득에만 초점을 맞추면, 우리는 피조세계의 아름다움뿐만 아니라 가까운 미래에 생명을 뒷받침해줄 피조세계의 능력조차 희생시킨다. 시장자본주의는 이런 "외부효과들"을 무시한다. 그것들은 시장자본주의가 고려하는 구성요소들에서는 외부적인 것으로 여겨진다.

수탁자의 책임성이 우리들에게 미래에 대한 믿음을 요구한다면, 황금률과 마찬가지로, 시장자본주의도 현실에서 갱신되어야 한다. 우리의 투자가 후손들에게 넘겨주는 환경에 미칠 영향을 고려하여 수탁자의 책임성에 대한 우리의 이해를 확장해야 한다. 이에 대해 부족한 것은 무엇이든지 무책임한 망상이다.

이런 점을 마음에 새기고, 신앙인들로서 우리는 하느님의 위대한 창조 선물을 보전하기 위해 증언하도록 부름받았으니, 가능한 영역에 제한을 두지 말자.

전 지구적인 공유자원들 — 자연을 소유할 권리의 종식

나는 저항할 수 없었다. 수십 명의 기후 활동가들이 미국의 가장 오래된 도시 공원—the Boston Common—에서 밤을 새기로 계획하고 있다는 소식을 듣고 나자, 나는 행사 기획자에게 "나도 포함!"이라고 말했다. 우리가 머문 천막들에서 불과 몇 미터 떨어진 곳에 위치한 주 의회에서 고려하고 있는 선구적인 기후법령 제정에 언론의 주목을 끌고자 우리는 노력했다.

2009년 11월의 추운 밤이었다. 행사 기획자들은 스스로를 "대대적 힘의 전환"(Mass Power Shift)이라 부르는 한 무리의 기후 활동가 학생들이었다. 그 일 년 전에 그들이 조직한 "걸음을 더 위로"(Step It Up) 운동의 일부로 내가 강연했을 때 그들을 만난 적이 있었다. 나중에 그들은 "더 나은 미래 계획"(Better Future Project)이 되었고, 당시에 생겨나고 있었던 (지금은 세계적으로 유명해진) 350.org와 연계했다.

새벽 3시 경에 경찰이 와서 우리의 신분증을 보자고 했고, 우리가 불법 집회를 하고 있다고 알려주었다. 내가 천막 밖으로 머리를 내밀었을 때, 나는 아직도 성직자 칼러(목둘레 깃)을 한 옷을 입고 있었다. 그들은 유쾌하게 놀란 듯했고, 이내 우리를 떠나갔다. 이른 아침에, 나는 야외에서, 텐트 안에서, 별들 아래에서, 우리 인간들이 공통으로 소유할 땅의 한 장소에서 보낸 수천 번의 밤들을 생각했다. 공유지들(commons)과 나의 사랑 관계는 내가 16살이었을 때 존 뮈르 등산로(John Muir Trail)를 하이킹하면서 시작되었다. 3번이나 아내와 나는 우리의 아들들을 데리고 국립공원들을 한 달도 넘게 캠핑 여행을 했다. 내가 록펠러(J. D. Rockefeller)와 어떤 문제들이 있었든 간에, 그가 미래 세대를 위해서 광범위한 들판의 아름다움을 보존하기 위해 그의 재산의 일부를 사용한 비전에 대해 나는 감사한다. 1990년대 후반에 국립공원관리청을 위한 재정이 위험에 빠졌을 때, 나는 뭔가 할 일이 있다고 생각했다. 나는 빌 게이츠(Bill Gates)에게 편지를 써서 (그는 당시에 세계에서 가장 부자였다) 국립공원의 무한한 미래를 위한 기부금을 기증하라고 청원을 했다. 그는 마음만 먹으면 당시에 그의 재산의 10%보다도 더 적은 금액으로도 그렇게 할 수 있었을 것이다. 그 후 나는 그 편지를 설교에서 인용했다.

국립공원, 주립공원, 그리고 지역공원들에 보전된 자연의 아름다움으로부터 수많은 설교자들이 영감을 얻어왔다. 가끔씩 당신은 지역 토지 신탁과 그것이 주변 공동체에게 제공할 혜택을 언급하는 것을 교회에서 들을 것이다. 그러나 자연에 대한 소유권을 종식시키자는 그런 급진적인 주장 때문에 일요일 아침 교회에서 찾고자 한 평화로운 시간이 중단되는 일은 거의 없다.

월터 브루그만(Walter Brueggemann)은 "땅은 누구의 것인가?"(To Whom Does the Land Belong?)"[12]라는 흥미로운 글에서, "토지에 대한 소유권, 통제, 그리고 관리에 대한 긴급한 질문들"을 제기한다. 늘 그

---

12) Walter Brueggemann, "To Whom Does the Land Belong?" in *Remember You Are Dust,* ed. K. C. Hanson (Eugene, OR: Cascade Books, 2012).

러했듯이, 브루그만은 그의 주장에 대해서 강력한 성서적 근거를 제공한다. 그의 입장은—나도 동의하지만—놀랍게도 단순하다.

오직 성경을 잘못 이해하는 것만이 토지에 대한 인간의 지배와 통제를 정당화한다. 절대적으로 소유되는 재산으로서의 토지라는 서구세계의 이해는 현대 계몽주의 철학의 결과다. 일단 창조주 하느님의 주장이 측면으로 밀려나면, 토지를 피조물로 여기는 대신에, 사회는 토지를 소유물로 여기기 시작한다. 우리의 소비자 중심 사회는 이것을 강화하여, 가령 하느님의 땅에서 발견된 석유는 "우리의 석유"라고 주장하는 것처럼 공격적이고 어리석은 주장으로 이어진다.

브루그만은 그의 짧은 글에서 여러 차례 지적하기를, "토지를 소유라는 관념적 방침으로 지닌 사회에서 토지가 피조물이라고 주장하고 증언"하는 설교를 하는 것은 모험을 감행하는 것이라고 한다. 그렇다! 그럼에도 불구하고 이미 내가 상세히 설명했듯이, 송유관 설치 예정지역에서 멀지 않은 곳에 위치한 회중들은 토지 수용권(eminent domain) 행사에 맞서 적극적으로 저항하고 있다.

땅은 주님의 것(시편 24:1)이라는 덜 위험한 인정을 하는 길은, 교회 소유의 토지를 토지 기부 신탁으로 전환함으로써 그 운동을 시작하는 것이다. 이런 주장을 받아들이기 어렵다면, 교회가 신앙의 가장 근본적인 주장들의 하나, 즉 땅은 주님의 것이란 주장을 상실했다는 브루그만의 지적을 확인하는 것이나 다름없다. 자연을 소유물로 보려는 사회적인 고집을 거꾸로 되돌리기엔 미치지 못하지만, 많은 교회들이 토지의 관리자가 되라는 성경의 명령을 받아들이는 것은 쉽다. 몇몇 교회들이 이미 그렇게 했다. 이런 교회들은 그들의 토지의 많은 부분을 교회 교인들과 공동체 이웃들이 함께 돌보는 공동체의 정원—

종종 유기농 혹은 자연 유지의 농업 생태계 개발—으로 만들었다. 이것은 공동체로 하여금 많은 사람들에게 땅에 대한 새로운 관계를 고려하도록 초청하는 공동의 증언이 된다.

2017년 7월에 퀘이커 활동가요 작가인 파커 파머(Parker Palmer)는 크리스타 티피트의 블로그(Krista Tippitt's blog) "존재"(On Being)에 "우리는 황야에 의해 소유된다"(We Are Owned by the Wilderness)란 제목의 글을 올렸는데, 파머는 이렇게 쓰고 있다.[13)]

> 사유재산의 소유권은 오랜 동안 미국의 꿈(American dream)의 시금석이 되어왔다—더 좋게든 (우리가 기본적 필요를 충족할 수 있을 때) 혹은 더 나쁘게든 (필요가 탐욕이 되어 관대함과 경제 정의를 압도할 때). 그러나 "소유권"이 자연 전체에 적용되면, 더 좋은 것은 없고 단지 더 나쁘기만 하다. "우리가 지구의 이 부분을 소유한다"고 말하게 하는 오만함은 또한 우리로 하여금 우리 자신들의 둥지를 더 럽히고 땅의 많은 부분의 거룩함을 파괴하게 만든다.

이 장의 암시들과 주장들이 당신으로 하여금 소유권에 초점을 맞추는 것으로부터 전 지구적인 공유자원들을 축하하는 것에로 전환하도록 영감을 주기를 희망한다.[14)]

---

13) Parker J. Palmer, "We Are Owned by the Wilderness," *On Being Blog,* KTPP, July 11, 2017, accessed September 18, 2017, https://onbeing.org/blog/parker-palmer-we-are-owned-by-the-wilderness/.

14) See David Bollier, *Think Like a Commoner: A Short Introduction to the Life of the Commons* (Gabriola Islnad, BC, Canada: New Society, 2014) and his column on the website On the Commons, http://www.onthecommons.org. See also Majorie Kelly, *Owning Our Future: The Emerging Ownership*

하느님의 나라 건설: "공동선" 에 토대를 둔 사회

월터 브루그만은 그의 "공동선에로 가는 여정"(The Journey to the Common Good)이란 글에서, 우리가 불안과 두려움의 문화로부터 풍요함의 경험을 거쳐서 이웃 사랑의 실천에로 움직여 나가면서 성경의 출애굽(Exodus)이 우리들에게 무엇을 가르쳐주는지를 알려준다. 그는 이런 말로 시작한다.

> 우리들 가운데 거대한 위기는 "공동선"인데, 이것은 우리 모두를—가진 자들과 못 가진 자들, 부자들과 가난한 자들을—하나의 운명으로 묶어주는 공동체 연대의 의미다. 우리는 공동선에 대한 위기를 맞고 있는데, 왜냐하면 강력한 세력들이 우리들 가운데서 공동선에 대해 저항하고 공동체 연대를 위반하고, 공동의 운명을 거부하고 있기 때문이다.[15]

브루그만은 "두려움, 불안, 그리고 탐욕의 체제에 단단히 사로잡힌 속박을 깨뜨리기 위해서는 관대함이라는 엄청난 행동이 요구된다"고 주장한다. 무제한의 약속과 함께 성만찬을 제공하는 것이 바로 그런 관대한 행위다. 교회는 그런 관대한 제공을 모든 사람에게 확대하라고 위임받았다. 예수는 신실한 기독교인들을 불러서 소비주의라

Revolution—Journeys to a Generative Economy (San Francisco: Berrett-Koehler, 2012). See also Sebastian Junger's stirring book *Tribe: On Homecoming and Belonging* (New York: Twelve, 2016), p. 18, 여기서 그는 사적소유권의 등장이 공동선을 향한 노력을 약화시켰다고 주장한다.

15) Walter Brueggemann, *Journey to the Common Good* (Louisville: Westminster John Knox Press, 2010).

는 것에 의해 우리의 시야가 속박된 궁핍함의 왕국에서 벗어나라고 한다. 그 자리에 "공동선에 대한 계약의 헌신"을 받아들이라고 예수는 우리를 초대한다. 정말로 성경의 말씀은 이런 대안을 환영하라는 지속적인 호소임을 브루그만은 주장한다.

신학 연구는 신실한 사람들에게 이런 자유를 향한 여정에 나서도록 재촉하는 우물 밖의 생각과 비판적인 작업이 될 수 있다(그리고 되어야 한다). 세계의 종교들은 정치 지도자들에게 공동선을 확실하게 하는 방식으로 통치하라고 도전해야 한다. 정치 지도자들이 탈선할 때, 그들이 책임을 폐기할 때, 세계의 종교들은 신자들에게 정치가들과 정부를 향해 책임을 지라고 요구할 의무를 환기시켜주어야 한다. 바로 그런 위기 속에서 우리들이 살고 있기에, 공동선을 축하하도록 우리들에게 주어진 선물을 사용하면서, 모든 피조물들의 풍성한 삶의 약속을 증언하도록 하느님이 우리를 초청하신다.

그룹 토론과 성찰을 위한 질문들

1. 이 장의 처음에 있는 불가피성 방어 변론에 대한 짧은 설명을 다시 읽고, 당신의 생각들을 서로 나누어 보라. 불가피성 방어 변론을 시도해보았던 다른 상황들에 대해 당신 그룹 안의 누군가가 조사 연구해보기를 원할지도 모른다.
2. 증언을 하라는 초청에 당신이 응답했던 때에—법정에서 배심원단 앞이 아닌—즉, 당신이 보고 들은 대로 공개적으로 진실을 말한 때에 대하여 서로 나누어 보라.
3. 다음과 같은 아이디어에 대한 당신의 반응을 공유해보라: 우리가

죽어서 천국 문에 도달해서 베드로 성인을 만날 때, 그는 우리의 은행거래 기록부(checkbook)와 약속이행 기록부(appointment book)를 펼쳐놓고, 단 한 가지 질문만 할 것이다: 이 두 가지 기록들이 당신이 기독교인이라는 것을 확신시키기에 충분한 증언이 되는가?

4. 많은 회중들에게 친숙한 훈련은 각 교인이 자기의 시간, 재능, 그리고 재화(돈)를 다시 살펴보고, 얼마를 자기 자신의 안녕을 위해 사용하고, 얼마를 교회나 이를 필요로 하는 다른 사람들과 나누고 있는지 알아보는 것이다. 일단 이렇게 해본 뒤에, 이를 약간 변용해서 세대와 세대 사이의 질문을 계속 물어보자: 이런 선물들 각각에서 얼마를 아직 태어나지 않은 세대들을 위해 지원하는 데에 바치고 있는가?
5. 미국 내무부 정책분석실의 전 실장이었던 조엘 클레멘트(Joel Clement)의 경우를 토론해보라. 당신이 이를 읽으면서 그의 소송을 어떤 입장으로 여기는가?
6. 기후변화에 대해서 우리나라의 양심이 일깨워지고 있는가? 대중의 목소리들과 증언들이 우리로 하여금 우리의 생활방식과 열망들을 지속 불가능한 물질적 성장에 대한 지속 불가능한 기대로부터 전환하도록 동기를 부여하는 데 성공했는가? 만일 그렇지 않다면, "시민불복종을 기독교 제자도의 규범적 표현"으로 삼자는 제안에 대해 당신은 어떻게 생각하는가?
7. 당신이 사랑하고 있는 것이 파괴될지도 모른다는 두려움이 당신에게 어떤 영향을 주는가? 그것이 당신의 행동을 마비시키는가 아니면 행동을 위한 촉매제가 되는가?
8. 우리의 (개인적인) 자산을 가지고 우리가 무엇을 하는가가 중요하

다는 주장을 토론해보라. 돈이나 금융자산에 대해 친구들과 (혹은 심지어 가족들과) 말하는 것은 도전적이다. 4장의 진실과 화해를 위한 대화를 다시 돌아보라. 당신의 그룹은 투자 철회 운동에 대한 당신의 반응을 서로 나누는 모험을 할 수 있는가?

9. 이 장의 마지막 부분을 생각해보라. 우리 사회가 어떻게 공동선을 추구하고 확대하고 축하하기를 계속하는지에 대한 다른 사례들(성만찬 이외에)을 서로 공유해보라.

9장

기후위기의 세계에서 희망에 찬 삶을 살아가기

우리의 세대들 사이에 걸친 의무는 사랑을 유지하는 것이다. 왜냐하면 그렇게 해서 우리는 미래 세대들이 우리를 판단하고, 또한 희망하기는, 우리를 용서하도록 준비하기 때문이다. — 윌리스 젠킨스[1)]

1980년대 중반 이후 나는 미국 전역에서 기후변화에 관해 수백 번 설교를 했다. 환경과 조건이야 어떠했든, 설교를 할 때마다 나는 희망에 초점을 맞춘다. 인류가 기후위기를 맞아 신앙인들이 할 수 있고 또 해야만 하는 가장 중요한 공헌은 희망을 선포하는 것이라고 나는 계속 믿고 있다.

흔히 내가 예배 후에 회중들을 만나 설교에 대해 논의할 때, 사람들은 자신들이 기후위기에 대해 택한 행동의 여러 가지 사례들을 공유하고 싶어한다. 즉 전구 교체, 태양광 발전판 설치, 자동차를 2대에서 1대로 줄이기, 옷을 내걸어 건조시키기 등이다. 좀 덜 흔한 일로

1) Jenkins, *The Future of Ethics*, p. 316.

는, 가령 "시민불복종을 제자도의 규범적인 표현으로 만들기" 혹은 "우리는 모두 같은 주소지에 살고 있는데, 지금 이 순간 현관 위에 걸린 주소 숫자는 408(대기 중에 있는 이산화 탄소량의 백만 분의 일부)이다" 같은 내가 말한 것에 대해 누군가가 더 깊이 들어가기를 원하기도 한다. 단지 매우 드물게는, 누군가가 그/그녀의 절망, 슬픔, 혹은 희망 없음을 표현하는 취약성을 기꺼이 드러내기도 한다. 그런 사람들은 종종 내게 "당신은 어떻게 이런 모든 사실들을 알고도 여전히 희망을 지닐 수 있습니까?"라고 묻는다.

낙관주의가 아니라 희망

낙관주의(optimism)란 많은 사람들이 희망에 대해 질문을 받았을 때 의미하는 것이다. 사고나 비극 혹은 자연재해로 인해 우리의 삶이 뒤엎어졌을 때 우리는 낙관적인 사람으로 남아있고자 최선을 다하며, 또한 낙관주의를 견지하는 사람들을 칭찬한다. 그런 상황에서 개인적으로 생존하기 위해서 낙관주의는 좋은 것일 뿐만 아니라, 필요한 것이기도 하다. 위기의 시간에는 긍정적 태도를 유지하고 깨어진 조각더미들을 헤치고 회복의 길을 발견하기 위해 할 수 있는 모든 것을 다하는 데 초점을 맞추는 것이 아주 중요하다.

그러나 낙관주의가 희망은 아니다. 낙관주의는 모두 우리가 원하는 대로 사태가 호전되기를 기대하는 미래에 대한 것이다. 낙관주의는 태도에 대한 것이고—행동이 아니다—그렇기에 낙관주의는 비용이나 위험을 동반하지 않는다. 도전적인 상황에서 긍정적인 견해를 택함으로써, 낙관주의자는 다른 사람들로 하여금 사실상 차이를 만들어내는 방법을 찾도록 영감을 준다. 그러나 어려운 상황 속에서 낙관적인 견해를 견지하는 것이 그 자체로선 아무것도 변화시키지 못한다. 그래서 코넬 웨스트(Cornel West)는 "낙관주의자는 구경꾼 역할을 한다"[2]고 말하고, 랍비 조나단 색스(Jonathan Sacks)는 덧붙이기를, "낙관주의는 수동적 덕목이고, 희망은 능동적 덕목이다"[3]라고 한다.

낙관주의는 도움이 되기는 하지만, 이런 전 지구적 기후위기의 시대에 모든 것이 위험에 처한 상황에선 별로 충분하지 못하다. 대격변과 불연속적인 단절의 시대의 삶은 "아무것도 대체할 것이 없는" 마음가짐을 요구한다. 깊이 자리 잡은 희망만이 우리가 필요로 하는 것이며, 하느님이 우리를 위해 의도하시는 것이다. "너희를 두고 계획하고 있는 일들은 오직 나만이 알고 있다. 내가 너희를 두고 계획하고 있는 일들은 재앙이 아니라 번영으로서, 너희에게 미래에 대한 희망을 주는 것이다"(예레미야 29:11). 그러나 이런 희망은 무엇이며, 우리는 그 희망을 어떻게 받아들여야 하나?

현실을 직시하기 — 희망의 전제조건

"당신은 어떻게 이런 모든 사실들을 알고도 여전히 희망을 지닐 수 있습니까?" 이런 질문을 받았을 때, 내가 희망에 대해 말하기 전

---

2) Cornel West, "Prisoner of Hope," in *The Impossible Will Take a Little While: A Citizen's Guide to Hope in a Time of Fear*, ed. by Paul Rogat Loeb (New York: Basic Books, 2004), p. 293.

3) Rabbi Jonathan Sacks, *The Dignity of Difference* (New York: Bloomsbury Academic, 2003), p. 206. See also http://www.rabbisacks.org/topics/hope-vrs-optimism/.

에, 나는 그 사람을 초청하여 내가 말한 것에 대한 그들의 정서적 반응을 나누어보자고 한다. 기후변화란 문제에 대해서, 무엇이 그들을 가장 당혹하게 하는가? 변함없이 이런 초청은 환영을 받는다.

가끔씩 그들은 아주 사소한 이야기도 나눈다. 즉 어떤 특정 동물이 지금은 멸종되었다. 극도의 가뭄 때문에 한 친척이 이사를 갔다. 어떤 이웃은 15년 동안 매해 물속에 잠긴다. 빙하국립공원(Glacier National Park)에서 곧 빙하가 사라질 것이다. 자기의 말에 공감하여 기꺼이 들어주는 누군가와 근심과 고통을 이야기로 나누는 것은 도움이 된다. 그건 환영할 만한 일이다. 압도적인 근심꺼리를 표현하는 용기를 지지해주고, 이해해주는 응답으로 받아들이면, 마비시키는 두려움의 사슬이 풀린다.

기후변화 문제를 정치화하는 것의 한 가지 부수적인 중대 결과는 보통사람들의 명백한 경험과 염려가 자체 검열된다는 점이다. “기후변화 정보전달을 위한 예일 프로그램”(Yale Program on Climate Change Communication)이 2015년 10월에 보고한 바로는, 미국인 3명 가운데 2명(67%)은 전 지구적 온난화가 일어나고 있다고 생각한다. 그러나 대부분의 미국인들은 그것에 대해 아주 드물게 혹은 전혀 논의조차 하지 않는다(65%)고 지적했다.4) 여기에는 두 가지 이유가 있다고 나는 생각한다. 첫째, 사람들은 기후변화에 의해 위협을 당하는 많은 것들에 대해 깊이 우려한다. 그들은 이런 일들에 대해 깊이 우려하기 때문에, 깊이 우려하는 것들을 불가피하게 잠시 잊게 만들 것 같은 정치적 대화 속에 들어가기를 기꺼워하지 않는다. 둘째, 많은 사람들은 믿기를, 이런 깊은 염려들을 서로 나누어 공유하는 것은 그들 자신

4) Leizerowitz et al., “Climate Change in the American Mind: October 2015.”

의 두려움과 우울함을 확대하고 다른 사람들도 의기소침하게 만들 뿐이라고 여긴다. 다른 말로, 그들은 이런 깊은 염려를 공유하는 것, 즉 다른 사람들에게 말해버리는 것은 그들의 희망을 훼손하게 만들 것이라고 믿는다.

이런 두려움들은 희망에 대한 천박하고 잘못된 이해에 근거하고 있다. 아무리 소름끼치고 모진 현실일지라도, 하느님께서 우리들에게 제공하시는 희망을 현실이 훼손하거나 없애버릴 수는 없다. 정말이지 제롬 그루프만(Jerome Groopman) 박사가 "낙관주의와는 달리, 희망은 섞인 것 없는 순수한 현실에 뿌리를 둔다"[5]라고 잘도 말해주었다. 그는 나중에 "가장 극한의 상황에서 희망을 갖는다는 것은 반항의 행동이다"[6]라고 말한다. 예수는 그것을 "진리가 너희를 자유케 하리라"라고(요한 8:32) 더욱 분명히 말했다.

인류가 기후위기에 직면하면서 신앙인들이 공헌할 수 있고 또한 공헌해야만 하는 가장 중요한 것이 희망이다. 희망의 사람들이 되려면 우리는 현실을 액면 그대로 기꺼이 직시해야 한다. 우리는 급속히 상승하는 지구온난화의 과학적 현실을 마주할 뿐만 아니라 또한 개인들, 그룹들, 그리고 전체 산업들이 기후위기에 대한 잘못된 정보와 거짓말들을 퍼뜨리고 있는 정치적 현실도 직시해야 한다. 만일 희망이 기독교인들에게 본질적이라면, 기후변화를 부정하는 권력들과 당국자들에 의해 지속되고 있는 거짓말을 폭로하는 것이 제일차적 우선순위가 되어야 할 것이다. 하느님의 피조물들을 남용해서 얻어진 무제

5) Jerome Groopman, *The Anatomy of Hope* (New York: Random House, 2004), p. xiii.

6) Groopman, *The Anatomy of Hope*, p. 81.

한의 재정적 자원들을 가진 사람들이 만들어놓은 이데올로기 프레임에 갇힌 채, 인류가 일찍이 직면한 가장 큰 도덕적 도전을 기독교인들이 그냥 빈둥거리며 그 문제를 방관하거나 허용할 수는 없다. 현실을 직시하는 것이 뜻하는 바는 우선 기후변화에 대한 거짓말을 폭로하는 것, 즉 기후변화에 대해 의심의 불꽃을 부채질하며 이데올로기적인 좌우 분열을 조장하려는 사람들이 퍼뜨리는 거짓말을 폭로하는 것이다. 권력자들에게 진실을 말하려고 헌신하는 점에서, 기후정의 운동은 다른 사회운동들과 많은 공통점을 갖고 있다.

당연하게도, 이런 부름에 응답하는 목회자나 회중들은 상당한 저항을 경험할 것이다. 이것이 바로 예언자적인 증언은 항상 목회적인 민감성을 지녀야 하는 이유다. (4장에서 자세히 논의했지만) 내가 기후변화에 대한 진실과 화해의 대화들을 위해 회의를 소집하자고 주장하는 것은 회중 가운데 각 사람으로 하여금 낙관주의를 넘어서 안전을 충분히 경험하도록 허락하면서 저항하도록 하고, 또한 기후변화의 냉혹한 현실을 받아들이게 하려는 의도다.

슬픔을 표시하기 — 희망의 전제조건

"기후변화에 대한 진실과 화해의 대화"(Truth and Reconciliation Conversation on Climate Change) 역시 사람들로 하여금 그들의 슬픔뿐만 아니라 하느님의 피조물들에 대한 그들의 깊은 사랑도 나눌 수 있는 안전한 상황을 제공할 수 있다. 슬픔의 연기와 사랑의 불꽃은 서로 분리될 수 없다. 생명을 사랑하고, 어린이들을 사랑하고, 자연세계에서의 기쁨을 사랑하는 이라면 누구든지, 기후변화의 현실을 인정하는 것은 슬픔을 가져올 것이다. 그러나 훨씬 더 많이, 사회적 규범들이 그런 슬픔의 표현을 억제하게 만든다.

심지어 슬픔에 대해 말하는 것조차 어렵다. 뭔가 너무도 우울한 것은 논의를 하지 않으려는 보통의 대화에서는 금기시되는 것이 있다. 장차 일어날 것에 대한 두려움, 우리 지구 행성 위에서 일어나고 있는 것에 대한 분노, 혹은 이미 잃어버린 것에 대한 슬픔 등을 우리가 느낄 때는, 이런 느낌들을 어디에 호소할 곳이 없는 것 같다. 그 결과로 우리는 그런 것들을 우리 자신들 안에 지니고 있다. 우리는 외로움 속에서 고통을 당한다.7)

월터 브루그만(Walter Brueggeman)은 그의 저서 『현실, 슬픔, 희망 세 가지 긴급한 예언자적 과제들』(*Reality—Grief—Hope: Three Urgent Prophetic Tasks*)에서 이런 생각을 확대하고 있다. 브루그만은 예루살렘의 파괴에 대한 예언자들의 대응을 안내로 삼아서, 9/11 이후 미국과 우리가 증거할 것에 대해 이해하려고 했다. 우리가 기후변화에 대응하면서 교회의 목표를 재설정하는 데는 그가 말한 많은 것이 좋은 안내가 된다.

> **멍해져서 말로 표현 못하는 정당한 슬픔의 상태에선, 내가 제안하기로는, 예언자적인 과제는 사라져버린 세계에 대한 공공의 슬픔을 장려하고 허락하고 실천하는 것이다. 내가 보여주었듯이, 이것이 장**

---

7) 고인들로 하여금 어떻게 그들이 피조물들의 파괴에 대한 슬픔을 열거하고 인정하도록 초대할 것인가에 대한 강력하고도 실제적인 안내를 얻고자 하는 담임목회자들은 다음 책을 고려하라: Joanna Macy and Christ Johnstone, *Active Hope: How to Face the Mess We're in without Going Crazy* (Novato, CA: New World Library, 2012), p. 65. 『액티브 호프』(양춘승 역, 2016).

> 차 다가올 파괴를 기대하면서 예언자들이 한 것이다... 건강하고 새로운 대안적인 삶은 슬픔을 공유하고, 밖으로 드러내고, 정직하게 인정하는 것이다. 그 표현된 슬픔은 폭력에 대한 대안이다. 더군다나 그런 슬픔은 잃어버린 것을 새로운 것을 위한 에너지로 전환한다... 지름길은 없다. 그런 과제는 부끄러워하지 않는 신뢰와 못 본 체하지 않는 역사를 필요로 한다. 그것은 마치 우리가 잃어버린 것을 끌어안고, 정직한 말들의 포용 속에서 편히 쉬도록, 잃어버린 세계에 대한 진혼곡(鎭魂曲, requiem)을 드리는 것과 같다.[8)]

빌 매키븐(Bill McKibben)은 이런 예언자적 과업에 그의 생애 전체를 바쳤다. 1989년, 아직 20대 시절에 그는 기후변화에 대한 첫 저서 『자연의 종말』(*The End of Nature*)을 썼다. 이미 잘 발달된 과학을 요약하는 것에 더하여, 매키븐은 인류의 행동이 자연의 야생적 독립성을 박탈해버린 것이 무슨 의미인지에 대해 심사숙고했다. 인간이 짓밟지 않았다면 그대로 남았을 풍경 위에 단지 여기저기에만 우리의 짓밟은 발자국이 남겨진 것이 더 이상 아니다. 인간들은 더 이상 이른바 발전이란 것에 의해 영향을 받지 않은 원시림들과 들판의 개울들과 더불어 살지 못하게 되었다. 지구 행성의 기후와 다른 생명 체계들을 변경함으로써, 우리가 남긴 영향 전체가 "땅 위의 모든 장소를 인간이 만든 인공적인 것"으로 만들어버렸다. 이처럼 우리는 자연을 끝장내 버렸다. 자연의 가장 원시적인 장소들을 못 쓰게 만들었고, 우리의 필요들에 복종시켜서 자연의 야성을 빼앗아버렸다. 수백만 년 동

---

8) Walter Brueggemann, *Reality, Grief, Hope: Three Urgent Prophetic Tasks* (Grand Rapids, MI: Eerdmans, 2014), pp. 82, 83, 88.

안 인간들은 자연에 대해 전쟁도 하고 또 자연에서 이익을 얻었다. 그러나 매키븐이 지적했듯이, 이제는 우리가 자연을 지배하기에 충분히 강력해져서, "거기엔 우리들 빼놓고는 아무것도 없다."

슬픔은 드러내놓고 논의하지는 않았지만 『자연의 종말』(*The End of Nature*)이란 책 곳곳에 스며있다. 슬픔은 그 다음 20년 동안에 더욱 널리 번졌는데, 이 기간 동안 인간은 현실을 무시했고, 너무도 많은 정치인들이 지구를 부지런히 약탈하고 있던 회사들로부터 받은 뇌물로 그들의 주머니를 줄서서 채웠고, 2009년에는 유엔 기후변화 회의가 코펜하겐에서 인간의 희망을 박살냈다. 매키븐이 2010년에 지은 책 『파괴된 지구』(*Eaarth*, 이 책 제목은 일부러 철자를 잘못 써서 우리가 태어났던 그 지구와 동일한 곳에서는 더 이상 살고 있지 않다는 점에 주목을 끌고자 했다)는 슬픔을 통해 생겨나는 기후운동을 안내했다. 웬 스티븐슨(Wen Stephenson)은 기후운동에 대한 그의 탁월한 설명서 『우리는 서로 싸우고 있다: 기후정의 전선에서 보낸 속보』(*What We're Fighting for Now is Each Other: Dispatches from the Front Lines of Climate Justice*)라는 책에서 매키븐을 "현대의 예레미야"라고 제대로 언급했다. 매키븐은 겸손하게 자신을 예언자로 부르는 것을 거절한다. 그럼에도 불구하고, 1989년 이래로 빌 매키븐은 세계가 기후 격변이란 현실을 직면하고 있다고 주장하는 선구적인 목소리 노릇을 해왔다. 그는 우리의 슬픔을—우리 세대가 낭비해버린 세계에 대한 슬픔을—정당화하도록 돕는 방식으로 그렇게 해왔다. 예레미야와 그 밖의 성서의 다른 예언자들처럼, 빌은 그 자신의 삶에서 진정하며 활동적이며 결의가 굳은 희망을 드러냈고, 그걸 위한 조건들을 마련했다.

기후변화의 실존적 위협을 인정하기

만일 우리를 지속시켜줄 희망을 옹호하려면, 우리는 전 지구적인 기후변화가 우리들에게 "그저" 정치적, 경제적, 기술공학적 도전들보다 더 크게 도전한다는 점을 인정할 필요가 있다. 기후변화는 많은 차원에서 우리를 위협한다. 그것은 충분한 이유가 있으며 괴롭히는 두려움을 불러일으키는데, 우리 자신들을 보호할 수 없고, 우리 가족들을 보호할 수 없고, 또한 우리 세계를 보호할 수 없게 만든다.

그것의 개인적 위협에 대한 공포는 2017년에 그들의 삶을 뒤엎어 버린 푸에르토리코 사람들의 얼굴 위에서, 또한 이른바 5백 년만의 대홍수라는 것에 의해 3번째로 노숙자들(homeless)이 된 휴스턴 가족들의 얼굴에서 볼 수 있다. 어쩌면 우리는 기관지천식이 악화된 사람들, 혹은 지카(Zika, 모기에 물려 전염-역자주) 열병에 걸린 사람들을 알고 있다. 그렇게 생각하고 싶지 않은 사람들이 많겠지만, 우리들 가운데 기후변화가 확장시킨 개인적인 위협의 공격으로부터 자신들을 차단할 수 있는 사람은 거의 없다는 것이 더욱 더 분명하다. "그게 바로 내게 해당될 수도 있음"을 알고 있기에 우리는 불안하다. 우리는 위협에 노출된 것을 느낀다. 우리는 취약함을 느낀다. 우리는 불연속적인 단절 때문에 혼란스럽다.

관계적인 차원에서는, 우리들 가운데 많은 사람들이 뭔가 예상치 못한 것—대형 산불, 가뭄, 홍수에 잠긴 집의 저당권 상실, 조류(藻類, algae)의 만발 혹은 산의 눈이 부족해져서 직업을 잃어버림 등등—이 일어나서 자신들의 건강이나 생활환경의 극적인 변화와 밤낮으로 싸우고 있는 사람들을 알고 있을 것이다. 돌연히 우리의 직계가족들과 우리가 사랑하는 사람들을 그런 대재앙으로부터 보호할 수 없음을 우리는 깨닫게 된다.

우리가 뉴욕타임스(*New York Times*) 베스트셀러인 엘리자베스 콜버트(Elizabeth Colbert)의 『여섯 번째 대멸종』(*The Sixth Extinction*, 이혜리 역, 2014)을 읽거나, 1300명 이상의 사람들을 죽인 여름의 고온 열파(熱波) 같은 것이 반복될 것을 예상하고 이미 3백 개의 무덤을 파놓았다고 자랑하는 파키스탄 카라치의 무덤 파는 사람들과 로이터 통신의 인터뷰 기사를 읽거나,[9] 수십 년간 미국 군대가 국가안보에 끼칠 기후변화의 충격에 대해 관심을 가져온 것을 읽거나,[10] 온도가 상승하면서 사람들이 극적으로 활동을 잘 못한다는 점증하는 증거들[11]에 대해 생각해보면, 우리는 그처럼 광범위한 실존적 차원에서 불안해진다. 이런 것들 가운데 어느 것이라도 공포를 불러오며, 공포는 낙관주의를 없애버리게 마련이다.

볼 수 없는 것들에 대한 확신

그런 극단적인 대재앙 앞에서 희망이란 것이 무엇처럼 보일 것인

---

9) Yiming Woo, "Pakistan Digs Mass Graves as Heat Wave Looms."

10) The Center for Climate and Security, "Release: 3 Bipartisan Groups of Military and Security Leaders Urge New Course on Climate," accessed September 10, 2017, https://climateandsecurity.org/2016/09/14/three-bipartisan-groups-of-military-and-national-security-leaders-urge-robust-new-course-on-climate-change/.

11) Nicholas Kristof, "Temperature Rise, and We're Cooked," *New York Times*, September 10, 2016, accessed September 10, 2017, http://www.nytimes.com/2016/09/11/opinion/sunday/temperature-rise-and-were-cooked.html?ref=opinion&-r=0.

가? 미국 원주민 크로우(Crow) 부족의 위대한 추장이었던 플렌티 쿠즈(Plenty Coups)는 멸종에 직면해서 희망이 무엇처럼 보일 것인가에 대해 어렴풋이 알려준다. 그의 비극적인 이야기는 조나단 리어(Jonathan Lear)가 쓴 책 『급진적 희망: 문화적 파멸 앞에서 윤리』(*Radical Hope: Ethics in the Face of Cultural Devastation*)[12]에 자세히 설명되어 있다.

크로우 부족이 미국 정부에 의해서 사냥하는 생활방식을 포기하도록 압력을 받고 보호구역으로 들어간 뒤 30년이 지난 1920년대 후반에, 플렌티 쿠즈는 마치 고대 이스라엘인들이 바빌론 강가에서 탄식했던 말들을 다시 생각나게 하듯이 이렇게 탄식을 했다.

> 들소들이 사라지고 나니,
> 나의 백성들의 심장들도 땅에 떨어졌네.
> 그리고 그들은 그 심장들을 다시 일으킬 수가 없구나.
> **그 다음에는 아무것도 일어나지 않았네.**[13]
> (강조는 나의 것)

---

12) Jonathan Lear, *Radical Hope: Ethics in the Face of Cultural Devastation* (Cambridge, MA: Harvard University Press, 2006). 나는 Walter Brueggemann과 Willis Jenkins 두 분이 *Radical Hope*에 대해 논평한 것에 깊이 감사드린다. 참조: Jenkins, *The Future of Ethics*, pp. 304-6, 324-25. Brueggemann, *Reality, Grief, Hope*, pp. 120-23. See also Charles Taylor, "A Different Kind of Courage," review of *Radical Hope: Ethics in the Face of Cultural Devastation*, by Jonathan Lear, *The New York Review of Books* (April 26, 2007), accessed September 23, 2017, http://www.nybooks.com/articles/2007/04/26/a-different-kind-of-courage/.

13) Lear, *Radical Hope*, p. 2.

크로우 부족의 삶에서 중요한 것들은 모두 사라졌다. 많은 이들이 비록 수십 년 동안 생존했지만, 그들의 살아남은 날들은 아무것도 아니었다. 친숙했고 의지할 만한 했던 것들은 모두 끝장났고, 플렌티 쿠즈가 증언했듯이, 그들은 "내가 이해할 수 없는 삶을 살았다."

조나단 리어(Jonathan Lear)에게는, 그 부족의 생명 이외의 것들을 모두 빼앗기고 난 뒤에, 플렌티 쿠즈의 인내력은 극단의 희망을 나타낸 것으로 여겨졌다. 플렌티 쿠즈는 자신이 받았고 처리했고, 또한 부족의 어른들에 의해 해석된 꿈을 통해서 그의 희망을 공유했다. 리어의 상세한 설명을 읽어보면서, 그게 어떻게 우리 자신들의 현재의 삶과 미래의 삶에도 적용되는지 그려보라.

> 우리의 전통적인 삶은 이제 끝나가고 있다... 그런 삶은 이제 사라지기 직전이다. 우리는 새로운 미래의, 전적으로 다른 가능성들에 우리의 상상력을 열기 위해 우리가 할 수 있는 모든 것을 해야 한다. 나는 내게 닥친 단절을 인정할 필요가 있다... 나는 그 단절 너머에 걸친 어떤 고결함을 보전할 필요가 있다. 이런 깊은 구렁을 위엄 있게 통과하기 위한 희망을 가질 이유를 나는 가지고 있다. 왜냐하면 우리의 신—Ah-dabt-dadt-deah—은 선하시기 때문이다. 우리는 좋은 것을 되찾을 것이니, 비록 지금 이 순간에는 단지 그게 무엇을 뜻하는지에 대한 희미한 빛만 갖고 있지만 말이다.[14]

그래서 리어가 말하듯, "극단적인 희망은 좋은 것에 대해 희망을 갖고는 있으나 아직 그것을 이해할 적절한 개념들이 없는 이들이 좋

---

14) Lear, *Radical Hope*, pp. 92–94.

은 것을 기대하는 것이다."[15] 이에 대해 윌리스 젠킨스(Willis Jenkins)는 "산업문명은 아직 무너지지 않았고, 그 힘을 유지하기 위해 더욱 파괴적인 수단들을 계속 발명할 것이다"[16]라고 덧붙인다.

이와 같은 때에는 우리가 그 토대 위에서 인간이 수천 세대 동안 도덕적 발전을 찾았던 피조세계의 연속성이 끝난 것을 인정함으로써 플렌티 쿠즈 추장의 증언을 받아들여야 한다. 그리고 한 가지 더 말하자면, 우리가 경험하는 실존적인 공포가 희망의 전제조건이 될 수 있음도 인정해야 한다. 믿을 수 있는 친구들과 우리의 공포를 공유할 수 있는 안전한 상황과 맥락을 우리가 갖고 있으면, 하느님의 은혜에 의해서, 거룩한 영(성령)이 우리들 안에 완강하고도 도적적인 희망을 일으켜줄 것이다.

보이지 않는 것들에 대한 확신 — 희망의 새로운 이야기

"당신은 이런 모든 것들을 알고서도 어떻게 여전히 희망을 가질 수 있나?" 나에게는, 아무리 나쁜 일들에도 관계없이, 새로운 이야기—뭔가 우리가 아직 보거나 느끼거나 경험하지 못한 것을 갖고 있다는 이야기—가 기다리고 있다는 확신에 뿌리박은 믿음과 희망이 있다. 우리는 현재의 삶의 방식을 유지하거나 연장하라고 초청받지 않는다. 그보다는 오히려 우리들이 무슨 과제들과 행동—이웃을 사랑하고, 정의를 행하고, 하느님과 함께 겸손히 걷는 새로운 가능성—을 하도록 초청받았는지를 가르쳐달라고 하느님과 땅 자체에게 물어봐야

15) Lear, *Radical Hope*, p. 103

16) Jenkins, *The Future of Ethics*, p. 324.

할 것이다. 하느님은 우리를 부르셔서—개인들로 그리고 회중들로서—하느님과 다른 사람들과 함께 새로운 이야기를 받아들이라고 하신다.

우리 사회 안의 많은 다수들에게는, 그런 새로운 이야기가 보이지 않고 남아 있을 것이다. 화석연료의 지배로부터 우리의 미래를 빼앗아내는 것은 불가능한 것처럼 보인다—정말로 우리의 중독이 너무도 강하고, 감당할 만한 취사선택은 너무도 적고, 현상유지를 방어하려는 힘들은 강력하다. 그러나 한때 생활수준을 높여주고 현대세계를 형성하도록 봉사했던 것이 이제는 모든 피조물의 미래 전망을 가라앉히고 있는 무거운 연자맷돌이 되어버렸다. 우리는 이 연자맷돌을 쪼아내는 것으로는 자유롭게 될 수 없다. 우리는 인간의 전망을 변경하고 피조물들의 생존능력을 회복함으로써 새로운 이야기 속으로 들어가 살아야 한다.

그것이 바로 스탠딩 로크(Standing Rock—Dakota 지역 인디언 보호구역—역자주)에서 수자원 보호자들(Water Protectors)이 한 것이다. 그들의 용감하고도 굽힘 없는 단련된 규율이 수천 명으로 하여금 그들에게 가담하고, 수백만 명이 그들과 함께 장차 태어날 새로운 세계를 상상하도록 고무시켰다. 그들은 기도와 예식을 통해 보안관들, 준군사적인 청부업자들, 공격용 개들, 고무 탄알들, 최루가스 분사, 그리고 영하의 기온에서 고압 물대포와 대결하도록 준비했다. 그들은 희망으로 연료를 삼았으니, 그 희망은 사랑에 뿌리를 둔 혁명을 위한 사랑이고, 그 사랑은 하느님의 위대한 피조세계라는 선물을 향한 사랑이었다.

희망의 이야기들을 말하는 것—그리고 그런 이야기들을 현실이 되게 만들려는 투쟁 속으로 우리의 생명을 던져 넣는 것—은 새로운 것이 아니다. 영국이 노예제도를 폐지하도록 법률을 통과하기 전에 20여 년도 넘는 세월동안 윌리엄 윌버포스(William Wilberforce)와 토마스 클락슨(Thomas Clarkson)은 지치지도 않고 이를 위해 투쟁했다. 미국에서는 프레데릭 더글라스(Frederick Douglas)와 윌리엄 로이드 개리슨(William Lloyd Garrison)이 그들의 노력이 성공하기까지 심지어 그보다도 더 오랜 동안 투쟁했다. 여성 참정권 운동과 시민권리운동에서도 마찬가지였다. 비록 마틴 루터 킹(The Rev. Dr. Martin Luther King Jr.) 목사가 29번 투옥되었지만, 그는 시민권리, 경제적 평등, 그리고 전쟁의 종식을 위한 광범한 꿈을 견지하기를 계속했다. 테레사 수녀(Mother Teresa)는 그녀와 그녀가 세운 수녀회가 가난한 자들을 위한 하느님의 얼굴이 되리라는 희망으로 움직였다. 그녀가 세우기를 청원한 수녀회는 교회(가톨릭—역자주)에 의해 수십 년 동안 거부당했음에도 불구하고 이 희망을 견지했다. 그녀는 기도하는 가운데 하느님이 그녀를 포기했다는 고통스런 느낌을 받았음에도 불구하고 그 희망에 매달렸다. 오늘날 그녀는 성인(saint)으로 추앙을 받고 그녀가 세운 수녀회는 번창하고 있다. 넬슨 만델라(Nelson Mandela)는 남아프리카공화국 대통령으로 투표에 당선되기 전에 27년간 감옥생활을 했지만, 인종분리정책(apartheid)의 낡은 이야기는 시체의 유골이고, 자유와 평등의 새로운 이야기가 탄생할 것임을 믿었다. 마하트마 간디(Mahatma Gandhi)가 영국의 지배가 없는 인도를 구상했을 때, 그는 성공할 기회가 오리라고 저울질하지 않았다. 그는 자기의 확신에 의지했고 그들 지도자들의 양심에 도전했는데, 이는 종종 그가 한 말이라고 알려진 표현을 생각나게 한다: "처음엔 그들이 당신을 무시할 것이고, 당신을 놀릴 것이고, 당신과 싸울 것이며, 그리고는 당신이 이길 것이다."

이것이 우리가 미래를 쓰는 방식이다. 이것이 우리가 역사를 형성하는 방식이다: 우리는 새로운 가능성들을 구상하고 마치 불가피한 것처럼 그것들을 실천한다.[17)]

희망의 새로운 이야기를 살아내기

모든 주에서, 모든 나라에서, 전 세계의 수천 개 마을들에서, 희망의 새로운 이야기가 생겨나고 있다. 희망에 가득 차서 상상하는 사람들이 가보지 않은 영역으로 들어간다. 각 개인들로서는 무력함을 버리고, 다른 사람들과 연합하여 새로운 종류의 힘을 발견하고 있다. 우리가 화석연료 회사들로부터 투자 철회의 가능성을 논의할 때, 나는 회중들 가운데서 이런 것을 직접 보았다. 어떤 이들에게는, 그들의 재산을 다시 방향 설정함으로써 희망을 표현하는 것이 자유를 향한 첫 발걸음이다. 나는 "항의 행진"에 참석해본 적이 없었던 여러 교인들이 그들의 회중들과 함께 공공장소에서 그들의 가치들을 대표하는 새로운 헌신과 들뜬 기분을 서로 공유한 이야기를 들었다. 70세가 넘은 사람들 여러 명이 나이가 들면서 일종의 자유와 자기가 사랑하는 것들에 대한 명확함을 얻는다는 일반적인 깨달음을 나와 함께 나누었다. 이런 친구들은 시민불복종이란 영적인 훈련을 그들이 하게 될 줄은 상상도 못했다. 그러나 많은 기도와 통찰 끝에 하느님이 우리들에게 자연을 보호하라는 선물들을 다시 설정하려는 더 큰 헌신을 하다

17) This insight comes from Walter Wink, "These Bones Shall Live—Living the Word," *Christian Century Magazine* (1994) (volume and date of issue unavailable).

가 함께 감옥에 갇히게 되었다.

이런 이야기는 끝도 없이 할 수 있다: 송유관 건설회사가 자기 것이라고 주장한 높이 솟은 지역의 바로 그 자리에 채플(작은 예배처소)을 세운 수녀들, "작은 집"에 살고 있는 천년왕국 신봉자들, 태양광 발전판으로 얻은 전기를 이용하는 하나의 자동차로 이사한 가족들, 은퇴한 사업가 여인이 선출된 공무원들에게 매일 편지를 쓰고, 그리고 매주일 영향을 받는 사람들과 점심을 나누며 그들을 공동의 목표로 일하자고 초대한 일, 하느님의 피조물들을 위해서 일어서자고 회중들에게 도전하고 초청할 길을 발견하고 있는 담임목회자 등등.

우리가 행동을 취하려고 하지 않는다면 우리는 새로운 이야기를 만들어내도록 도우라는 하느님의 초대를 받아들일 수 없다. 우리가 친숙하지 않은, 실험되지 않은 방식들로 행동할 때 우리는 하느님과 동반자들이 된다. 그런 새로운 행동들은 선택될 미래에 의해 안내될 것인데, 그런 미래는 다음 것들을 받아들여야 한다:

* 성장 대신에 회복력
* 소비 대신에 협동
* 첨가 대신에 균형
* 과잉 대신에 적당함
* 편리 대신에 비전
* 무시 대신에 책임지기
* 자기중심적인 두려움 대신에 자기를 내어주는 사랑

희망을 길러내기 위한 영적인 훈련

희망은 아직 분명하지 않은 새로운 이야기와 연결된다. 기독교인들을 위해서는, 우리가 구원과 화해의 새로운 이야기를 가져오실 그 한 분의 탄생을 기대할 때, 강림절(Advent)이 우리에게 이것을 상기시켜준다. 예수의 삶과 죽음의 이야기는 진리에 대한 새로운 이해의 용기 있는 증언을 그려내고 있다. 그리스도의 부활 이야기는 죽음이 승리는 아님을 드러낸다. 사도행전은 성령의 힘이 제자들의 예상을 뒤엎어버리고 그들로 하여금 새로운 이야기 속에서 살아가도록 힘을 부여했다는 것을 기록하여 새로운 이야기를 계속한다. 여러 해 뒤에 이방인 지역인 고린도에 있는 어려움에 빠진 신도들과 복된 소식을 나누면서, 바울은 고린도인들에게 그들 자신이 곧 바울의 추천 편지라고 말한다. 그들이 바로 자기의 전도사역이 헛되지 않았다는 최선의 증거라고 한다(고후 3:1-6). 이것이 바로 심지어 고린도인들이 새로운 이야기 속에서 살아갈 수 있음을 믿는 바울의 방식이다.

새로운 이야기 속에서 살아가는 것은 옛 이야기와 결별하는 것을 요구한다. 늘 하던 방식대로의 사업과 절연하는 것이다. 그런 급진적인 전환은 용기로 격정을 부추길 필요가 있다. 로마황제와 본디오 빌라도와 그들이 대표하는 로마제국에 도전하면서, 예수는 비상한 용기를 보여주었다. 마찬가지로 록펠러형제재단(Rockefeller Brothers Fund)이 화석연료 회사들에서 투자 철회를 하는 데는 용기를 내어야했다. 기후변화의 위험에 대해 회사가 알고 있으면서도 투자자들에게 거짓말을 한 것에 대해, 법무장관 에릭 쉬나이더만(Eric Schneiderman)과 모라 힐리(Maura Healy)가 엑손 모빌(Exxon Mobil) 회사에 수사를 전개한 것은 용기가 필요했다.[18] 시민불복종 운동에 참여하고 권력 당국에 당신의 자유를 넘겨주는 것은, 비록 잠시 동안일지라도, 용기를 필요로 한다. 기후변화의 결과로 나타난 것들에 대해 우리가 현실을 다루고, 슬픔을 겪고, 두려움을 경험한 뒤에야, 우리는 늘 하던 방식대로 하는 것이 더 이상 받아들여질 수 없음을 마음과 정신으로 깨닫게 될 것이다. 그러나 새로운 이야기 속에서 살아가는 것은 여전히 용기를 필요로 한다.

신뢰와 감사를 실천하지 않고서는 어떻게 새로운 이야기 속에서 살아가야 할지를 나는 모른다. 하느님이 인간들로 하여금 옛 이야기를 단념하라고 부르신 것을 믿으려면 신뢰가 필요하다. 그날그날 먹고 살기 위해서 3대째 석탄광부로 일하는 노동자들, 혹은 두 가지 일을 하기 위해서 10년 된 낡은 자동차를 몰고 100마일을 출퇴근하는 사람들에게는 그게 쉬운 일이 아니다. 하느님의 사랑과 정의를 실현하는 것이 교회의 일이라면, 지역교회들이야말로 바로 이런 전환을 시작할 수 있는 장소다. "사도행전 2:44 운동"을 기꺼이 실천하려는 용기있는 회중들은 복음의 가치들(5장을 보라)에 충실한 새로운 종류의 "함께 살기"을 구현함으로써 세상을 위한 본보기가 되어야 한다.

1981년에 레이건 대통령이 미국 국방성은 중성자탄—재산은 파괴하지 않고 사람만 죽일 수 있는 "깨끗한" 핵폭탄—을 개발하겠다고 선언했을 때, 오래 기억될 만한 사례가 발생했다. 이런 주도적 시도에

18) In support of the work of the attorneys general, see Naomi Oreskes and Geoffrey Supran, "What Exxon Mobil Didn't Say About Climate Change," *New York Times,* August 22, 2017, accessed September 18, 2017, https://www.nytimes.com/2017/08/22/opinion/exxon-climate-change.html?mcubz=1.

반대하면서 “새로운 폐기 계약”(New Abolitionist Covenant)”이라는 구호 아래에서 상당한 추동력을 얻은 종교 지도자들의 광범위한 연합이 결성되었다. 일관된 생명 존중의 윤리를 추구하면서, 그들은 모든 종류의 핵무기들을 폐기하라고 주장했다. 중성자탄이라는 개념은 특별히 위험한 경종을 울리는 것이었는데, 이는 재산은 보전하면서 생명만 죽이는 것이었기 때문이었다.

텍사스의 아마릴로에 있는 팬텍스(Pantex) 회사 조립공장에서 일하는 2400명의 사람들에게는, 이런 도덕적 문제가 개인적인 문제가 되었다. 팬텍스는 미국의 모든 핵무기 방아쇠 부품을 만드는 곳이었다. 그들 가운데 많은 사람들에게, 도덕적 문제꺼리가 막바지에 이른 것은, 아마릴로 교구의 리로이 마티센(Leroy Matthiesen) 로마 카톨릭 주교가 그의 회중 가운데서 팬텍스에서 일하는 사람들에게 사직을 고려하라고 강권했을 때였다.[19]

그러나 그는 거기에서 그치지 않았다. 그는 약속하기를 팬텍스에서 직장을 떠난 사람들에게는 교회가 생활필수품을 제공하겠다고 했다. 교회는 그들이 다른 직장을 얻을 때까지 그들에게 충분한 식품, 의복, 그리고 보호처를 제공할 것을 확실히 했다. 종교 지도자로서 마티센 주교는 하느님께서 그와 그가 인도하는 교구를 부르셔서 새로운 이야기를 현실로 만들라고 하신다고 믿었다.

하느님은 기후변화에 관한 새로운 이야기를 채택하는 데 필요한 모든 것을 우리들에게 주셨다. 화석연료가 없는 경제로 즉시 전환하

---

19) Kenneth A Briggs, “Religious Leaders Objecting to Nuclear Arms,” *New York Times*, September 5, 1981, accessed September 20, 2017, http://www.nytimes.com/1981/09/08/us/religious-leaders-objecting-to-nuclear-arms.html?mcubz=1.

는 데 필요한 모든 공학기술을 인간은 갖고 있다. 그러나 화석연료에 대한 우리의 의존을 포기하는 데는 다른 길이 있다는 신뢰를 필요로 한다—그런 공학기술이 사용가능하다는 신뢰와 인간은 실제로 그런 전환을 일으킬 수 있다는 신뢰 말이다. 이른바 처음 채택자들은 길을 인도하지만, 대체로 그들은 옛 이야기를 유지하는 데서 기득권의 이익을 얻는 사람들에 의해 조롱을 (혹은 더 나쁘게도) 당한다. 신뢰가 우리들로 하여금 "할 수 있다는 태도"를 취하도록 한다—뭔가 애플파이 같이 미국적인 그런 것 말이다.

감사하는 것도 신뢰와 마찬가지로 중요하다. 피조세계는 선물이다. 생명은 선물이다. 감사함의 반대는 생명을 죽이는 것을 당연한 것으로 여기는 것이다—그건 우리가 여기에 있을 자격을 위해 아무것도 한 일이 없는 현실을 망각하면서 우리의 삶들을 살아가는 것이다. 감사함의 삶을 길러내는 것은 특정한 가치들, 태도들, 그리고 행동들을 채택하도록 인도한다. 나는 감사함과 놀라워함이 거의 불가분리라고 생각한다. 생명의 선물에 대한 나의 감사함은 나로 하여금 생명의 정교함과 신비함에 놀라워함으로 응답하도록 준비시켜준다. 감사함은 관대함과 나눔에로 인도한다. 우리가 삶을 선물이라고 경험할 때, 우리는 우리의 것들을 훨씬 덜 움켜쥐게 될 것이고, 그 대신에 다른 사람들과 "열린 손들로"(with open hands)[20] 관계를 맺는 방법을 배울 것이다. 감사함의 삶은 사람으로 하여금 희생할 준비를 하게 만든다. 이는 우리가 감사함으로 가득 찰 때는 우리의 초점을 창조주이신 하느

20) 이것(with open hands)이 헨리 나우웬(Henri Nouwen)이 담임목회자들과 사제들의 세대를 위해 쓴 목회에 대한 새로운 이해를 준 초기의 책 제목이었다. *With Open Hands* (Notre Dame, IN: Ave Maria Press, 1972).

님에게—생명을 주신 하느님에게—맞추게 되기 때문이다. 우리가 생명의 창조자요 생명을 주신 하느님 안에 삶의 뿌리를 두면, 하느님을 위해, 하느님의 어린이들을 위해, 그리고 피조물 자체를 위해, 우리 자신들의 필요들, 실천할 의무들, 심지어 우리 자신의 생명들을 제쳐놓기가 쉬워진다.

상호의존을 받아들이고 인정하지 않고서 우리가 어떻게 새로운 이야기 속에서 살아갈 수 있을지 나는 모르겠다.[21] 창조된 세계는 상호의존적인 연결망인데 그 생명은 조상들에게서 나와서 후손들의 길을 준비한다. 창조된 세계의 어느 부분도 독립적이고 자기 스스로 충분한 것은 없다. 빌 매키븐의 말했듯이, 기후변화에 대해 개인이 할 수 있는 가장 중요한 것은 개인이기를 멈추는 것이다. 이것은 강고한 개인주의를 숭배하는 문화 속에서는 매우 믿기 어려운 조언이다. 이런 관점은 또한 많은 교회들이 그들의 정체성을 위해서 근본적인 것으로 여기는 것에 도전한다: 즉, 각각의 회중은 다른 회중과 그들이 소속된 교단과의 관계에서 자율적이다.

"나는 한 꿈을 갖고 있다"(I have a dream)라는 잊지 못할 연설에서 희망을 선포했던 마틴 루터 킹(the Rev. Dr. Martin Luther King Jr.) 목사는 시민권쟁취 운동의 기반으로 우리의 상호의존성을 확언했다. "어느 한 곳에서 일어난 불의는 모든 곳에서 정의에 대한 위협이다. 우리는 운명이라는 단 하나의 옷에 매어 있는, 상호성이라는 벗어날 수 없는 연결망 속에 잡혀 있다. 한 사람에게 직접 영향을 준 것은 무엇이든 다른 모든 사람들에게 간접적으로 영향을 준다."[22]

---

21) See Archibishop Desmond Tutu, foreword to *The Green Bible* (New York: HarperCollins, 1989), p. 1-13.

환경과 지구 행성의 상호의존성이란 현실은 1970년대와 1980년대 미국의 신문들 표지에 실렸다. 산성비(acid rain)는—상당한 이유를 지닌—전문 유행어가 되었다. 미국 동북지역의 수천 개 호수들과 개울들이 종 다양성을 잃어버린 것은 멀리 떨어진 중서부 지역의 산업 공장들에서 나온 공해 때문임을 과학자들이 밝혔다. 중서부 지역의 생산 산업이 애디론댁(Adirondacks: 뉴욕주 북부 산악지대—역자주)의 삼림과 물고기들을 죽이고 있다는 것을 별안간에 사람들이 알게 되었다. 이런 것들을 인정한 결과는 배출권거래제(Cap and Trade), 즉 절반의 사업비용으로 예정에 앞서서 대기 중 공해를 상당히 줄이는 데 성공한 환경프로그램을 포함한 새로운 법을 제정하게 된 것이었다.[23]

만일 미국 동북부 지역의 호수들과 삼림들이 생존하게 되면, 상호의존과 상호 보살핌을 존중하는 새로운 이야기를 쓸 필요가 있었다. 그런 새로운 이야기는 뉴잉글랜드(New England) 사람들에 의해서 뿐만이 아니라 중서부 지역 산업의 지도자들과 전국의 정치가들에 의해서도 형성되어야 했다. 이들 주도적인 활동가들은 함께 일해야 했다. 그들은 또한 정당한 해법을 함께 발견할 가능성을 믿어야 했다. 종교인들에게는 그런 믿음이 하느님의 의도하심을 이해하는 것과 우리의 노력들을 동조하는 것에 이른다. 상호의존성을 존중하는 것은 희망을 세우고 우리들로 하여금 보다 정의롭고 안정된 미래를 지향하게 하는 실천이다.

---

22) Martin Luther King jr., “Letter from a Birmingham City Jail,” in *A Testament of Hope: The Essential Writings of Martin Luther King, Jr.*, ed. James M. Washington (San Francisco: Harper & Row, 1986).

23) See “Acid Rain, History, In the United States,” https://en.wikipedia.org/wiki/Acid-rain.

마지막으로, 희망을 견지하려면, 교회는 도덕적 상상력을 길러야 한다. 우리가 옹호하도록 부름 받은 새로운 이야기에서 우리를 기다리고 있는 삶은 우리들 대부분이 가치 있게 여기고 소중히 생각하도록 제약되어 왔던 삶과는 매우 다르다. 선진국에서 살고 있는 대부분의 우리에게는, 기후변화의 즉각적인 영향들이 증대되었다. 우리는 기후변화가 이미 일으키고 있는 대황폐와 불연속적 단절을 직접적으로 경험하지 않고 있기 때문에, 우리는 늘 하던 대로의 삶의 방식을 지속하고 있다. 이것은 심지어 우리가 기후변화를 부인하지 않게 되어—적어도 당분간은—계속 남아 있을 것이다.

우리의 현재 이야기와 하느님이 우리들에게 옹호하라고 부르시는 이야기 사이의 심연을 건너기 위해서는, 도덕적 상상력을 기르는 것이 요구된다. 그것이 바로 이 불연속적 단절의 시대에 우리의 보전(保全)을 견지할 수 있는 길이다. 교회 다니는 사람들과 담임목회자들이 무엇을 해야 하는가라고 내게 물었을 때, 나는 그들에게 도덕적 상상력을 기르라고 초대했다. 화석연료가 없는 세계에로 옮겨가는 것이 가능하다고 우리는 믿을 필요가 있고, 우리 세대가 그런 전환을 인도하도록 초대되고 있다. 만일 내가 『녹색 성경』(*The Green Bible*)을 갖고 있다면, 나는 데스몬드 투투(Desmond Tutu) 대주교의 결론부분을 읽을 것이다.

> [예수의] 최고의 사업은 우리들을 하느님과, 그리고 서로서로와, 그리고 정말로 하느님의 피조물들 모두와 화해시키는 것이다. 새로운 세상을 갖는 것이 가능하며, 그런 세상에서는 더 많은 자비심, 더 많은 관대함, 더 많은 돌보기, 더 많은 웃음, 하느님의 피조물 모두를

두고 더 많은 기쁨을 갖게 될 것이다. 왜냐하면 그게 바로 하느님의 꿈이기 때문이다. 그리고 하느님이 말씀하시기를 "나를 도와다오, 나를 도와다오, 나를 도와서 내 꿈을 실현하게 해다오" 하신다.[24)]

하느님이 우리 모두를 부르셔서 우리의 상상력을 발휘하라고, 우리 입에서 속박을 풀고, 우리 손들의 결박을 풀고, 우리 발의 족쇄를 풀고, 우리의 지갑을 열라고 하신다. 우리들 각자는 하느님이 주신 독특한 선물을 사용해서 각 사람의 마음이 슬픔이 아니라 희망으로, 속박이 아니라 관대함으로, 이기심이 아니라 서로 나눔으로 다스려지는 그런 날을 속히 오도록 해야 한다.

그렇다—하느님은 아직도 꿈을 갖고 계신다. 우리가 피조물들에게 저지른 것에 대해 하느님께서 마음 아파하시면서도, 하느님은 여전히 꿈을 갖고 계신다. 우리가 아무리 반역을 해도, 우리가 아무리 하느님의 훈계를 무시해도, 우리가 아무리 하느님의 피조물들을 악용해도, 우리가 하느님의 꿈의 힘을 감소시킬 수는 없다. 그 꿈은 착취가 아니라 사랑 안에 자리 잡은 것이다. 그 꿈 안에 모든 살아 있는 것들 각각이 하느님을 반영한 것이라서, 감사해하고 기뻐하는 마음으로 활발히 살아 있는 꿈이다. 하느님의 꿈 안에서는, 각자가 충분히 갖고 있으며 모두가 하느님의 풍요하심의 수혜자들이다. 하느님은 인간들이 물질적인 발전보다도 영적인 발전을 찾기를 꿈꾸신다. 감사함이 불안을 해소하고, 관대함이 탐욕을 가리기 때문에 평화 속에서 이룩된 정당한 세계를 하느님의 꿈이 전망한다. 사랑과 상호존중이 인간을 함께 결속하고, 피조물들의 심오한 아름다움이 소중히 여겨지는

---

24) Tutu, foreword to *The Green Bible*, p. 1-14.

때를 하느님을 꿈꾸신다. 우리 하느님의 꿈을 우리들 자신의 꿈으로 받아들이자. 그러면 돌연히 우리의 희망의 지평이 가까이 다가온다. 우리가 하느님의 꿈속을 살아가면, 우리가 진정 누구인가를 다시 발견할 것이며, 모든 피조물들이 노래를 부를 것이다.

그룹 토론과 성찰을 위한 질문들

1. 매일의 삶에서 우리의 필요들을 위해 어떻게 자연을 정복하고 있는지 그 사례들을 공유하자.
2. 낙관주의가 희망은 아니다. 당신이 처음에는 낙관적이 되어서 도전을 감당했는데, 그러나 현실/엄청난 도전을 받아들인 뒤에, 당신이 낙관주의로부터 희망으로 바뀐 적이 있는가?
3. 개인적 차원에서, 관계적 차원에서, 혹은 실존적 차원에서 경험한 기후변화와 연관된 두려움의 느낌을 다른 사람과, 혹은 당신의 그룹 안에서 공유해 보라.
4. 석탄이 여전히 중요한 것으로 지속되는 켄터키, 남부 오하이오, 혹은 와이오밍의 사람들과 마을들을 생각해보라. 당신 자신이 주지사나 시장이 되었다고 상상해보라. 다음 세대를 위한 당신의 책임은 무엇인가? 졸지에 곧 끝날 직업으로부터 보다 전망이 있는 직업으로 옮겨갈 사람들을 도와주면서, 당신의 지도력을 형성할 "새로운 이야기"를 당신은 생각해낼 수 있는가?
5. 이 장에서는 하느님께서 인간을 부르셔서 새로운 이야기를 옹호하라고 하심을 밝혀보았다. 사실은 하느님이 우리들을 보고 이 새로운 이야기의 공동저자가 되자고 초대하신다. 당신에게 하느님은

누구이신가? 당신의 그룹과 함께, 혹은 다른 사람과 함께, 당신의 영혼을 차지하고 계신 하느님에 대해 이야기해보라. 당신의 희망에 대한 경험이 어떻게 하느님에 대한 이해 혹은 경험으로 인하여 제한되거나 혹은 확대되는가?

6. 하느님의 꿈에 초점을 맞춘 이 장의 마지막 단원을 읽고 나서, 다시 한 문장 한 문장씩 되풀이하면서, 하느님의 꿈의 일부인 가치들이나 태도들을 향해 당신의 삶에서 실행한 어떤 구체적인 행동을 찾아내어보라.

맺는 말

때는 2100년, 당신은 약 5천 명의 다른 사람들과 함께 뜨거운 회의장 안에 앉아 있다. 태양 에너지로 작동하는 에어컨(냉방장치)은 외부 온도보다 섭씨 4도나 내려서 표준온도 섭씨 31도에 맞추어져 있다. 모든 사람들과 마찬가지로 당신은 태양 에너지나 풍력 에너지로 충전되는 전기 자동차를 타고 이 회의장에 왔다. 장거리 여행이 드물지만, 세계기독교교회협의회(WCC)가 주관하는 이 모임에 참석하기 위해 당신은 희생을 감수했다. 전 지구상의 수백만 명들이 전자 방식으로 회의에 참석한다. 그것은 지난 80년 동안에 이루어진 엄청난 발전에 대한 놀라운 축하를 약속한다. 개회 연사는 십대의 소녀다.

상상하라: 교회에 주는 메시지 — 2100년에 십대 소녀가 하는 말

감사합니다… 내 이름은 에버그린 수주키(Evergreen Suzuki)입니다. 100년 전에 나의 고조할머니 쎄번 컬리스-수주키(Severn Cullis-Suzuki)는 1992년 리우 지구정상회담에서 연설을 했어요. 내가 지금 어리다는 것을 나도 압니다. 그렇지만 할머니도 그땐 열두 살이었어요. 6분 동안 172개국 정부대표들이 나의 할머니가 말하는 것을 주의 깊게 들으면서, 조용히 앉아 있었지요. 할머니는 지구상에서 죽어가고 있는 수많은 동물들을 대신해서 말했어요. 멸종을 말했고, 어른들의 한계를 깨우쳐주었고, 그들이 수세기 동안 그들의 어린이들을 가르쳐온 것, 즉 다른 피조물들을 다치게 하지 말고, 서로 나누고 욕심꾸러기가 되지 말라는 동일한 규칙을 그들도 지켜야 한다고 깨우쳤습니다.

6분 동안 그 지도자들은 주의를 기울였고 뉘우쳤어요. 할머니가 말을 마치고 나자, 그 모임을 동력을 얻은 것 같았어요. 수십 년 뒤에, 지도자들이 교토(Kyoto), 코펜하겐(Copenhagen), 그리고 파리(Paris)에서 모였을 때, 그들은 가장 분명한 현실들, 즉 물질적인 발전의 제단 위에 바친 피조물들의 희생, 우리의 무분별한 탐욕, 변화에 대한 우리의 저항, 그리고 공유하기에 대한 우리의 거절 등을 감수하느라고 분투 노력을 했습니다.

다행히도 많은 사람들이 무엇을 해야 할지를 알았고, 행동에 나섰습니다. 우리의 신앙의 선배들이 지구헌장(Earth Charter)을 초안해 내었습니다.[1] "전 지구적 상호의존성과 보편적 책임성"에 뿌리를 두고, "마음과 정신의 변화"를 모두 요구하는 16가지 원칙들을 세웠습니다. 그 변화가 어려웠다는 것을 내가 말할 필요조차 없을 것입니다—그리고 혁명적인 변화는 훨씬 더 어렵다는 것도 말입니다.

그러나 어쨌든 태풍 카트리나, 샌디, 하비, 어마, 마리아 등을 겪은 뒤에, 사람들은 변화할 준비가 되었습니다. 그들은 전례가 없었던 재앙과 기후변화 사이에 있었던 점들을 서로 연결하기 시작했습니다. 미국에서 네 번째로 큰 도시인 휴스턴이 홍수로 휩쓸렸을 때, 그들은

1) "The Earth Charter," March 2000, accessed September 18, 2017, http://earthcharter.org/invent/images/uploads/echarter-english.pdf.

장치 두려운 미래가 가져올 것을 얼핏 보았습니다. 즉, 전 세계에서 수천만 명의 기후난민들이 생겨날 것을 미리 보았습니다. 물론 그건 단지 시작에 불과했습니다.

되돌릴 수 없는 임계점(tipping point)은 과학자들, 활동가들, 그리고 어린이들이 정의를 법정에서 찾았을 때였습니다. 그들은 아직 태어나지 않은 세대들, 변두리로 밀려난 유색인종 공동체들, 원주민들의 공동체들, 그리도 가난한 백인 공동체들을 위하여 정의를 요구했습니다. 몇 개 주의 검찰총장들이 화석연료 회사들을 입건했을 뿐만 아니라, "우리 어린이들을 위한 신탁"(Our Children's Trust)이 국가와 세계의 주목을 끌었습니다. 어린이들이—바로 나와 같은 어린이들이—세계에서 가장 강력하고 튼튼한 재정을 가진 힘들에 맞대결할 때, 희망이 생겨나기 시작한 것입니다. 어린이들은 그들보다 먼저 살아간 어른들에 의해 파괴되지 않은 땅위에서 성장할 권리를 지니고 있다고 일단 이 땅에서 최고법정이 인정했을 때, 운동의 추진동력이 자라났습니다. 이들 어린이들이 미국으로 하여금 우리나라가 혁명 기간 동안 내내 잠을 자고 있어 왔음을—마틴 루터 킹(Martin Luther King Jr.) 목사님이 경고했듯이—그리고 이제 깨어날 때가 되었다고 인정하게 만들었습니다. 그들의 용기를 박수쳐서 인정해줄 수 있을까요?

미국이 새로운 가능성들을 다시 상상하도록 도와준 목소리들과 비전을 지닌 많은 다른 사람들의 이름을 우리는 댈 수 있습니다. 오늘날 미국에서 제임스 핸슨(James Hansen), 나오미 오레스케스(Naomi Oreskes), 왕가리 무타 마아타이(Wangari Muta Maathai), 레녹스 이어우드(Lenox Yearwood), 레이첼 카슨(Rachel Carson), 엘론 머스크(Elon Musk), 바르톨로메오 총대주교(Ecumenical Patriarch Bartholomew), 프란체스코 교황(Pope Francis), 캐서린 헤이호우(Katharine Hayhoe), 빌 매키븐(Bill McKibben) 같은 분들의 공헌에 대하여 배우지 않고 성장한 어린이는 하나도 없습니다.

교회는 마침내 21세기 두 번째 10년 말에 깨어났습니다—그리고 그게 바로 내가 오늘 여기에 있는 이유입니다. 교회에 나가는 사람들이 점점 더 줄어들고, 하느님의 피조물들에 대한 전망이 매우 흐려지고 있었을 때, 뭔가가 일어났습니다. 만일 그들이 하느님을 사랑하면, 피조세계를 보호해야 함을 우리의 신앙 선배들은 알았습니다. 그들은 자신의 몸들을 명예를 위해 내어놓았습니다. 우리는 그들 모두의 이름을 알지는 못하지만, 그들을 집단으로는 알고 있습니다. 일단 그들 가운데 몇 천 명이 권력과 당국자들에게 용감하게 저항했더니, 다른 많은 사람들이 뒤를 따랐습니다.

얼마 뒤에, 미국은 이들 신앙인들을 움직였던 꿈을 알아차리기 시작했습니다. 새로운 종류의 솔직함이 우리 개인적인 대화와 국가적인 대화에 끼어들었습니다. 어떤 교회들은 성찬식에서 기본 재료로 흙을 사용하는 새로운 실천을 시작했습니다. 때로는 종교 의식이 사람들로 하여금 지구(땅)와 연결되는 것을 돕기도 합니다. 다른 때에는, 그것이 사람들로 하여금 화석연료는 땅 속에 묻어둘 필요가 있다고 증거하는 용기를 분발하게 힘을 주었습니다. 새로 목사직을 받은 어떤 이들은 그들의 목사 안수 서약이 만일 그들 혹은 그들의 동반자가 임신을 하게 되면, 그 9개월 동안에 매번 그들의 설교에서 하느님의 모든 피조물들과의 계약과 미래 세대들에 대한 우리의 책임을 말하겠다는 추가적인 서약을 포함하자고 주장합니다. 때때로 이들 젊은 목회자들은 이런 설교를 들은 젊은이들의 마음을 끌어들였습니다. 점차적으로 교회 출석자들은 공동체 안에서 피조물의 보호자들로 여겨지게 되었습니다. 그들은 실제로 2016년 사우스다코타 주 스탠딩 록(Standing Rock)에 모였던 수천 명의 원주민들의 용감한 증언의 구절을 빌려 왔습니다. 그들 용감하고 두려움을 모르는 비전을 보는 자들은 자신들을 물의 보호자들(water protectors)이라고 불렀습니다.

2010년 빌 매키븐(Bill McKibben)과 멜린다 게이츠(Melinda Gates), 그리고 워렌 버펫(Warren Buffet)은 기부 약정(The Giving Pledge)을 주창했는데, 이는 세계에서 가장 부자들이 그들이 죽기 전에 자기들의 부의 적어도 50%를 좋은 목적(자선)에 사용하도록 내어 놓자고 도전을 한 것이었습니다. 이런 선도적 운동이 시작되었을 때, “죽을 때 가장 많은 장난감을 가진 사람이 승리자다”라고 생각했던 많은 사람들을 어리둥절 놀라게 했습니다. 그러나 21세기 3번째 10년간, 대략 1000명이 넘는 억만장자들(billionairs)이 그런 약정을 한 뒤에, 이들 억만장자들은 그들의 집단적 자선 재단금의 절반을 53개 주의 국립공원들에 지원하도록 따로 떼어놓자고 집단적인 결정을 했습니다. 그들의 이런 행동의 결과로, 인류는 자연을 향해 새로운 태도를 옹호하기 시작했습니다. 세계종교회의(The Parliament of the World’s Religions)가 이런 헌금 약정의 영향을 확대하는 데 중요한 역할을 했습니다. 여러 해 동안, 종교회의는 각각의 신앙 관점의 사람들로 하여금 각각의 종교는 황금률(Golden Rule)을 옹호하고, 또한 각각의 종교는 그 황금률을 확장해서 모든 미래 세대들과 모든 피조물들을 우리의 이웃들로 포함할 필요가 있음을 이해하도록 도와줄 자료들을 개발해왔습니다. 세계의 국립공원들에 기금을 마련해준 것이 그 다음 몇 세대들로 하여금 생명의 새로운 의미를 옹호하도록 영감을 주었습니다—그 의미는 상호의존적이고 동시에 세대들 사이를 연결하는 것이었습니다.

21세기의 세 번째 십년에 이르러서, 인류는 이것이야말로 단 하나뿐인 지구 행성, 단 하나뿐인 집이라는 것을 인정하는 단일한 목소리로 말하기 시작했습니다. 인류의 생존을 확실히 하려는 한 방법으로 다른 행성들을 식민지화해야 한다는 주장을 하는 사람들은 곁으로 밀려났습니다. 또한 "인간 의식"이 영원히 1들과 0들의 형태로(특이성!) 계속될 것이라고 예상함으로써 지구(땅)의 문제들을 "초월"하려는 사람들도 침묵하게 되었습니다. 거의 비슷한 시기에 교회들은 하느님 나라를 땅위에 건설하라는 예수의 초청을 상세히 설명하면서, 우리들에게 예수는 철수(피난)계획이 아니라 건설계획을 제공했다고 알려주었습니다. 대체적으로 교회는 삶의 목적과 보상은 미래의 천국에 들어가는 것이라는 생각을 포기했습니다. 사람들은 예수의 복음을 이렇게 환영했습니다: 즉 천국은 바로 여기, 바로 지금, 곳곳마다 그리고 언제나 있다!

사람들은 또한 자아도취와 자기거래는 삶의 파산이라고 보기 시작했습니다. 이른바 번영의 복음을 믿는 사람들은 그 "하느님"이란 것이 자기선전을 하는 목회자들의 창조물에 지나지 않음을 알게 되었습니다. 이에 비하여, 관대함, 생성적인 것, 그리고 경계선과 한계를 기꺼이 받아들이는 태도를 드러내는 지도자들, 즉 새로운 지도자들이 나타났습니다. 이런 지도자들은 우리가 이만하면 충분하다고 만족해하고, 그러면서도 여전히 감사와 환희에 가득할 수 있음을 보여주었습니다. 사람들은 그런 지도자들의 말을 경청했습니다.

그건 확실히 쉬운 일이 아니었습니다. 사실상 십억 명의 사람들을 새 장소로 이전시켜야 했을 때, 그것은 엄청난 참사였습니다. 여러 세대들이 지난 뒤에도, 우리는 기후난민들로 죽어간 수억 명을 계속 슬퍼합니다. 인도, 파키스탄, 방글라데시가 특히 호되게 타격을 입었습니다. 그러나 무슬림과 힌두 지도자들은 그들의 종교적 관점들이 서로 갈등을 일으키지 않는다고 여기며 서로서로를 지원하고 존중할 수 있음을 이해하도록 도와줌으로써 중대한 발전을 할 수 있었습니다.

이 밖에도 여러 방식으로, 21세기는 새로운 도덕의 시대를 낳은 도덕적 혁명을 거쳤습니다. 토마스 베리(Thomas Berry), 조앤나 메이시(Joanna Macy), 타네히시 코우츠(Ta-Nehisi Coates), 다이애나 버틀러 배쓰(Diana Butler Bass), 브라이언 맥라렌(Brian McLaren), 데이비드 코튼(David Korten) 같은 사상적 지도자들이 앞으로 나갈 길을 상상함으로써 준비를 했습니다. 팀 드크리스토퍼(Tim DeChristopher), 밸브 터너(Valve Turner)와 워렌 카운티 시민불복종 운동(Warren County Civil Disobedience Campaign)을 주도했던 사람들(이때 환경적 인종차별을 폭로했다고 523명이 체포되었음)의 용감한 행동에 의해 영감을 받아서, 수만 명의 사람들이 지구를 보호하기 위해 자신들의 자유를 희생했습니다.

오늘날 이 지구 행성은—우리의 집은—나의 고조할머니 쎄번(Severn)이 탄생했던 지구보다 훨씬 덜 쾌적합니다. 그 지구의 꿈은 사라진 지 오래되었습니다. 그러나 새로운 꿈이 나타났습니다. 여러분들의 종교적 증언 덕분에, 우리의 정치, 회사, 그리고 문화의 지도자들이 지금 도덕적으로 책임성 있게 행동하고 있습니다. 지난 50여 년 동안, 우리의 공통적인 위기가 인류를 함께 단결하게 만들었습니다. 지금 정의를 지향하도록 우주의 도덕적 호(구비)를 휘는 많은 방법이 있습니다.

다른 세계가 가능하다고 믿으며 절망스러운 상황을 극복해온 우리의 신앙 선조들에게 감사드립시다. 그들의 하느님에 대한 사랑, 그리고 우리에게 주신 놀라운 선물에 대한 증거를 위해 그들이 꾸준히 개발한 높은 불굴의 결단력, 용기, 그리고 창의력을 찬미합시다.

그룹 토론과 성찰을 위한 질문들

1. 여기에서 언급되었던 일부 사람들의 저술에 친숙한 사람들로 하여금 왜 그들의 저술과 증언들이 2100년에는 "역사적"인 것으로 보일지를 그룹 안에서 다른 사람들과 서로 공유해보자.
2. 이 책을 읽고 난 뒤에, 2100년에 할 이 연설에 포함된 내용들이 당신에게도 상상 가능한 것인가? 에버그린 수주키(Evergreen Suzuki)는 인간의 도덕적 중심점을 말하고 있다. 당신의 경험에 의하면, "예" (Yes)라고 말할 수 있는가? 당신은 그런 가능성을 "볼" 수 있는가?
3. 수주키가 중요하다고 언급한 여러 가지 중심적 요소들 가운데서, 어떤 것이 당신을 놀라게 하는가? 거기엔—당신에게— 도덕적으로 강한 흥미를 일으키는 것이 있는가? 뭔가 빠진 것이 있는가? 다른 말로, 당신 생각에는 본질적인 것인데도 그녀가 언급하지 않은 어떤 추가적인 "대화들" 혹은 "중심점들"이 있는가?

부록

기후위기의 세계를 위한 설교 제안들

서론

서론에 포함된 UCC 결의안은 교회가 새로운 사명을 받아들이도록 촉청한다. 이 사명이 어떤 것 같을까에 대해서는 3장에서 발전시켰다. 우리 담임목회자들이 오늘날의 교회를 위한 사명에 대해 설교하는 것은 우리의 회중들과 종교지도자들로서 우리 자신의 본래 모습을 위해서 매우 중요하다. 역사를 통해서 거대한 사회적 도전에 대응해서 교회의 사명이 어떻게 변화되어왔는가를 다시 살펴봄으로써 이를 의한 준비를 할 수 있다. 왜 기후변화가 교회로 하여금 새로운 사명을 받아들이도록 촉구하는가를 이 책에서 설명한 것에 대해 당신 자신의 설명을 제공하여보라. 그걸 어떻게 할 것인가에 대한 아이디어들이 아래에서 각 장별로 제시되어 있다.

1장

이 장의 첫 부분에서 인용한 거스 스페스(Gus Speth)의 말을 다시 읽어보라. 이기심, 탐욕, 자만, 그리고 영적인 변혁에 대한 주제들이 이 장 곳곳에서 발견될 수 있다. 사회 안에서 우리가 소중히 여기는 것을 다시 방향설정하게 할 개인적 혹은 사회적 영적 변화의 필요에 대해서, 설교를—혹은 일련의 설교들을—구성해보라. 5장에서 기술한 변혁들을 보라.

교회의 높은 종탑에 종들이 있는 이유의 하나가 바로 공동체에게 비상사태를 경고하기 위한 것이라는 사실을 생각해보라. 만일 회중들이 이런 초청을 받아들이면, 교회의 삶이 어떻게 달라질 것인가?

당신의 회중들의 전통적인 사회정의에 대한 관심을 기후변화와 연결하는 설교를 구상해보라. 1장은 굶주림의 문제와 그런 연결을 했다. 훨씬 더 많은 사회정의 문제들이 기후위기와 연결될 수 있다.

1장은 설교자들에게 우리가 무엇에 주의를 기울여야 하며, 무엇을 무시하고, 연기하고, 혹은 거부해야 할지에 대해 생각해보도록 초대한다. 우리가 다루어야 할 위기들과 염려들에 대해 아무리 고통스러워도 주의를 기울이라는 초청으로 성경을 이해할 수 있을까?

몬트리올 의정서(Montreal Protocol) 이야기를 사용해서 당신의 회중들에게 생각나게 하고 격려하라. "우리는 이것을 할 수 있다!"라고 이해할 수 있도록 그들을 도와주라. 마크 제이콥슨(Mark Jacobson)의 조사연구에 대해서도 똑같이 해보라—많은 사람들이 놀라워하고 이것을 배우도록 동기부여가 될 것이다.

기후변화에 대해서 한 사람이 할 수 있는 가장 중요한 일은 "개인적이 되는 것을 중지하는 것"이라는 빌 매키븐(Bill McKibben)의 주장을 가지고도 당신은 설교할 수 있을 것이다.

부족한 것에 대한 견해에 도전하고 풍요함의 실재를 해방하는, 복음서의 엄청난 군중을 먹이는 이야기에 대한 설교를 많은 회중들은 환영할 것이다.

2장

당신의 회중을 초대하여 2장의 사례 설명을 따라서 지구 위에 있는 당신이 가장 좋아하는 장소의 사진을 가져오도록 해보라. 그리고 사진들의 꼴라쥬를 만들어 당신의 회중이 서로서로와, 그리고 지구와의 관계의 증언으로서 영향을 미칠 수 있도록 설교해보라.

각 세대는 미래 세대들이 번영할 수 있도록 확실히 할 책임이 있음을 선포하는 다양한 신앙 전통들로부터 성경본문을 인용하는 설교를 대부분의 회중들은 감사해 할 (그리고 많은 회중들은 놀라기도 할) 것이다.

피조물들을 돌보기 위한 세계기도일이 된, 2017년 9월 1일에, 프란체스코 교종과 바르톨로메오 총대주교가 합동으로 낸 간략한 성명서를 다시 검토해보라. 환경 문제들에 대한 바르톨로메오 대주교의 신학 고문인 존 크리싸브기스(John Chryssavgis) 부주교가 여기에 훌륭한 주석을 제공한다. 크리싸브기스의 주석에 대해 참조하려면 여기를 보라(https://cruxnow.com/commentary/2017/09/01/pope-patriarch-common-declaration-shared-world/). 로마 카톨릭교인들, 동방정교인들, 그리고 개신교인들에 공통인 환경보호 원칙을 강조하는 설교를 준비하라.

"단절의 복판에서 신실함의 기적"에 대한 설교를 준비하라. 다양한 단절의 경험과 세상이 뒤집어진 것처럼 보이는 시대로부터 이야기들을 끌어내라. 2장에 있는 다음과 같은 말에 대한 당신의 이해를 공

유하라: “하느님은 우리를 절망 속에 내버려두지 않으신다. 오히려 그 반대다. 가뭄과 남벌이 가져오는 생명 없음, 뜨거운 열파(熱波)에 의한 숨 막히는 기진맥진함, 해수면 상승에 대한 대책 없음, 멸종의 외로움을 우리가 더 깊이 받아들이면, 우리는 더 많이 기적을 받아들이게 된다. 우리가 저지른 그 무엇도, 우리가 할 수 있는 그 무엇도, 성령(거룩한 영)을 없애버릴 수 없으니, 그 무엇도 우리로부터 없애버릴 수 없는 새로운 확신과 신선한 용기를 성령이 우리 안에 불어넣어준다.”

신앙인이 그/그녀의 양심에 복종한다는 것이 무엇을 의미하는지에 대해 설교를 써보라. 다양한 상황들로부터 사례설명들을 수집하라. 이런 용감한 행동들이—성경에는 너무도 흔하다—기후변화에 대하여 우리가 어떻게 행동하도록 영감을 줄지를 질문해보라.

3장

이 장의 처음에서 제기한 세 가지 질문들을 다루는 어떤 설교도 보람이 있을 것이다. 당신의 회중이 이들 중요한 질문들을 생각하면서, 또 인간이 창세기를 거꾸로 되돌리는 것을 중지시키면서, 피조물들에 대한 하느님의 사랑을 그들이 어떻게 선포할 수 있는지를 고려해보도록 초대하라. 빌 매키븐은 기후변화는 그것에 대처하기 위해 교회가 태어난 기회로 본다. 이에 대한 당신의 설교는 회중의 많은 사람들로 하여금 기후변화에 대한 그들의 생각을 다시 형성하도록 도와줄 것이다.

디트리히 본회퍼(Dietrich Bonhoeffer), 랍비 헤셸(Rabbi Heschel), 콘

라트 아데나우어(Konrad Adenauer) 등에 대한 설명을 사용하여 국가와 교회 사이의 관계에—특히 도덕적 위기의 시대에—대하여 설교를 하도록 고려해보라.

거의 모든 담임목회자는 여하튼 그/그녀가 저지른 가장 해로운 행동을 어떤 방식으로든 하느님께 감추려고 하는 교인을 만난다. “하느님에게는 외부효과란 있을 수 없다”라는 점을 지적하는 설교는 유머러스하기도 하고 진지하기도 해서, 사람들로 하여금 우리와 지구 사이의 관계에 대하여 새롭게 생각하도록 도와줄 것이다.

공동체의 구원에 대해서 당신이 마지막으로 설교한 것이 언제였던가? 본문은 덜 강조된 성경의 초석에 대하여 몇 가지 유용한 접근 방식들을 제공한다. 창세기 9장에 근거한 계약에 대한 설교는 매년 할 수도 있을 것이다.

미래 세대들과 모든 피조물들까지도 포함하도록 황금률을 확대하는 것에 대한 당신의 통찰력은 무엇인가? 당신의 회중 가운데서 어떤 십대 청소년을 초청하여 “우리 어린이들의 신뢰”(Our Children’s Trust: 오리건에서 시작된 청소년을 위한 비영리 기관이름-역자주)에 대하여 설교를 시켜볼 수 있는가?

대부분까지는 아니지만 많은 설교자들이 그들의 설교에서 일요판 신문의 헤드라인으로 나온 자연재해의 큰 격변에 대해 언급한다. 다음에 일어날 큰 태풍(혹은 500년에 한 번 나타난 홍수)이 닥치면, 그런 재앙에 관련된 개인적 이야기들을 다시 생각해봄으로써 기후변화에 대한 도덕적 주의에 초점을 맞추어야 한다. 이야기들은 듣는 사람들의 마음속에 강력한 이미지들을 남긴다.

만일 종교가 인간들에게 자연을 평가하는 책임을 갖고 있다면, 교회가 해온 일들에 대해 평가해 보라. 인간은 도덕적 개입을 필요로 하는가? 교회는 깨어나라는 경종을 울릴 필요가 있는가?

4장

인간이 최근에 겪은 도덕적 단절과 피조세계의 단절 사이에 있는 연관을 탐색하는 설교를 해보라.

물질적 발전을 넘어서는 영적인 발전을 평가하는 간단한 부분을 다시 읽어보라. 어떤 성경들이 이런 것을 뒷받침하는가? 이런 길을 따라 인생의 경로를 걸어간 사람이 누구인가? "들을 귀가 있는" 사람들로 하여금 어떤 조절을 하라고 자극할 성경에 근거한 설교를 구상하라.

이 장은 오늘날 하느님의 부르심에 응답하는 회중들이 그들 회원들 가운데 사랑에 근거한 관계, 차이를 존중하기, 호기심, 열린 마음, 그리고 열린 손들 같은 공통의 가치들을 발전시키는 데 초점을 둘 것이란 점을 주장한다. 브라이언 맥라렌(Brian McLaren)의 책, 『거대한 영적 이주: 세계에서 가장 큰 종교가 어떻게 기독교인이 될 보다 좋은 방법을 찾고 있는가』(*The Great Spiritual Migration: How the World's Largest Religion Is Seeking a Better Way to Be Christian*)를 읽어보라. 이런 교회적인 심오한 전환에 대한 설교, 혹은 일련의 설교들을 해볼 것을 고려하라.

당신의 회중 안에서 "기후변화에 대한 진실과 화해의 대화"(Truth and Reconciliation Conversation; 남아프리카에서 인종차별 정책 뒤에 소집된 유사 법정 공청회—역자주)를 주도해보라. 만일 당신의 회중이 대부분의 다른 회중들과 같다면, 당신이 그런 제안을 하기 전에, 당신은 당신의 회중으로 하여금 교회는 (이와 같은 시대에는) 무엇을 위한 것인지에 대한 이해를 다시 하도록 도울 필요가 있을 것이다. 변화에 대해 사람들이 서로서로 열린 마음으로 들어주기 위해서 교회는 충분히 안전한 장소를 제공할 수 있는가? 만일 그렇다면, 교회는 사회가 현재의 이데올로기 분열로부터 나올 수 있는 길을 제공할 수도 있다.

만일 회중들이 공통적으로 가진 믿음들과 예식들보다는 가치들과 양심을 두고 연합한다면 어떨까? 이 질문에 응답하는 것만으로도 몇 차례 설교를 만들 수도 있을 것이다.

5장

성경 속에서 공동체의 강인함(탄력성)에 대한 풍부한 사례들을 두고 설교해보라.

최근에 일어난 태풍이나 비슷한 재앙에 대한 설교에서, 이 장에서 제안한 것과 같은 대응을 하도록 격려하라. 당신의 회중들에게 회복을 위해서 계속하여 그들이 시간, 재능, 그리고 돈을 바치라고 초청하라. 우리는 물질적 획득에서가 아니라 나눔에서 궁극적 만족을 얻는다는 점을 그들에게 생각나게 하라.

설교단에서 소비주의를 비판하는 것은 모험적일 것이다. 보다 심도 있는 논의를 시작하는 데 사용할 수 있는 뉴스의 실례를 찾도록 살펴보라.

이 장에서 인용한 소득불평등의 통계는 불편하다. 당신은 그런 것들을 설교에서 나눌 방법을 발견할 수 있나? 경제적 불평등, 물질적

욕망, 그리고 회사의 주도권 등의 수풀을 헤치고 도덕적으로 현명하고도 방어 가능한 경로를 제공하는 것이 목표다.

화석연료를 땅 속에 묻어두는 것에 대한 설교를 고려해보라. 충분히 많은 자료들을 참조할 곳은 http://april2016.uccpages.org/.이다.

앞으로 수년 동안, 당신이 설교문을 쓰는 동안에, 당신의 상상력을 확대하여 우리의 희망의 지평을 넓히는 비전을 제공할 수 있도록 당신 자신을 고무하라.

6장

이 장에 포함된 것에는 어떻게 예배에 대해 설교할 것인가에 대한 제안들이 있다. 예배의 여러 부분들과 어떤 특정한 부분이 어떻게 균형을 이룰 것인지에 대해 무엇이 안내할지를 설교자로서 당신 자신에게 물어보라. 피조물들이 위험에 빠진 것을 인정하기로 한다면 예배가 어떻게 달라질 것인가?

만일 회중들로 하여금 파당적인 것과 정치적인 것 사이의 구별을 이해하도록 도울 수 있는 설교를 당신이 최근에 해본 적이 없다면, 그렇게 한 번 해보라. 예수께서는 여러 차례 정치적인 말씀을 했고, 그의 말씀과 행동 모두에서 (죄인들과 식사를 같이 했고, 안식일에 병자를 치유했고 등) 파당적인 것을 여러 방식으로 거부했던 것을 인용하라. 예수께서 어떻게 사셨던가를 교회가 기후변화를 취급할 필요에 적용해보라.

지난 몇 해 동안에 당신이 한 설교들을 차례로 조사해보라. 세대를 넘어선 책임성들을 당신은 얼마나 자주 다루었거나 언급했던가?

어떻게 당신은 그 빈도를 앞으로 증가시킬 수 있는가?

만일 당신이 지구를 가지고 성사(성례전) 경험을 하여 회중들로 하여금 기후변화의 문제들을 다루도록 동기를 줄지도 모른다고 생각했다면, 그것에 대해 설교를 해보라.

7장

이 장에서 기록한 교회가 중요한 역할을 했던 중요한 역사적인 사회변혁들 가운데 하나를 지적해보라. 논의의 양쪽 편에(아마도 모든 편에) 대하여 교회가 담당할 역할에 당신이 친숙해지도록 약간의 역사적 연구를 해보라. 이런 역사적 설명을 안내로 삼아 당신의 회중이 기후변화에 어떻게 대응하여야 할지 설교문을 작성해 보라.

놀라움(경이로움)에 대한 설교를 고려해보라. 아마도 교인들과 일대일 대화를 하거나 혹은 그들의 경이로움에 대한 관계를—그리고 시간이 지나면서 그 경이로움이 어떻게 전개되었는지를—물어보면서 설교 준비를 하라. 모험을 각오하고, 경이로움에 대한 당신 자신의 경험을 회중들과 함께 나누어보라.

전심전력의 용기가 어떻게 두려움을 극복하는가? 성경과 당신 자신의, 그리고 회중 가운데 여러 사람들의 삶에서 사례들을 공유하여 보라. 인간이 피조물들과 관계하는 이야기 속에서 당신은 어떤 변화를 일으키고 싶은지에 대해 회중들과 공유하여 보라.

2017년 지구의 날(Earth Day)에 이안 홀랜드(Rev. Ian Holland) 목사가 한 설교 비메오(Vimeo)를 시청해보라. 어떻게 다음번 당신의 기후변화에 대한 설교를 그의 설교에서 얻을 것인가?

8장

직업의 경력(career)과 소명(vocation) 사이의 관계는 무엇인가? 윌리엄 슬로언 코핀(Bill Coffin) 목사는 언젠가 예일대학교 학부생들로 가득찬 교회에서 지적하기를, 경력(career)이란 단어의 뿌리는 달리기(race)라고 하고 나서, 그는 결론적으로 "쥐들의 달리기: 과당 경쟁"(rat race)과 하느님으로부터의 부르심(calling, vocation) 사이를 비교했다. 그건 약간 너무했지만, 그러나 당신의 설교 가운데 하나는 우리의 전체 삶이(비단 일요일 아침뿐만 아니라) 하느님의 손 안에 있다고 지적할 수 있을 것이다. 그러므로 하느님이 우리를 부르셔서 살아가라고 하시는 비전과 가치를 우리가 하는 일 속에 가져올 필요가 있다.

4장의 맨 끝에서 나는 우리의 현재 기후위기와 제2차 세계대전(WWII)을 비교하는 빌 매키븐(Bill McKibben)의 논문을 언급했다.[1)] 그 전쟁 동안에 그 위협에 대응하여 미국인들은 그들의 삶의 방향을 재정립했다. 그들은 자신들의 미래를 위해 싸우고 있음을 이해했다. 기후변화의 도전에 대응해서 어떻게 당신의 선물들에 초점을 맞추고 당신의 계획들을 다시 정립하라고 하느님께서 당신을 부르고 계시는지에—혹은 공동체나 공동체 안의 당신을 부르고 계시는지—대해 당신과 당신의 회중은 함께 생각하고 기도할 수 있는가?

갈라디아 교인들에게 보낸 바울의 편지는 이런 말로 시작한다:

---

1) Bill McKibben, "A World at War," with the epigraph: "We're under attack from climate change—and our only hope is to mobilize like we did in WWII," *The New Republic* (August 15, 2016), accessed September 18, 2017, https://newrepublic.com/article/135684/declare-war-climate-change-mobilize-wwii.

"그리스도께서 우리를 자유롭게 하셨다." 자유와 기후변화에 대해서 설교해 보라. 만일 20년이 지나서 미국인들의 20%와 세계 인구의 30%가 그들의 삶의 절반을 기후 혼란에 대처하느라고 보낸다면, 우리들 가운데 누가(그런 문제들로부터 자신들을 보호할 수 있는 가장 부유한 사람들을 제외하고) 참으로 자유로울 수 있을까?

성경에서, 그리고 당신 자신의 삶에서 두려움이 행동에 나서기 위한 효과적인 촉매가 된 실례를 들어 설교해 보라. 변화를 위한 핵심적 동기가 사랑과 감사에 뿌리를 둔 사례들을 제공하라. 당신은 어떤 결론을 내고 싶은가?

당신의 회중 가운데서 보증할 만한 책임성에 대해 논의해보자고 요청할 수 있는 사람들이 있을 것이다. 8장을 읽고 나서, 그들을 초청하여 그들의 의견들을 나누어보라. 그런 대화는 마음을 끄는 설교를 위한 많은 자료들을 제공할 것이다.

월터 브루그만(Walter Brueggemann)의 글, "땅은 누구의 것인가?"(To Whom Does the Land Belong?)를 읽어 보라.[2] 브루그만의 성경 해설에 근거하여 설교를 준비해 보라. 위탁받은 토지에 대한 책임과 공공의 공원들에 대한 당신 자신의 논평과, 또한 교회가 가장 근본적인 신앙의 주장—땅은 주님(하느님)의 것이라는—을 상실했는지 여부에 대한 당신의 생각을 포함하도록 하라.

---

2) Walter Brueggemann, "To Whom Does the Land Belong?" in *Remember You Are Dust,* ed. K.C. Hansen (Eugene, OR: Cascade Books, 2012).

9장

이 장은 주장하기를 일단 우리가 공포의 정체를 밝히고 맞서고 나면 진정한 희망이 생겨날 수 있다고 한다. 또한 기후변화와 관련된 공포는 개인적인 차원에서, 관계적인 차원에서, 그리고 실존적 차원에서 나타난다고 주장한다. 우리를 마비시키는 공포로부터 진정한 희망이 생겨나는 어떤 사례들이—성경에서, 당신의 개인적인 삶에서, 당신의 회중으로부터, 혹은 문화로부터—당신에게 떠오르는가?

이 장은 하느님께서 우리들에게 새로운 이야기를 받아들이라고 부르고 계신다고 주장한다. 예수가 인간에게 새로운 이야기를 제공하는 모든 방식들을 이해하도록 사람들을 초청하는 것으로 설교를 구성하면 어떨까? 그리고 나서 하느님께서 우리들로 하여금 세상에 새로운 이야기를 제공하는 데 다른 사람들과 함께하라고 지금 부르고 계신다고 제안하라.

아이오와 주에서는 전기의 많은 비율을 풍력에 의존하고 있음을 알고 있는 사람들이 매우 적다. 2020년이 되면 그 비율은 40%가 될 것이다. 왜 모든 미국인들이 이 이야기를 알지 못하는가? 도덕적 열망이—이런 이야기를 공유하는 것으로 사례 설명을 한—어떻게 우리들로 하여금 지속가능한 에너지를 채택하도록 가속화할 것인지에 대해 설교를 작성해 보라.

신실한 기독교인은 하느님께서 주신 자유를 가지고 무엇을 할 것인가를 어떻게 결정할 수 있을까? 이 질문에 대한 당신의 생각을 나누어보라. 성경에서, 역사에서, 혹은 현재의 문화에서, 당신은 어떤 사례들을 모범적인 것으로 내세울 것인가?

맺는 말

맺는 말 부분에 있는 편지에 대해 당신 자신의 솜씨로 편지를 써 보라. 가능한 미래로부터의 "좋은 소식"을 제공하는 것은 회중들에게 당신의 희망에 대한 강력한 증언을 제공할 것이다. 인간의 내일을 위한 새로운 경로에 공헌할지도 모르는, 그러나 오늘의 그들이 받아들일 수 있는 구체적인 변화를, 회중들 앞에 서서 제안하라. 지구의 날(Earth Day) 제50주년 기념은 2020년에 있다. 아마도 그런 설교를 할 적합한 때일 것이다.

저자에 대하여

짐 안탈(Jim Antal)은 미국 그리스도연합교회(UCC)의 지도자이며, 활동가요, 공적인 신학자다. 그는 매사추세츠 연회의 지도자를 12년간 역임했다. 1970년 첫 번째 지구의 날(Earth Day)로부터 환경 운동가로 활동해온 안탈은, 2017년 7월 트럼프 대통령이 파리기후협약(Paris Climate Accord)에서 탈퇴한 것에 반대하여 새로운 도덕적 시대를 선언하는 결의안을 초안했다. 전국 UCC 총회에서는 97%의 압도적인 다수의 지지로 그 결의안을 통과시켰다. 2013년 7월 안탈은 미국에서 최초로 화석연료 회사들에 투자한 것을 취소하라는 UCC의 결의안을 쓰고 이를 채택했다. 2010년에는 "뉴잉글랜드 지역 환경 선교회"(NEREM: New England Regional Environmental Ministries)를 창립했는데, 이는 "사순절 탄소 금식운동"(Ecumenical Lenten Carbon Fast)을 포함한 여러 에큐메니칼 환경 운동가들을 조직한 것이었다. 안탈의 소명은 비폭력 시민불복종운동의 영적인 훈련을 포함한다. 안탈은 오하이오의 쉐이커 하이츠(Shaker Heights)와 매사추세츠의 뉴턴(Newton)에서 교회들을 섬겼다. 1980년대 중반에는 종교간 평화운동 기관인 "미국 친교 화해 운동"(Fellowship Reconciliation, USA)의 총무로 봉사했다. 안탈은 노스필드 마운트 허몬(Northfield Mount Hermon)과 앤도버(Andover)를 포함한 몇몇 학교에서 교목과 교사로 그의 목회를 시작했는데, 그는 프린스턴대학교(Princeton University)와 앤도버 뉴턴 신학교(Andover Newton Theological School), 예일대학교 신학부(Yale Divinity School)에서 공부했다. 예일에서는 헨리 나우엔(Henri Nouwen)의 조교를 했다. 2017년 예일대 신학부는 그에게 "평화와 정의를 위한 윌리엄 슬로언 코핀 상"(William Sloane Coffin Award)을 주었다. 2018년 7월부터 안탈은 기후변화에 대한 UCC의 전국 대변인으로 일하고 있다. 그의 트위터 Twitter@JimAntal를 통해서는 그와 그의 아내 신디 셰넌(Cindy Shannon)이 버몬트의 언덕들에서 자전거를 타고 다니는 것을 볼 수 있으며 또한 그의 친구가 될 수 있다.